后宫

Hougong

巴晓峰　邬震男◎编著

历史上不可不知的65位女性

【增订本】

中国纺织出版社

内 容 提 要

本书选取了漫长历史长河中从夏后妹喜到清朝末代皇后婉容共65位和皇位息息相关的女性，对她们那些或凄婉哀怨，或幸福富贵的人生进行解读，将她们的善恶美丑和与她们有关的是是非非展现在读者面前。全书从女性的视角出发，以现代的观点重新解析男尊社会女性的命运。同时，穿插叙述与这些女性有关的重大历史事件，力求以此从侧面见证各个王朝的历史进程。

图书在版编目（CIP）数据

后宫：历史上不可不知的65位女性/巴晓峰，邬震男编著. —增订本. —北京：中国纺织出版社，2015.7（2024.1重印）

ISBN 978-7-5180-1641-9

Ⅰ.①后… Ⅱ.①巴… ②邬… Ⅲ.①宫廷—女性—历史人物—生平事迹—中国—古代 Ⅳ.①K828.5

中国版本图书馆CIP数据核字（2015）第104302号

责任编辑：李伟楠　　特约编辑：陶　涛　　责任印制：储志伟

中国纺织出版社出版发行

地址：北京市朝阳区百子湾东里A407号楼　邮政编码：100124

销售电话：010—67004422　传真：010—87155801

http：//www.c-textilep.com

E-mail：faxing@c-textilep.com

中国纺织出版社天猫旗舰店

官方微博 http：//weibo.com/2119887771

北京兰星球彩色印刷有限公司　　各地新华书店经销

2015年7月第1版　2024年1月第4次印刷

开本：710×1000　1/16　印张：21

字数：234千字　定价：59.80元

“在家从父、出嫁从夫、夫死从子。”在中国古代社会，男性往往被视为国家政治中枢的核心，在传统的夫权制社会政治格局中，女性一直被认为处于从属地位，中国的皇权政治体系更把这一观念具体化和固定化。那些走进深宫的女人，花龄甚至稚龄，懵懵懂懂，还对爱情有诸多幻想，却由于种种原因不得不踏进一个完全未知和陌生的环境，走进一个“吃人不吐骨头”的地方，把自己的花季消磨在尔虞我诈和无休止的后宫争斗中，最后却发现自己仅仅是皇权的附属、可有可无的消遣品、传宗接代的工具，终于迷失了自己。

儒家总以“皇天后土”来形容皇帝和皇后，并自然而然地把这一关系用日月阴阳来表达。皇帝是天子，代表上天治理天下四海，教养芸芸众生，即所谓“牧养元元”，相对于天下臣民来说，处于九五之尊的皇帝就是君父；皇后则为小君，母仪天下，皇后在皇帝面前是“臣”和“妾”。这些后宫的“臣妾”，一方面依附皇权和身后的家族势力，风光无限，在某些特殊机缘巧合下，更可能从“后宫”走向“前朝”，操控国家大权，影响历史发展的进程。即便如此，在实际执政时，她们仍不同于真正的帝王，如大秦宣太后、大汉吕雉、大唐武则天、大宋刘娥之辈，虽然权力等同于帝王，却毕竟“牝鸡司晨”，和儒家传统相悖，不得不在传统压力的边缘寻找生机，从而表现出了完全不同的女性特色。

另一方面，这些“臣妾”在无限风光的同时，也承受着比一般人更多的无可奈何，有着更少的命运选择权。选择是否入宫，她们没有发言权；选择什么年龄入宫，她们没有发言权；选择嫁什么样的皇帝，她们同样没有发言权。窦漪房嫁汉文帝、阴丽华嫁光武帝、马皇后嫁明太祖、大玉儿嫁皇太极……她们何其有幸，嫁给了“圣主明君”，自身的聪慧和圣主的气度，成就了贤良淑德、母仪天下的典范。但夏桀纳妹喜、纣王纳妲己、幽王纳褒姒、萧宝卷纳潘玉儿、高纬纳冯小怜……更多更多的可怜女子就没有那么幸运了，嫁了个末代帝王，自己又没有能力力挽狂澜或改弦易辙，最终竟成为“祸国妖姬”、“红颜祸水”。

时代在变，人的思想也在变。男女平等的今天，我们要拿怎样的眼光看待那些男尊社会中的女性？剥离了皇室的光环和外衣，无论自愿还是不情愿，她们真正希望的是什么？她们的本来面目是可憎可怖还是可爱可怜？本书从一个女性的视角，用现代的观点重新解析。书中选取了漫长历史长河中从夏后妹喜到清朝末代皇后婉容共65位和皇位息息相关的女性，她们的命运或凄婉、哀怨、飘零，或幸福、美满、富贵。茶余饭后，让我们走近她们身边，聆听那些属于她们的传奇故事。

《后宫——历史上不可不知的55位女性》自成书后受到了广大读者的关注和喜爱。应读者要求，同时也为使本书内容更进一步完善，特在第一版的基础上进行修订和增补。此次增补在人物选择上进行再次斟酌，删除了原有的7个人物，增加了17个更具影响力、传奇性、故事性的人物，对原书中其他人物故事也进行了梳理和优化，希望此“增补版”能为读者带来更好的阅读感受。

编著者

2015年3月

目录

1 妺喜 ———————————— 1

裂帛声声何处去　酒池饮笑肉林边

亡国妖后 / 2

千古第一狐狸精 / 3

是红颜祸国还是无辜 / 4

2 妇好 ———————————— 5

巾帼本是红颜命　偏要披坚随武丁

王后妇好 / 6

将军妇好 / 6

卜官妇好 / 7

妇好：商王武丁至爱的女子 / 8

妇好：商朝一位独立的女诸侯王 / 8

3 妲己 ———————————— 11

花容月貌芙蓉面　妩媚妖娆美若仙

商纣王的责任？/ 12

苏妲己的责任？/ 13

狐狸精和雉鸡精？/ 14

4 褒姒 ———————————— 17

倾城倾国关山去　只笑诸侯不笑天
褒姒的身世 / 18
烽火戏诸侯是真是假 / 19
褒姒是如何成为四大妖姬的 / 20
5 宣姜 —— 23
本欲与君长偕老　奈何皆言子不淑
新台之痛 / 24
爱恨两依依 / 25
留在《诗》中的美人 / 26
6 文姜 —— 29
敝笱在梁 其鱼鲂鳏　齐子归止 其从如云
文姜的情人们 / 30
是奸情还是爱情 / 31
7 息妫 —— 33
千古艰难唯一死　伤心岂独息夫人
桃花夫人的桃花劫 / 34
命犯桃花的息国和蔡国 / 35
桃花夫人的桃花命 / 36
8 夏姬 —— 37
杏面桃腮凤眼开　妖娆狐媚柳眉飞
杀三夫 / 38
弑灵侯 / 39
不止亡一国 / 39
9 骊姬 —— 41
蜂飞蝶舞多情事　却作阴谋几万秋
骊姬的枕边风 / 42
骊姬乱晋 / 42
三公子的悲剧 / 44
10 西施 —— 45
越女三千无美色　唯君容貌可沉鱼
沉鱼之貌 / 46
馆娃宫和吴越争霸 / 47
西施的结局 / 48

11 钟无盐 —— 49

手有五色之彩线　为君补衮成天文

钟无盐的丑 / 50

钟无盐的才 / 50

12 芈八子 —— 53

人之将死言亦善　一语挽回魏丑夫

芈八子的个人奋斗史 / 54

垂帘听政 / 55

宣太后的艳史 / 56

13 赵姬 —— 59

出身柳巷秦皇母　雪月风花美艳姝

奇货可居 / 60

秦始皇是谁的儿子 / 61

嫪毐：赵姬的情人 / 61

14 虞姬 —— 63

诀别抽剑舞　歃血化长红

虞姬和项羽的爱情 / 64

虞姬的剑舞 / 65

15 吕雉 —— 67

苍天无意怜诸吕　不教昭阳作未央

少女怀春 / 68

成功男人背后的女人 / 69

吕太后：后刘邦时代 / 70

16 窦漪房 —— 73

黄老精神能治国　长使汉室再兴隆

从宫女到皇后 / 74

溺爱的母亲 / 75

黄老之术和儒家学术 / 75

17 王娡 —— 77

梦日入怀出汉武　母仪天下在朝中

再嫁的皇后 / 78

金屋藏娇 / 79

18 刘嫖 —— 81

施展出江湖气概　抖擞出风月情怀
翻云覆雨的长公主 / 82
长公主的风月账 / 83
19 卫子夫 —— 87
清歌一曲江山动　千载沉浮卫子夫
长公主的礼物 / 88
低调的皇后 / 89
巫蛊之祸——悲惨的结局 / 90
20 冯嫽 —— 93
穹庐为室旃为墙　鸿鹄之志传四方
古代政治女性的杰出代表 / 94
三走“丝绸之路” / 95
21 李妍 —— 97
倾国倾城颜似玉　轻歌曼舞入皇都
倾国倾城的佳人 / 98
美丽的决绝 / 99
不争气的外戚 / 100
22 钩弋夫人 —— 101
汉武停车选莲花　顺城枫树映朝霞
奇女“拳夫人” / 102
福祸相依 / 103
23 王昭君 —— 105
落雁长空因秀色　一曲清歌塞外惊
何由画师定妍媸 / 106
从汉俗？从胡俗？ / 107
24 班婕妤 —— 109
人生若只如初见　何事秋风悲画扇
一朝选在君王侧 / 110
恩情中道绝 / 111
25 赵飞燕 —— 115
美目多情顾盼中　华光几度照春空
“打仗”亲姊妹 / 116
绿云罩顶的汉成帝 / 117

26 王政君 —— 119
弹琴鼓瑟到东宫 教子相夫不日红
不算曲折的个人奋斗史 / 120
轻烟散入五侯家 / 121
王莽——一个好“侄子”? / 122
27 阴丽华 —— 125
萧王何事为天子 本爱金吾与丽华
娶妻当得阴丽华 / 126
皇帝的愧疚 / 127
28 邓绥 —— 129
临朝称制十六载 坐待四海升平年
不同凡响的女孩 / 130
无意苦争春 / 131
临朝称制的女政治家 / 133
29 貂蝉 —— 137
三春桃杏不着花 拜月良宵暗月华
美人计和连环计 / 138
貂蝉拜月 / 139
貂蝉的结局 / 139
30 孙尚香 —— 141
红妆爱武东吴女 国色天香向蜀邦
孙氏兄妹感情融洽还是亲情冷漠? / 142
孙小妹亲吴还是亲汉? / 143
31 甄洛 —— 145
灿似芙蓉洛水中 翩翩然形若惊鸿
甄洛和曹丕 / 146
宓妃和曹植 / 147
32 贾南风 —— 149
一朝独揽皇权柄 牝鸡无晨却主晨
司马衷的娶妻风波 / 150
恩将仇报的贾南风 / 151
俊男杀手 / 152
33 潘玉儿 —— 155

三寸金莲千古美　明珠白玉满宫飞
步步生莲 / 156
唯一敢奴役皇帝的美女 / 157
至尊屠肉，潘妃沽酒 / 157
34 张丽华 —— 159
可怜玉树后庭花　唱罢秋风泣落崖
张丽华的头发 / 160
祸国的《后庭花》/ 160
胭脂井 / 161
35 文明太后 —— 163
云中北顾是方山　永固名陵闭玉颜
坎坷的前半生 / 164
两次临朝称制 / 165
言传身教慈育孝文 / 166
36 冯小怜 —— 169
小怜玉体横陈夜　已报周师入晋阳
变态的高氏家族 / 170
独乐乐不如众乐乐的高纬 / 170
37 独孤皇后 —— 173
佳丽三千皆尘土　独掌后宫第一人
贤德为国 / 174
是爱情还是契约 / 175
最大的失误 / 176
38 太穆皇后窦氏 —— 179
此生恨不为男子　所幸嫁得有志郎
才自精明志自高 / 180
比武招亲得贤婿 / 181
39 长孙皇后 —— 183
林下何须远借问　出众风流旧有名
鹣鲽情深 / 184
朝服进谏 / 185
《女则》/ 186
40 高阳公主 —— 189

世间安得双全法　不负如来不负卿

一生皆不确定 / 190

与和尚辩机的爱情故事 / 191

41 文成公主 —— 195

长亭悠悠千秋梦　关山迢迢万里情

不一样的“和亲” / 196

文成公主和尺尊公主 / 197

42 武则天 —— 199

君临天下人间去　千古褒扬武媚娘

唯一的女皇帝 / 200

皇帝家族 / 200

无字碑 / 201

43 太平公主 —— 203

荣华富贵帝王乡　独领风骚在庙堂

第二个武则天 / 204

两次政治婚姻 / 205

想当皇帝的公主是不是好公主？ / 206

44 韦香儿 —— 209

合谋毒杀唐中宗　黄粱美梦终不成

软弱的丈夫 / 210

没有金刚钻，偏揽瓷器活 / 211

45 上官婉儿 —— 213

巾帼宰相称天下　独霸朝纲最美雅

巾帼宰辅 / 214

一代才女 / 215

红梅妆 / 216

46 梅妃 —— 219

冰雪林中著此身　不同桃李混芳尘

采苹何处去 / 220

一座光辉惊鸿舞 / 221

朔风不解意 / 223

47 杨玉环 —— 225

回眸一笑百媚生　六宫粉黛无颜色

从寿王妃到玄宗宠妃 / 226
唐朝为什么以胖为美 / 227
“羞花”美女的悲剧 / 228
48 花见羞 231
本是贫家子 零落依草木
力辞皇后宝座 / 232
乱世飘零母子 / 233
49 小周后 235
风情万种群芳妒 梦断巫山楚月愁
大小周后 / 236
熙陵幸小周后 / 237
50 花蕊夫人 239
十四万人齐解甲 更无一个是男儿
买花钱 / 240
张仙的由来 / 240
斧声烛影 / 241
51 萧燕燕 243
休言女子非英物 夜夜龙泉壁上鸣
十七岁执政的女人 / 244
与宋朝斗争的女人 / 245
终究还是女人 / 247
52 刘娥 251
有吕武之才 无吕武之恶
再嫁的皇后 / 252
狸猫换太子 / 253
章献垂帘 / 253
53 弘吉剌·孛儿帖 255
终刚强兮不可凌 愿为影兮随君身
一见钟情的姻缘 / 256
冲冠一怒 / 257
母仪天下 / 259
54 奇皇后 261
抛却故国三千里 一入深宫二十年

背井离乡入皇宫 / 262

终于成为皇后 / 263

皇后与宦者 / 264

55 马皇后 —— 267

与君结发为夫妻　此生恩爱两不疑

贤妻当如是 / 268

贤后当如是 / 269

56 万贞儿 —— 273

少夫老妻　擅宠而终

明宪宗悲催的童年 / 274

不是皇后胜似皇后 / 275

万贵妃的御夫术 / 276

57 郑贵妃 —— 277

里巷争传诏选妃　桃夭未及尽于归

入宫后的荣宠 / 278

总有太多无奈 / 279

58 客印月 —— 281

委鬼当朝立　茄花满地红

乳母当政 / 282

客魏专权 / 283

59 孝庄文皇后 —— 285

春官昨进新仪注　大礼恭逢太后婚

孝庄秘史 / 286

说服洪承畴 / 287

辅佐三代帝王的女强人 / 288

60 熹贵妃 —— 291

降尔遐福山岳寿　受天百禄永无疆

母凭子贵 / 292

福泽绵长 / 293

61 容妃 —— 297

一缕香魂何处觅　是耶非耶化为蝶

容妃，香妃？/ 298

活在故事里的人 / 299

62 慈禧太后 —— 303

执手吟风吹鬓影　堪怜广寒雕栏冷

辛酉政变和同治皇帝 / 304

光绪皇帝和戊戌变法 / 305

63 珍妃 —— 307

何事春风容不得　和莺吹折一枝花

一入皇宫深似海 / 308

不完美的珍妃 / 309

沉井的几种说法 / 310

64 洪宣娇 —— 313

天字旗号当空飘　英姿飒爽女妖娆

太平天国的外联部长 / 314

成也宣娇，败也宣娇 / 315

65 婉容 —— 317

午夜鹣鹣梦早醒　一片伤心画不成

幸或不幸 / 318

末代皇后的悲惨结局 / 319

参考文献 —— 322

1 妹喜

裂帛声声何处去
酒池饮笑肉林边

夏商周三代是开启中华文明的时期，中国古代的各种典章制度、社会习俗都可以追溯到那个时候，所以后代大家谈论古时期的辉煌时，可以说是『言必及三代』，夏商周的开拓精神足以让今人自豪和荣耀。夏朝是第一个朝代，大禹治水后，夏启一改『禅让』风俗而变为『家天下』，建立了中国历史上第一个国家。夏朝的各种事物都是历史上的第一次，在这众多的第一次中，妺喜拔得头筹，成就了诸多第一：『第一个亡国皇后』、『千古第一狐狸精』、『第一位女间谍』、『第一个献物』、『第一个淫妇』等。妹喜，又念作末喜、末嬉，是夏朝方国有施氏的美女，有诗称赞妹喜的美丽『有施妹喜，眉目清兮。妆霓彩衣，袅娜飞兮。晶莹雨露，人之怜兮』。有施氏原本姓『嬉』，『女』字旁说明该姓氏处在一个母系氏族部落，末嬉大概是指她是有施氏最后一个著名的美女，被进献给了夏王，成为夏桀的宠妃。

亡国妖后

夏桀（夏朝最后一个王）是中国历史上出了名的暴君，妹喜是他的宠妃，是在他征伐位于夏朝东方的小国有施氏时得到的。得到妹喜之前的夏桀就很不体恤百姓，荒淫无度。《史记·夏本纪》说：“桀不务德而武伤百姓，百姓弗堪。”意思是夏桀不注重休养生息，喜欢四处征伐、打仗而劳民伤财，老百姓实在是受不了了。更愚蠢的是，他囚禁了当时商国的王商汤于夏台（今河南省禹州），后来却因心软放了他，给了他秣马厉兵的机会。最终商汤在鸣条（今河南省封丘东）打败了夏桀，并把他流放到了南巢（今安徽省巢东南），南巢也就成了夏桀的魂断之处。这期间，可怜的妹喜一直都陪着夏桀，成了中国历史上第一个亡国的皇后，也有说法是妹喜的所作所为加速了夏王朝的覆灭。

其实从夏王孔甲以来，中央政府就越来越不得人心，各地诸侯国都已经开始不遵从王令的召唤和调遣了。到了末代王夏桀时更是变本加厉，加上夏桀又喜欢杀戮征伐，为了稳住自己的江山，遏制四方造反的苗头，决定以武力征服有施氏，“杀鸡给猴看”。有施部落地处今天的山东省蒙阴县附近，占据天时地利，物产丰富、农业发达，在众多的方国之中应该是比较有实力的，但依然无法抗拒夏王朝和各路方国的集体进攻，浴血抵抗了几个月之后不得不放弃抵抗。媾和的条件之一就是献出有施国最美的姑娘——妹喜。就这样，妹喜不得不离开自己的母邦，作为部落臣服的人质象征和礼物献给了夏王。据说夏桀得到妹喜以后，非常宠爱她，包容了她所有的怪癖习惯，也满足了她所有的无理要求，并为她修建亭台楼阁，夜夜欢歌饮宴。但不论怎么说，也无法改变妹喜作为俘虏和贡品的事实。这样一个可怜的姑娘，还要被人安一个“亡国妖后”的名头，千秋之下不得翻身。

千古第一狐狸精

妹喜与妲己、褒姒、骊姬并称为“中国古代四大妖姬”，究其原因，是中国历史上总喜欢让美丽的女人来充当王朝覆灭的罪魁，就是所谓的“红颜祸水”。妹喜很不幸长得漂亮，很不幸成了夏桀的宠妃，在夏桀时夏王朝又很不幸地结束了，所以也就坐实了她这“千古第一狐狸精”的名声。历数妹喜的罪责有三：一是喜好穿男装，戴官帽。在上古时期，衣服和礼仪关系密切，不同人穿不同的服装，这都是有严格要求的。妹喜作为女性，还是帝王的宠妃，不但着男装，还戴着政府官员的帽子，当然要受到大家的责骂了。二是喜欢听丝帛破裂之声。妹喜来到夏王宫后，思念家乡和亲人，终日没有笑容。夏桀为了能博她一笑，就下令宫人搬来织造精美的绢子，在她面前一匹一匹撕开，以博得妹喜一笑。在早期农业刚刚发展时，丝帛制品非常稀有和珍贵，破坏这种稀有昂贵的物品，无异于暴殄天物，引起了公愤。三是喜欢看人在超大型的酒池里饮酒。此事并不能全算是妹喜的错。据说妹喜身量娇小，夏桀可以把她抱到膝盖上嬉戏玩耍，并日夜不停地饮酒。为了讨好妹喜，夏桀用玉石建造华贵的瑶台作为离宫，终日饮宴淫乐，不理政事，并下令处死了阻止其建造酒池的忠谏臣子关龙逢，然后命三千名饮酒高手在击鼓声中下酒池畅饮，结果他们中的一些人因酒醉而淹死。

妹喜并不是自愿去的夏王宫，而是在部落生死存亡时作为俘虏被贡献去的。远离自己的家乡，来到陌生的夏都，妹喜的郁郁可想而知。有夏桀宠幸时还可以，后来夏桀征伐岷山，岷山人同样把两个美女嫁给了夏桀，一个叫琬，一个叫琰。夏王有了新欢，于是忘了旧爱，把两个新美人的名字刻在玉石上，早就忘了妹喜，把她弃置在“洛”不管不顾。妹喜身负国仇家恨，又失了夏王的宠爱，就和成功打入敌人内部的商朝开国宰相伊尹联合，最终帮助商汤灭亡了夏。《国语·晋语》说：“昔夏桀伐有施，有施人以妹喜女焉，妹喜有宠，于是乎与伊尹比（密，编者注）而亡夏。”这就更显示出了妹喜作为“千古第一狐狸精”的祸乱朝堂的力量。

是红颜祸国还是无辜

夏桀宠幸妺喜，为了讨好她，不惜耗费民脂民膏，为她修建琼宫瑶台，并修建酒池以供宴饮，还拿来上好的帛缯撕裂以博妺喜一笑。虽然对象是妺喜，但妺喜的身份终究只是一个地方方国进献的美女，她是没办法左右夏王的思想和行为的，将“千古第一狐狸精”等罪名罗织到她头上，委实有些委屈她了。因此，柏杨在《中华古籍之皇后之死》中就以“一个可怜的女俘”为题介绍妺喜：“施妺喜是个可怜的女孩子，她的身份是一个没有人权的俘虏，在她正青春年华的时候，不得不离开家乡，离开情郎（假如她有情郎的话），为了宗族的生存，像牛羊一样地被献到敌人之手。”琥珀在《中国女性沉冤录》中也说：“历朝历代，从夏朝开始，好像人们已经习惯了为每一个王朝兴亡找出一个替罪羊来，夏有妺喜，商有妲己，周有褒姒，等等，不一而足……红颜祸水，这样的词语在历史中到处可见，就好像一个王朝的灭亡、一场动乱的发生，全是由女性造成的一样。但实际上呢？人们却往往忽略了背后的真相——要不是帝王们昏庸好色，将相们腐败无能，又何至于此呢?”可以说，妺喜是中国历史上第一个背负最大“黑锅”的红颜。

妺喜创造了中国历史上无数个“第一”，但归根结底也就是个可怜的、人身不自由的美女罢了。她的夫君是历史上出了名的昏君，她只是他众多猎艳名单中的一个，顶多是受宠时间比较长的一个而已。关于她的种种恶劣行径，很多都是后人演绎的版本。最早关于妺喜的记载是《国语·晋语》，只说“昔夏桀伐有施，有施人以妺喜女焉”，并没有提到关于妺喜放荡、惑君、裂帛、喜酒等恶行，只是到了汉代以后，才有了纵情声色、恣意享受、酒池肉林等种种说法。显然，这都是后人的演绎，并不是史实。他的君王能够喊出“天之有日，犹吾之有民。日有亡哉，日亡吾亦亡矣”（我有老百姓，就像天上有太阳一样，是恒久不变的。你见过什么时候太阳消亡过？太阳不消亡，我就不会消亡）的混话，让老百姓不得不说“时日曷丧，吾予汝偕亡”！所以，夏帝国覆亡的罪责，不应该让一个女子孱弱的肩膀承担。

妇好 2

巾帼本是红颜命　偏要披坚随武丁

在1976年河南安阳殷墟的考古挖掘中，发现了商王武丁的妻子妇好的陵墓。墓中出土了四面铜镜、四件铜钺（大斧）和一百多件青铜兵器，还有以『司母辛』大方鼎为首的两百余件青铜礼器，15种共156件酒器以及来自新疆等地的玉器配饰755件，来自我国台湾、海南甚至更远处的海贝7000多枚、各色宝石制品47件，以及各种陶器、石器、海螺等。如此众多的随葬品，使得妇好如裹着一层迷雾般走进了人们的视线，也让大家重新认识了这位伟大的女性。

在现存于世的甲骨文献中，『妇好』的名字频频出现，仅在安阳殷墟出土的一万余片甲骨中，她就出现过两百多次！其中包括妇好生活的各个侧面：征战、生育、疾病，甚至包括她去世后的状况。但是，如此多的甲骨文记载、如此神秘的女性，除了历史专业的学生或者喜欢历史的人知道她以外，并不为人们所熟知。大家对她的评价一般都集中在『一个伟大的政治家』、『一位传奇的女性』、『著名的王后』上。但这三个词汇不足以说明妇好的全部，这个谜一样的人物仍然让考古和历史学家以及普通大众着迷。

王后妇好

武丁是商王朝的第22位国王，商王盘庚的侄儿。盘庚继位时，商王朝已经出现了内乱外患并举的迹象，他为了摆脱困境，将商王朝的都城迁往北蒙（即今河南省安阳），这就是“盘庚迁殷”。中国古代常规的“家天下”制度是“父死子继”、“嫡长子继承制”，就是正妻所生的第一个儿子有绝对的顺位继承权。但商朝并不如此，除了有“父死子继”外，还有“兄终弟及”制度，这样就保证了不会有年幼之人继承王位，以免造成对国家政策决策执行的失误。所以盘庚其后的商王分别是他的兄弟小辛、小乙，商王小乙是商朝第21位国王，武丁是他的儿子。在武丁小的时候，小乙就将他送到民间去生活。武丁没有向任何人吐露自己的王族血统，而是像一个普通人那样学习各种劳作的知识，也像一个普通人那样经历各种疾苦，并在此期间得到了奴隶出身的贤相傅说。民间的生活经历使得武丁更能了解人们的疾苦和心声，最终实现了商朝的中兴。妇好在嫁给武丁以前就已经是部落的首领了，她十分聪明，有着非同一般的出身和见识，也有着超乎寻常的勇气和智慧。她辅佐武丁，各地征战，扩大了商王朝的领地，提高了商王朝的声誉。可以说，武丁中兴的赫赫战功中，有着妇好相当一部分的功劳。她是当之无愧的、优秀的王后。

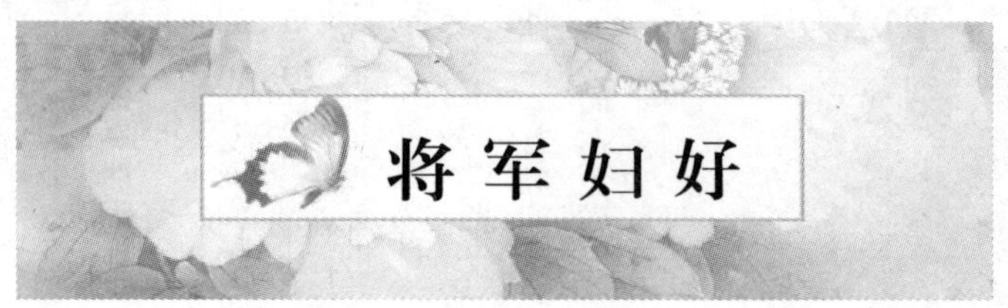

将军妇好

妇好贵为王后，飒爽英姿，不爱红装爱武装，武功卓绝，为商王朝立下了赫赫战功。在妇好墓中，除了出土大量的玉器、青铜礼器等，还有一把龙纹大铜钺和一把虎纹铜钺。因为上面刻有“妇好”字样，专家断定应是其生前使用过的武器。这两件武器每件都有将近10公斤，寻常女子拿都很难拿得动。妇好使用如此重的兵器，可见其武艺超群，力大过人。而在妇好之后的中国女将，就再也没有用钺做兵器的了。更重要的是，钺在古代是军权和王权的象征，可以断定，妇好在那个时代一定是个指挥千军万马的女将军。

据甲骨文记载，有一年夏天，北方边境发生战争，双方相持不下，妇好自告奋勇，要求率兵前往，武丁犹豫不决，占卜后才决定派妇好起兵，结果大胜。此后，武丁便让她担任统帅。从此她东征西讨，打败了周围二十多个方国。妇好为武丁和商王朝立下的最伟大的战功，就是率领13000人的大军征讨西北的内蒙古河套一带的敌军。这场战争对于殷商王朝乃至整个中华历史，都具有伟大的划时代意义。在妇好出战之前，商王朝困于西北边境的战乱骚扰已多年，始终不能胜利，妇好一役而毕全功，取得了最后的胜利，得到了敌人的归附服从。这是一场自卫战，是一场奠定中国文明历史进程的决战。历史学家认为妇好此战的意义，不亚于传说中的黄帝与蚩尤之战。而妇好最精彩的战役则是和武丁一起征伐巴方。战前妇好和武丁议定计谋，妇好在敌人西面埋伏军队，武丁则带领精锐部队在东面对巴方军队发起突然袭击。巴方军队在武丁军与妇好军的包围圈中顾此失彼，阵形大乱，终于被围歼，南境遂平定。这大概也算得上是中国最早有文字记载的“伏击”战术了。

卜官妇好

“国之大事，在祀与戎。”就是说国家大事，除了开疆拓土、保家卫国外，还有祭祀神灵，希望得到神灵的保佑。孔子曾经评论说商朝人更多祭祀供奉鬼神，周朝人更多祭祀供奉祖先。在商朝时，能够跟鬼神通灵、向鬼神祈祷的人就是卜官（祭祀之官）。他们决定国家能否出征，也预测国家军队出征后能否取胜、神灵是否佑护等。据甲骨文记载，有一次商王决定要讨伐一个方国，但是占卜的结果是不宜出征，商王就不得不取消这次军事行动，由此可见占卜在商朝政治生活中的地位。而妇好不但能带兵打仗，还是国家的主要祭司，经常受命主持祭天、祭先祖、祭神灵等各类祭典，又任占卜之官。国家大事，“祀”和“戎”两个方面她都涉猎，并且任职愉快，不但是武丁的王后和贤臣良将，甚至可以左右武丁的决定、左右国家大事的发展方向。这是后代所有女子的典范，也是难以企及的，真是一位伟大的传奇式人物。

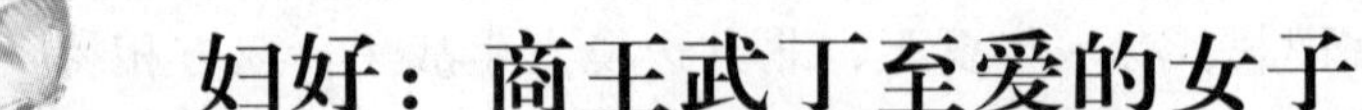

妇好：商王武丁至爱的女子

商王武丁和王后妇好不但是一对政治夫妻，更是一对人人称羡的神仙眷侣。每当妇好单独出征、凯旋的时候，武丁总要出城相迎。一次，久别重逢的激动使他们忘记了自己国王和王后的身份，将部属们甩在后面，并肩驱策，在旷野中追逐驰骋。而武丁更将妻子看得无比重要、既爱且敬，这一次浪漫的并骑也留在了史料中，琴瑟和谐、羡煞后人。但妇好在33岁芳龄时就香消玉殒了，这使得武丁非常悲痛。虽然在妇好身后，武丁还娶了数位王后，但是每次征战，武丁还是要召唤妇好的魂灵。更有甚者，武丁觉得自己在凡间的守护力量不够，不足以深达幽冥，于是，他率领儿孙们为妇好举行了一次又一次大规模的祭祀，并且为妇好举行了多次冥婚，将她的幽魂先后许配给了三位先商王：第13代商王祖乙、第4代商王太甲和商朝第1代君王汤，希望有这三位伟大的先人共同照看，妇好在阴世里就能够得到安全和关怀了。

妇好：商朝一位独立的女诸侯王

商王武丁是一个非常有见识的君王，他并不因为妇好是自己的妻子，就认为她理所应当要无偿为自己的国家奉献。在妇好立下彪炳史册的战功论功行赏之时，武丁便为自己的妻子划分了封地。妇好在自己的封地上就是一切的主宰，她主持封地范围内的一切事务，拥有田地的收入和奴隶民众。她还向丈夫武丁缴纳一定的贡品，一切都按照国王和诸侯的礼仪来办理。为了管理自己的封地，妇好经常离开王宫，到封地去生活。小别胜新婚，妇好虽然常因征战和理政与武丁分别，但是仍然屡屡为他生育儿女。据甲骨文推测，妇好在33岁风华正茂时亡故，有可能就是难产而亡的。

上古时期的著名女性，包括黏土造人的女娲娘娘、黄帝的妻子嫘祖和嫫母以及舜帝的妻子娥皇和女英等，都是停留在神话传说中的人物，而妇好是第一个史有明载的著名女性。但同样由于历史久远，人们对妇好的生平事迹等的了解还都停留在只言片语的甲骨卜辞和青铜器、玉器铭文中。妇好，这位传奇的女性、伟大的政治家，周身仍围绕着厚厚的迷雾云层，对当代人有着梦幻般的吸引力。

妲己 3

花容月貌芙蓉面 妩媚妖娆美若仙

《封神演义》是中国古典章回体小说的代表作之一，是在武王伐纣的历史故事基础上润色和加工而成的。《封神演义》小说也许不是每个人都看过，但相信大部分人都对《封神榜》电视剧有着深刻的印象。正因为如此，最近两年来关于《封神榜》的翻拍电视剧也有不少，中间著名的『红颜祸水』、『狐狸精』苏妲己的扮演者总能引起人们的关注。其中范冰冰版的妲己妖艳多于妩媚，林心如版的妲己却又过于清纯端庄，傅艺伟版的妲己依然堪称经典。当然，每个人心中都有一个不同的苏妲己，那么，历史上的苏妲己到底是什么样子的呢？

商纣王的责任？

商朝帝王继承制度是“兄终弟及”和“父死子继”并行的，但是随着国家制度的完善，“父死子继”逐渐成为正统，这在末代商王的继承人身上表现非常明显。据《史记·殷本纪》记载，第29代商王帝乙的长子是微子启，颇有贤名。但是启的母亲地位低下，所以启就丧失了王位继承权。帝乙的小儿子叫辛，他的母亲是商王的正妃，因此最终的第30代商王就是帝辛。但也有一种说法是微子启和帝辛是一母所生，只不过生启的时候他们的母亲还不是正妃，生辛的时候成了正妃，所以启是长而庶，辛是幼而嫡。不管怎么说，贤良为国的启没能成为商王，而是好酒淫乐的辛做了商王，也就是商纣王。

其实据史书记载，纣王“资辨捷疾，闻见甚敏，才力过人，手格猛兽”，形象还算是高大英俊。但同时纣王也“好酒淫乐，嬖于妇人。爱妲己，妲己之言是从。于是使师涓作新淫声，北里之舞，靡靡之乐。厚赋税以实鹿台之钱、盈钜桥之粟。益收狗马奇物，充益宫室。益广沙丘苑台，多取野兽蜚鸟置其中。慢于鬼神。大聚乐戏于沙丘，以酒为池，悬肉为林，使男女裸相逐其间，为长夜之饮”。意思是说纣王宠幸妲己，对妲己言听计从；酗酒，还喜欢靡靡之音和下流的舞蹈；加大国家税收力度，为的是敛财修鹿台，囤积粮食拿来酿酒；不敬鬼神，还大肆修建沙丘苑台离宫区，造酒池肉林，并令男女裸身于其间奔走，夜夜饮酒而不知节制。总之一句话：不是一个合格的国王，而是一个荒淫无道、不知体恤百姓的暴君。于是百姓怨望，诸侯并起。他还杀了比干，贬了商容，亲小人、远贤臣，最终导致了人民的不满和起义，在牧野之战中败给了周武王，自焚于鹿台。

苏妲己的责任?

不论是传说还是见于史载的文献，纣王的无道和妲己的魅惑总是相辅相成的。但事实又是什么样的呢？比如纣王，虽然司马迁在《史记》中历数他各种罪恶，却也不得不说帝辛“资辨捷疾，闻见甚敏”。而关于纣王最著名的“酒池肉林”、“炮烙”的传说，周时的文献没有记载，春秋时也没有，直到战国末期韩非子突然很生动地将其描绘起来：“昔者纣为象箸而箕子怖，以为象箸必不加于土鉶，必将犀玉之杯；象箸、玉杯必不羹菽藿，则必旄、象、豹胎；旄、象、豹胎必不衣短褐而食于茅屋之下，则锦衣九重，广室高台。吾畏其卒，故怖其始。居五年，纣为肉圃，设炮烙，登糟丘，临酒池，纣遂以亡。”再有，即便这些罪责果是纣王所犯，却也只是跟妲己有间接关系。比如纣王做炮烙之刑，是因为“百姓怨望而诸侯有畔”，是国家重刑治国的政策体现，只是到了《列女传》时才加上“膏铜柱，下加之炭，令有罪者行焉，辄堕炭中，妲己笑，名曰炮烙之刑”。因妲己看见后笑了，这炮烙刑罚的发明人就成了妲己。再如比干苦谏惹怒了纣王，“吾闻圣人心有七窍”，便剖比干，观其心。这码事儿压根儿跟妲己扯不上关系，可惜到了《封神演义》中，就成了妲己和比干有仇，怂恿纣王剖了比干的心，于是杀比干就又成了妲己的罪过。还有，纣王娶了九侯（鬼侯）的女儿，但“九侯女不喜淫，纣怒，杀之，而醢九侯。鄂侯争之彊，辨之疾，并脯鄂侯。西伯昌闻之，窃叹……纣囚西伯羑里”。“醢”是把人杀了并剁成肉酱，“脯”是把人杀了后做成肉干。看起来西伯侯的运气还是最好的，只是被囚禁了而已。这其间也并没有妲己的身影，至于后来的剖了孕妇的肚皮看胎儿性别、打折了老人的腿骨看骨质疏松等，更是连正史都无有所闻，都是完全不知道出处的野史了。认真算起来，唯一和妲己有关的应该是说纣王“好酒淫乐，嬖于妇人。爱妲己，唯妲己之言是从。于是使师涓作新淫声，北里之舞，靡靡之乐”。也就是说纣王找人编了比较色情的音乐和舞蹈，让妲己和宫人翩翩起舞，以娱视听。但是，在后世男权社会的人们总结殷商覆亡的教训时，发现了妲己这个替罪羔羊，于是妲己的妖孽和毒辣形象也随着时间而逐步升级。从《尚书》里讨伐纣王的一句“听信妇言”开始，到《国语·晋语》里“妲己有宠，于是乎与胶鬲比而亡殷”，再到《吕氏春秋·先识》中“商王大乱，沈于酒德，妲己为政，赏罚无方”，都是各家做的所谓的合理推断。再到后来，年代越久，想象力就越丰富，写出来的史料也就越生动。直到后世成书的《封神演义》，因为没有史家的顾虑，加上历代文人提供的诸多素材，演绎起来更是神乎其神。千古恶女、一代妖姬的罪名，也最终坐实在了妲己的身上。

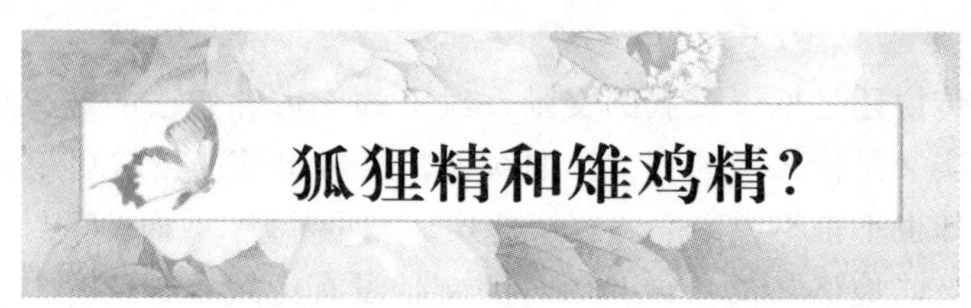

狐狸精和雉鸡精？

妲己，又名苏妲己，《封神演义》中说她是冀州侯苏护的女儿，《史记索引》则说她是有苏氏的美女，“己”姓。好好的一个美人儿，怎么就妖狐成精了呢？早在李逻注《千字文》“周伐殷汤”时，书中就已宣称妲己是九尾狐的化身，可见“狐精说”早已在民间广为流传。《封神演义》第四回“恩州驿狐狸死妲己”，描述妲己父亲把女儿进献给纣王以换取和平，但其魂魄却在路途上被千年狐精借妖风摄去，早已悄然死去，而此后出现的妲己，“乃借体成形，迷惑纣王，断送他锦绣江山”而已。北宋《太平御览》称，“狐者，先古之淫妇也”，表明狐仙和淫荡妇人之间是有一定的对应关系的。《玄中记》中宣称“狐狸50岁能变成女人，100岁变做美女，善于蛊惑，令人迷失心智，到了1000岁就与上天相通，叫作‘天狐’，其能力足以消灭一个强大的帝国”。也许苏妲己最终成为狐狸精就是这种社会心理的反映。

也有不同的说法，如《古今图书集成》就力排众议，声称妲己本是一头“雉鸡精”，即某种由羽色斑斓的山鸡变成的精灵，虽然幻化为人，但其脚踵却依然呈现为鸡爪状态，所以只好用布帛把它们缠绕包裹起来，以掩盖其本来面目。这也从侧面给我们提供了一种中国古代女性为什么要缠足的解释。雉鸡在中国传统文化中是一种非常美丽却又过度自恋的动物，晋代张华《博物志·物性》形容这种动物有美丽的羽毛，自恋它的色彩，看见自己的水中倒影就欢喜地翩然起舞。把妲己认为是雉鸡精，更突出了妲己的美貌。但由于某些原因，“雉精论”未能在民间流传开来，在《封神演义》中却又以妲己的妹妹喜媚的形象出现，相当于妲己一人分饰两个角色。妲己算得上是千古第一红颜祸水了，拜《封神演义》所赐，她在中国的家喻户晓程度要比妹喜、褒姒等高得多。同样是《封神演义》，虚构的故事情节、玄幻的人物鬼神，让苏妲己成了一个很难还原本真的人。殷墟甲骨文的出土，断开了纣王和妲己身上的一些罪恶锁链，还原给我们一个真实的苏妲己。

所谓纣王“妲己之言是从”，根本是不可能的事情。商人颇重迷信，任何重大举措，都要求神问卜来决定吉凶休咎，这在出土的甲骨文中是有确切记载的，妲己能够影响的力量，实在微乎其微。帝辛性情刚猛，刚愎自用，不喜听人摆布。妲己只能算是他晚年生活的伴侣，谈不上言听计从、干涉商朝的政治策略，妲己的恶名很大程度上是周人宣传的结果，是政治斗争态势下舆论宣传的牺牲品。“酒池肉林”之说的来历是商朝已经逐步从游牧社会进入农牧社会，十分迷信鬼神巫卜，为了酬神祭祀，时常载歌载舞、饮酒欢唱、几至醉死，宫廷如此，民间也是这样。妲己进入帝辛的生活领域时，正是商朝国力如日中天的时候，四方的才智之士与工匠纷纷向朝歌集中，形成了空前的热闹与繁荣，所以纣王才可以“厚赋税以实鹿台之钱，而盈钜桥之粟。益收狗马奇物，充仞宫室。益广沙丘苑台，多取野兽蜚鸟置其中。以酒为池，悬肉为林”。妲己之于纣王，是戎马一生后晚年生活的调剂，两者的年龄差距不下于唐明皇和杨贵妃。是纣王的晚年昏聩、穷兵黩武最终掏空了商王朝，给了周朝以伐商的理由，妲己的存在只是让这个理由更加充分了而已。

褒姒 4

倾城倾国关山去
只笑诸侯不笑天

褒姒，这个因为『烽火戏诸侯』而进入教科书、被所有人认识的美女，和夏末施妹喜、商末苏妲己以及春秋骊姬并称为『四大妖姬』，这么显赫的名头，她是如何挣得的？又或者说她是如何被变成四大妖姬之一的？

褒姒的身世

褒姒，“褒”是褒国，西周下辖的一个小国，位置大概在今天陕西省汉中一带，历史上著名的褒斜道就是关中去往巴蜀的交通要道，褒国所处交通、军事战略位置的重要性可见一斑。褒国弱小，不足以抗衡庞大的西周。在幽王三年，周王朝征伐褒国，褒国战败乞降，不得不献出美女褒姒来保全国家。“姒”是这位救国美女的姓氏，“褒姒”的意思就是褒国一位姓姒的女孩。这位被褒国人出献周王的姑娘，在历史上连个姓名也没有留下。不过这也是中国几千年男权社会的特产，历史上的著名女性，名字大都从她所依附的外在因素上考虑，至于自身姓甚名谁，是没有人关注的。

正史中把褒姒描写成一代妖姬，难免总要给她附会一些够“妖”的资本。司马迁也不能免俗，在《史记》中这样交代褒姒的身世：昔自夏后氏之衰也，有二神龙止于夏帝庭而言曰：“余，曬之二君。”夏帝卜杀之与去之与止之，莫吉。卜请其漦而藏之，乃吉。于是布币而策告之，龙亡而漦在，椟而去之。夏亡，传此器殷。殷亡，又传此器周。比三代，莫敢发之，至厉王之末，发而观之。漦流于庭，不可除。厉王使妇人裸而噪之。漦化为玄鼋，以入王后宫。后宫之童妾既龀而遭之，既笄而孕，无夫而生子，惧而弃之。宣王之时童女谣曰：“檿弧箕服，实亡周国。”于是宣王闻之，有夫妇卖是器者，宣王使执而戮之。逃于道，而见乡者后宫童妾所弃妖子，出于路者，闻其夜啼，哀而收之，夫妇遂亡，礶于褒。褒人有罪，请入童妾所弃女子者于王，以赎罪。弃女子出于褒，是为褒姒。

意思就是说夏朝行将衰亡的时候，天上突降两条神龙，自称是褒国先祖。夏王不知道是该杀掉他们、赶跑他们，还是留住他们，就进行占卜，结果都不吉利。又卜占要把他们的唾液藏起来，大吉大利。就下令叫人用匣子盛了那些唾液，隆重收藏起来。此后从夏朝到商朝和周朝，都无人敢动那个宝匣。在数百年之后，周厉王打开了这个“潘多拉之盒”，结果唾液不慎洒在地上，聚形为一头黑色大蜥蜴，在众宫女的驱赶声里逃到后宫，一头撞上某位只有7岁的小宫女，令她感而生孕，怀胎七八年的样子，至宫女及笄（古代女子十五及笄）始诞下一个女婴。因无端产子会受责罚，这个女婴便被人抛出宫墙。

当时民间流传童谣说，山桑木弓箭和萁草箭套是灭绝周朝的祸害，周幽王下令在全国抓捕有关人士，一对因贩卖这种兵器而逃亡的夫妻经过宫墙附近，被女婴的凄厉哭声所惊动。他们怜惜这个婴儿，就抱着她逃亡到褒国。她长大了之后，又被卖给一个褒国人当奴，后来此人触犯了刑律，周王朝要取他性命，他便进献这个美丽的女奴来抵罪，这就是褒姒的全部身世履历。

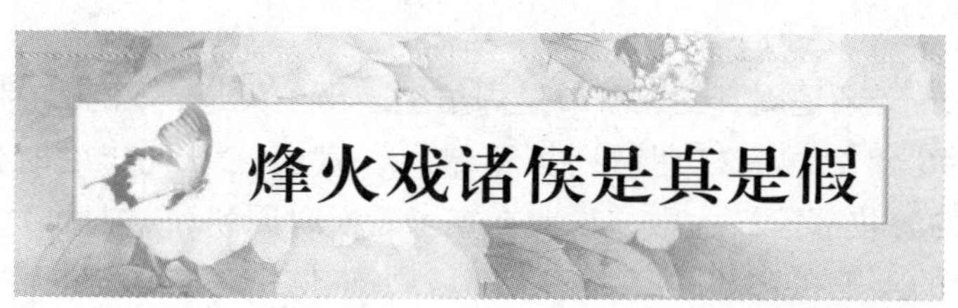

烽火戏诸侯是真是假

褒姒和她的君王周幽王最为世人所知的故事就是“烽火戏诸侯”了。简单言之：褒姒被进献给幽王后，不爱笑，幽王为了让她笑，用了各种办法，褒姒仍然不笑。周朝设置有烽火狼烟和大鼓，有敌人来侵犯就点燃烽火。周幽王为了让褒姒笑，点燃了烽火，诸侯见到烽火，全都赶来了，赶到之后，却不见有敌寇，褒姒看到诸侯纷乱狼狈的样子，果然哈哈大笑。幽王很高兴，因而又多次点燃烽火。后来诸侯们都不相信了，也就渐渐不来了，这就是标准现实版的“狼来了”的故事。那么，这个故事是真是假呢？

钱穆先生在他的《国史大纲》中就提出过疑问：“史公言幽王宠褒姒，褒姒不好笑，幽王举烽，诸侯悉至，至而无寇，褒姒乃大笑；幽王为之数举烽。及犬戎至，举烽，诸侯救不至，遂杀幽王。此委巷小人之谈。诸侯兵不能见烽同至，至而闻无寇，亦必休兵信宿而去，此有何可笑？举烽传警，乃汉人备匈奴事耳。”按钱先生所说，第一，点燃烽火台是汉朝的事情，西周时根本不存在；第二，各路诸侯达到京都的时间不可能完全一致，所以幽王和褒姒是不可能看到纷纷扰扰的诸侯兵的；第三，诸侯兵即便因为烽燧到了京都，也不可能立马儿掉转回去，总要休整一夜的。部队讲求令行禁止，在太平时段一点儿小事就能让部队大乱，那么诸侯治兵也太糟糕了，所以这种事情是不可能发生的，也就不存在褒姒看到此番情景后大笑的现象了。因此，烽火戏诸侯本就是子虚乌有。问题是，这种完全虚构的故事为何会落在周幽王和褒姒的身上呢？

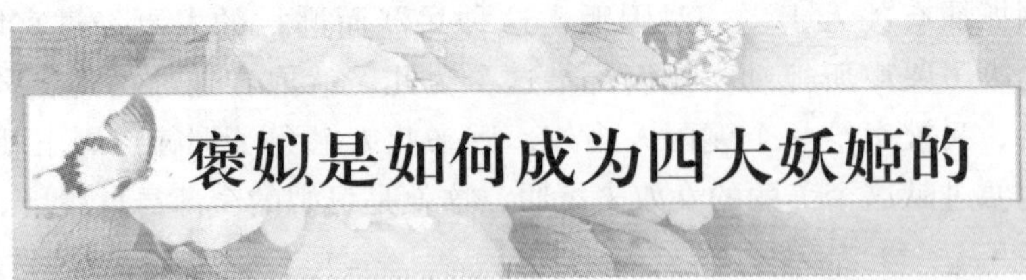

褒姒是如何成为四大妖姬的

周幽王的父亲是周宣王，爷爷是周厉王。厉王无道，国家大乱，“宣王中兴”，在位46年把国家打理得还算不错。在宣王三十九年的时候，征姜戎（周朝南边的游牧部落）大败，说明在宣王后期时周朝和羌人的关系就比较紧张了。可怜的幽王在登基的第二年，都城周围“三川”就发生了大地震，大臣就预测说“周将亡矣”。幽王三年征褒国，得到褒姒，褒姒生子伯服。幽王原本的正妃是姜姓申侯（羌戎的一支）的女儿，后幽王得褒姒，爱之，欲废申后，并废黜太子宜臼，想以褒姒为后，以伯服为太子。周太史伯阳读史记曰：“周亡矣。”可见，褒姒和伯服的出现，只是给了太史一个例子来说明周真的要亡了。那么，这段史料背后的故事又是怎么样的呢？

西周的政治从一开始就和姜姓息息相关，姜姓大族是和姬姓周室相互依存的一支西部少数民族，周王室姬姓的王后大多都出自姜姓，所以姜姓在西周政坛有着不容忽视的影响力，如辅佐武王伐纣的姜子牙就是一个突出的例子（《封神演义》中的姜子牙是文学加工的结果）。这种外戚和王室的矛盾，在中国历史上非常之多。宣王是一个比较有作为的王，他在位时，就想扭转这种外戚左右政坛的局势，于是在宣王三十九年时征讨姜戎，结果大败，最终自己也间接由此事而亡，西周和姜戎的矛盾就更加激化了。到了命运悲催的幽王时，他依然想扭转这个局面，可惜王后依然是姜姓，外戚申侯势力强大，如何来做？他的试探性行为就是宠幸褒姒这个没有强硬后台的女人，他立褒姒所生的儿子为太子，希望能跟姜姓抗衡，并把国家权力掌握在自己手中。结果可想而知是失败的，不仅激起了申侯的不满，自己身死还导致了西周的结束。平王不得不东迁，开始了东周的历史。

平王是申侯的外孙，之所以能当王，是申侯势力扶持的结果。加上褒姒对于平王来说，是差一点导致自己王位不保的罪魁祸首，对她有不满也是很正常的。平王东迁后，为了稳定国家局势，舆论导向很重要，所以平王要把自己塑造成一个可怜的受害者，扮演不得不奋起反抗的角色。相应的，处于对立面的褒姒已经失势，或者已然身亡，没有了辩驳的能力。平王弑父本就不宜宣传，况且舆论并不能过多地指责自己的父亲，所有的罪责就要褒姒一人承担了，于是把她塑造得越是淫乱不堪，就越有利于平王的正面形象。史书是东周史家所记，后代史家也就人云亦云了，褒姒由此登上了四大妖姬的“宝座”。

撇除褒姒身世中的虚构成分，她不过是一个弃婴，辗转被人收养，养父母亡故后，成为褒国人的奴隶，最终又被褒人作为赎罪的贡品献给了周幽王。又因为她毫无后台，被幽王推到风口浪尖上当了替罪羔羊，成了周朝政治斗争的牺牲品，身世不可谓不凄惨。就是这样一个命运悲催的美女，还被历朝历代作为反面典型进行宣传和教育。今天，我们也该还褒姒一个公正了，她只是一个女人，一个无依无靠偏生又貌美如花的女人。

宣姜

5

本欲与君长偕老 奈何皆言子不淑

宣姜，姜姓，春秋时期齐国人，生卒年不详，名字不详。宣姜出身高贵，是齐国的公主，卫国宣公的夫人，因此后人称其为宣姜。齐僖公的两个女儿宣姜和文姜都有着绝世之姿，且都因为身上所发生的事，成为了世人眼中的『红颜祸水』。宣姜的一生充满着无奈和坎坷，她在毫不知情的情况下，嫁给了自己的公公，后来又间接害死了自己的儿子，最后又下嫁继子，这一连串的经历，皆被世人记录在诗中，讽刺挖苦了几千年。

新台之痛

春秋时期，可谓是一个充满着阳刚之气的时期。各诸侯国征战不断，因此史书上留下的也多是男人的身影，但齐僖公的两个女儿宣姜和文姜这对姐妹花却在这多事之秋的舞台上上演了一幕幕连台好戏，几乎抢尽了那些男人们的风头，也留下了属于自己的一页诗歌。

宣姜在少女时代便美名远播，吸引着当时各个诸侯国的公子王孙前来求娶。而卫国的年轻嗣子伋子，幸运地成为了齐僖公的乘龙快婿。说起这个卫国的伋子，也有一段故事。他的父亲卫宣公在还没有成为卫国的国君时，便诱奸了父亲卫庄公的姬妾夷姜，生下了一个儿子，便是伋子。等到卫宣公即位之后，为了表达对夷姜的爱，他便立刻将伋子立为嗣子。如今伋子已经成人，卫宣公便开始为他物色妻子了，他听说齐僖公的女儿是个绝色佳丽，便为伋子求亲。

不过，悲剧的是，这卫宣公一想到这貌美如花的齐国公主要成为自己的儿媳妇，心里边怎么也不舒服，淫心一动，理智全无。于是他便找了个借口，在迎亲时派遣伋子出使他国，偏偏这个伋子又是个孝顺听话的人，当真听从了父王的命令，放下了迎娶新娘的事，头也不回地出使去了。

结果可想而知，去迎娶齐国公主的人，便不再是那个青春年少、英俊儒雅的帅气小哥哥，而是他的父亲、荒淫的卫宣公。卫宣公还命人在迎娶的途中，建造了一座极为奢华的宫殿，名为新台，《诗经·邶风·新台》记叙的便是这件事，以此讽刺卫宣公：

新台有泚，河水弥弥。燕婉之求，籧篨不鲜。
新台有洒，河水浼浼。燕婉之求，籧篨不殄。
鱼网之设，鸿则离之。燕婉之求，得此戚施。

遇见这样窝火的事情，一个独在异乡的新嫁娘又能怎样呢？所以，这个可怜的女人便糊里糊涂、委曲求全地成为了宣姜。宣姜一个女人无可奈何地接受了事实也就罢了，齐僖公这一国之君怎么也忍了这口恶气呢？说起来，齐僖公怎能不气，可是为了一个女人大动干戈似乎有些得不偿失，何况自己的女儿嫁给了卫宣公未必是坏事：一来，伋子毕竟只是嗣子，能不能继承王位还不是定数；二来，卫宣公一下子由亲家变成了女婿，这种辈分上的优越感一下子就触动了齐僖公。所以经过综合考虑，齐僖公并没有对这件事过多地在意。

卫宣公在奢华的新台宫殿里守着如斯美人，自然是每天乐得逍遥自在，过着神仙一样的生活。

短短的三年时间里，宣姜为卫宣公连生了两个儿子，长子寿和次子朔。宣姜本就大受宠爱，如今又连得两子，她在卫宣公心中的地位更加重要了，她的儿子也子凭母贵，得到了父王的宠爱。

每当卫宣公看着自己两个可爱的儿子，再看看越发成熟动人的娇妻，就开始后悔自己为什么要那么早就确立了嗣子，这样的想法一出，便引出了后来让人唏嘘不已的夺位悲剧。

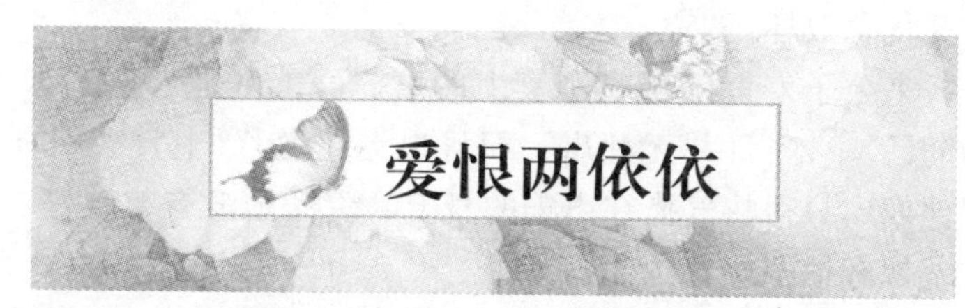

爱恨两依依

宣姜是否会在婚后爱上卫宣公，后人不得而知；她是否还挂念着当初求亲的伋子，后人也不得而知，这些细碎的事情本来就不足以写入史书。进了后宫的女人，爱与恨都不重要，重要的是怎么样过好每一天，好在宣姜有了两个儿子，所以她的生活有了重心和明确的目标。

转眼之间，两个公子都长大了。公子寿是个仁厚宽爱的人，与同父异母的哥哥伋子交好。比较起来，公子朔更得宣姜的喜爱，可是为人远不如公子寿，他的聪慧多用在了心计上面。

孩子越来越大，卫宣公也越来越急，因为他实在是想要废掉伋子，可惜的是，公子伋子是个温润如玉的公子，言行有德，几无过失，这让卫宣公着实无从下手。公子朔倒是比父亲更为果敢，面对着犹豫不决的父亲，他果断地出了手。他常常到母亲面前有意无意地提醒着："父王已经日益老迈，将来这卫国便是伋子的天下，真不知这个异母哥哥能怎样地对待我们啊！只怕我们以后的日子不会好过。"此时的宣姜早已不再是那个懵懂的少女了，她是一个母亲，自然要为自己的儿子们谋划，儿子朔的一番话在她的心中引起了波澜，于是她便也在丈夫面前似有似无地说一些伋子的事情，当然说的不会是什么好话。

这一日，适逢伋子生日，公子寿和公子朔都为他庆生。公子朔看准了机会，在酒席过后便哭哭啼啼地来到了宣姜的面前告状："今日虽是伋子哥哥的寿辰，可是他万万不该在酒席中戏谑孩儿，称我为儿子。我生气回嘴，可是他却说，您本来就该是他的妻子，所以我理所当然该称呼他为父亲。"这话说得非常高明，深深地刺痛了宣姜心中最柔软的地方：如果当年不是伋子一定要听从父命出使他国，我又如何能够成为你父亲的妻子，嫁给这个老头子？宣姜对儿子的话深信不疑，因此她的心瞬间就被恨意填满，再也没有了曾经对伋子的爱。

于是她找来了自己的丈夫，将话说得亦是非常绝妙，不但叙述了公子朔的话，还添油加醋地道："有日伋子见我，便对我动手动脚，我斥责他，他却说这是向您学习的，何况我本就该是他的妻子，还说他日您会将卫国与臣妾一同还给他。"这话既说了卫宣公强占母妃，又说了他霸占儿媳，让卫宣公既无地自容，又气急败坏。

卫宣公找来公子寿询问当日酒宴上的事，公子寿是个正人君子，如实回答了父亲的问话："当日并无此事，而且也无此说。"卫宣公对此半信半疑，也不好惩罚他们，只得将气撒在夷姜的身上，责怪她没有教育好自己的儿子，而夷姜也在羞愧和愤恨中自尽而亡了。

这一场暗战，虽然伋子并没有受到什么惩罚，但卫宣公对他的信任几乎荡然无存。而卫宣公、宣姜和公子朔却因此结成了统一战线。

留在《诗》中的美人

《史记卷三十七·卫康叔世家第七》："宣公自以其夺太子妻也，心恶太子，欲废之。及闻其恶，大怒，乃使太子伋于齐而令盗遮界上杀之，与太子白旄，而告界盗见持白旄者杀之。且行，子朔之兄寿，太子异母弟也，知朔之恶太子而君欲杀之，乃谓太子曰：'界盗见太子白旄，即杀太子，太子可毋行。'太子曰：'逆父命求生，不可。'遂行。寿见太子不止，乃盗其白旄而先驰至界。界盗见其验，即杀之。寿已死，而太子伋又至，谓盗曰：'所当杀乃我也。'盗并杀太子伋，以报宣公。"这段史料讲述的是这样一件事：卫宣公为了除掉自己的儿子伋子，竟然和公子朔定了计谋。他派遣伋子出使齐国，然后在半路上将其暗杀。不过他们以为天衣无缝的计谋却被公子寿知晓了。这个有着一颗仁爱之心的公子毫不犹豫地将密谋告诉了伋子哥哥。

伋子听了公子寿的话，却坚持要出使齐国，公子寿见状只好另谋对策。两个人在伋子乘坐的船上饯别对饮，伋子因为不胜酒力，便醉倒当场，公子寿则借此机会盗取了他的白旄，打算替伋子出使齐国。

已经埋伏好的刺客并不认人，只认信物，所以悲剧发生了，刺客杀了拿走伋子白旄的公子寿。伋子酒醒之后，发现自己的白旄不见了，立刻明白了怎么回事，于是便去追赶，正巧遇到刚刚杀完公子寿的刺客，此时的伋子想必是一心求死，便对刺客表明身份，因此他也没能躲过厄运，被杀害了。

宣姜万万没有想到自己的儿子会做出如此的事情来，在得知寿已经死去的消息后，作为母亲的宣姜其悲惨情状可想而知，而这件事也被记载在了《诗经》的《邶风·二子乘舟》中：

二子乘舟，泛泛其景。愿言思子，中心养养！

二子乘舟，泛泛其逝。愿言思子，不瑕有害！

卫宣公因为失去了两个儿子，没过多久便过世了。最后的大赢家自然是公子朔，他如愿以偿地继承了卫国的王位，成为了卫慧公。为了保住自己的王位，卫慧公听从了自己舅舅齐襄公的建议，将母亲宣姜嫁给了公子顽。这公子顽也是卫宣公的儿子，他和宣姜的生活似乎倒还惬意，一共生育了三子两女，著名的许穆夫人便是他们的女儿。

尽管经历了丧子之痛，但世人还是不肯原谅宣姜，所以便又作诗来嘲讽她：

君子偕老，副笄六珈。委委佗佗，如山如河，象服是宜。子之不淑，云如之何？

玼兮玼兮，其之翟也。鬒发如云，不屑髢也；玉之瑱也，象之揥也，扬且之皙也。胡然而天也？胡然而帝也？

瑳兮瑳兮，其之展也。蒙彼绉絺，是绁袢也。子之清扬，扬且之颜也。展如之人兮，邦之媛也！

这首《鄘风·君子偕老》几乎用了世间最美好的词汇来形容宣姜的美，却只用了短短的四个字“子之不淑”便将她打入了地狱，辛辣至极。宣姜就以这样的形象留在了诗中、历史中。

宣姜的悲剧并非全由她的“不淑”造成，毕竟在嫁给谁的这个问题上，她做不了自己的主，被卫宣公强娶对她来说也是一种伤害，说到底她也是个受害者。但是，在后来的夺位之争中，宣姜到底还是有失德行的，要想追究这一切的原因，谁也说不清楚，大概也只能用“红颜薄命”来解释吧。

文姜 6

敝笱在梁 其鱼鲂鳏
齐子归止 其从如云

春秋政坛上的美女都很彪悍，她们的一颦一笑、一举一动都关乎政治形势的变化，关乎国家的存亡。春秋政坛上的美女又多叫『姜』，如楚昭王的王后贞姜、卫宣公的王后宣姜、鲁庄公的王后哀姜、晋文公的王后齐姜等，还有就是我们将要介绍的鲁桓公的王后文姜。『姜』是古老的姓氏，也是春秋时期的大姓，说明这些美女可能祖上都有一定的血缘关系。但也有一种说法是『姜』是美女的意思，『姜』字本身就是美女二字的合体，就如同今日姜姓介绍自己的时候多说『敝姓姜，美女姜』。这些美女可以说都是惊艳决绝、宠冠后宫的角色，文姜能在这么多彪悍的美女中间脱颖而出，成为人们关注的焦点，自有其独立特性和不同于其他美女的地方。

文姜的情人们

看过《春秋列国志》的人都知道，那是一本很让人崩溃的书，仅书中各种不同的大国小国、各种不同的人名地名，怎岂是一个“晕”字了得。《春秋列国志》中的美女一个比一个彪悍，和她们沾上关系的男人，几乎都会被她们搅得地覆天翻、国破家亡，这绝对是毫不夸张的说法，文姜当然也毫不逊色。

郑忽，差点儿成为文姜的丈夫。郑国公子忽，是郑庄公的长子，也是郑国的太子。郑庄公三十八年（齐釐公二十五年），齐国北边的戎人举兵犯齐境，齐国向郑国求助，庄公就派了太子忽率兵前往，帮助齐国打败了北戎。齐釐公看着太子忽，越看越觉得英俊神武，就决定把小女儿文姜嫁给郑忽。文姜的美貌当时已经是出了名的，谁料想郑忽并没有答应，而是说“郑小齐大，非我敌”，意思是郑国太弱小，和齐国并不门当户对。其实就是谦辞，郑忽并不想娶文姜，也许是已经捕风捉影，听到了些文姜的事情。但是郑忽身边的人祭仲劝郑忽说：“你还是应该娶了文姜的，庄公宠信的人很多，你虽然是太子，如果没有强有力的援助，你的太子位置会坐得不牢固，三个公子（太子忽，其弟突，次弟子亹）都是有可能继承的。”但是郑忽最终也没有答应娶文姜。

郑庄公去世后，郑忽即位为郑昭公，果不其然，他的二弟公子突的母亲是宋国人，宋国强盛，抓了祭仲，逼着他说“如果不立公子突，就杀了你”，祭仲就偷偷地合计要立公子突。郑忽听说了以后，知道自己实力不强，不得不立即出逃。公子突回到郑国，做了郑厉公。如果郑忽当初答应娶文姜，有了齐国这个强大的后盾，也许他的昭公之位就会坐得更稳固。但这仅是也许，郑忽避免了被文姜戴绿帽子，却避免不了王位丢失，鱼与熊掌永远是不能兼得啊！

鲁允，文姜的正牌丈夫，也就是鲁桓公。鲁桓公三年时，娶了齐文姜，文姜过门三年，生了个儿子，因为出生年月跟桓公一天，所以就起名叫同。鲁桓公非常宠爱文姜，就把公子同立为太子。本来至少表面上还是很和谐的夫妻、母子关系，谁知道在桓公十八年的时候，发生了巨大的变化。这一年，桓公要去齐国商量军国大事，文姜听说了，闹着非要回齐国。虽然大臣表示反对，文姜最后还是跟桓公一起去了齐国。这时的齐国已经不是釐公当政，而是他的儿子、文姜的同父异母哥哥诸儿，是为齐襄公。文姜在出嫁前就和诸儿有染，这次入齐就又旧情复燃。二人偷情被桓公发现后，桓公怒斥文姜，文姜恼羞成怒告诉了哥哥齐襄公，二人一不做二不休就用计杀了桓公。你想啊，这是在人家齐国的地盘上，鲁国又能如何，交涉的结果是齐襄公杀了彭生（直接杀死桓公的人），算是给鲁国一个交代。齐襄公在当太子的时候，就和他的亲弟弟公孙无知不和。齐襄公十二年，大臣连称、管至父伙同公孙无知杀了齐襄公。起因是一年前襄公命连、管二人率兵守葵丘（今沂源璞丘，旧属临朐），允诺甜瓜再熟时换防，一年后到期却仍不换防。连称、管至父再三要求襄公换防，襄公就是不准。连称有妹为襄公妾，因襄公只钟情于文姜而未曾受宠，于是怀恨在心，私通公孙无知等密谋叛乱，最终杀死了齐襄公。襄公的亡故虽然跟文姜没有直接关系，但是女人妒忌起来是很可怕的，如果他不是钟情于文姜而忽略了其他妃嫔，也许就不会被人串通、叛乱致死了。

是奸情还是爱情

文姜和诸儿的孽缘开始得很早。据说齐釐公年过半百才得到一个千金，孩子一落地就与众不同，十分惹人喜爱，长大以后更是生得“秋水为神，芙蓉如面，比花花解语，比玉玉生香；真乃绝世佳人，古今国色”。而且文姜天资聪慧、才思敏捷、通今博古、出口成文。但也正是由于釐公的宠爱，使她养成了轻浮放荡、任性而为的性格。她哥哥诸儿英俊魁梧、仪表堂堂，兄妹二人自幼在宫中一起长大，嬉戏玩耍，同起同坐，形影不离，关系十分亲密。及至成年，也不避什么男女之嫌，诸儿为妹妹的美色所吸引，不久二人即做下乱伦之事。齐釐公亡后诸儿即位为襄公，还是日夜思念自己的妹妹文姜，直到襄公四年文姜归齐，事情才一发不可收拾。鲁桓公死后，文姜更是频频来往于齐鲁之间。鲁庄公二年，会齐侯于禚（zhuó）；庄公四年，享齐侯于祝丘；庄公五年，如齐师；庄公七年春会齐侯于防，冬会齐侯于谷。这样的频繁往来，文姜的儿子——鲁庄公也很无奈，不得不默认了母亲和舅舅的暧昧关系，还继续为诸儿和王姬主婚（王姬在嫁到齐国一年后死去），并为母亲在齐鲁交界的禚地建立宫舍，并且还亲自到禚地与齐襄公狩猎。文姜和诸儿从感情上来说算是长情，在春秋时期，男女大防、天地人伦的约束还很小，虽然大家很不苟同二人的做法，但也并不能说是“冒天下之大不韪”，从这个概念上说，二人也许是有真情的。但真情流露的结果是密谋杀了自己的丈夫，并且在丈夫亡故后依然如故地来往，这确实就是不能苟同的了，也是大家对文姜诟病最多的地方。

除了对文姜的感情生活做个交代外，还要提一下文姜的“文”字是谥号。“文”字一般指才华出众，属于比较有作为的君王，如周文王、汉文帝、隋文帝等，这个字是她死后鲁国给的，说明了鲁国最终对她的认同。齐襄公死后，文姜也没有离开禚地，就在那里遥遥地指挥儿子鲁庄公管理政事。她在处理政务上展现出敏锐的直觉和长袖善舞的本领，没过多久，文姜就掌握了鲁国的政治权柄，还把鲁国这样原本比较弱小的国家治理成了经济军事强国，在诸国战争中屡屡得胜。

文姜是矛盾的，她以前的风流账不仅被民间文本记录下来，而且还放在《诗经》里广为传唱；但同时她聪慧无比，对鲁国有莫大的功劳。文姜去世的时候，鲁国为她风光大葬，并大赦天下。

息妫 7

千古艰难唯一死　伤心岂独息夫人

息妫，一个并不为大家所熟知的美女，却有一个很好听的名字——桃花夫人。春暖花开的季节，三月桃夭，在落英缤纷的桃园里，围着妖娆开放的桃树转上几圈，据说可以转来桃花运。每一个在桃树下转圈的女孩，心中都有一个美好的关于桃花运的憧憬。但是，桃花运也要分好坏，好的桃花是女孩所期盼的，烂桃花却会让人心烦意乱，甚至对这不受欢迎的桃运深恶痛绝。今天的女孩，万一遭遇了烂桃花，最多也就是郁闷心烦，可是，我们的主角息妫遭遇的烂桃花，却导致了其家破人亡、委曲求全，最终壮烈身亡，还连带地导致了两个国家的覆亡。

桃花夫人的桃花劫

息夫人，春秋时期息国国君的夫人，出生于陈国（今河南省淮阳县）妫氏，因嫁到了息国（今河南省息县），又称息妫。据说她出生在深秋，却满园桃花盛开，一出生就引来了百鸟朝凤，额上还带着桃花胎记，仿如桃花女神转世。对她妖娆诡异的出生，陈国很早就有人预言会引来生灵涂炭。息妫还有一个姐姐，姐妹两个都生有绝世之貌，息妫更是眼如秋水、脸似桃花、丽若芙蓉、雅若蕙兰，站如临风弱竹，行如仙子凌云，被称为“桃花夫人”。蔡侯与息侯同时向陈国下聘求婚，按照当时的婚姻制度，国君或大夫的夫人嫁人的时候，她的妹妹也要陪嫁过去，称为“娣”，而随嫁的婢女则称为“媵”，总称为“娣媵制”。陪嫁的妹妹可能是胞妹，也可能是堂妹，可能是一人，也可能是数人。蔡侯与息侯的夫人为堂姊妹，本应该只嫁一人的，最终却是姐姐嫁了蔡侯，妹妹嫁了息侯。蔡侯为此就感到非常不满，当息妫出嫁路过蔡国时（也有说法是息妫出嫁后回陈国省亲的时候），蔡侯说：“我小姨至此，岂可不相见?”派人邀请息妫至宫中款待，亲自作陪，在席上因看息妫美貌，进行调戏，语及戏谑，全无敬客之意。息妫大怒而去，息侯闻蔡侯调戏他的妻子，登时火冒三丈，就想办法要报复蔡国。

息国弱小，不足以单独讨伐蔡国，于是息侯想了一个自认为很聪明的办法。他派人去游说南方的楚文王：“臣主母归宁于陈，经过蔡国，蔡侯不以礼相待，故臣主公怨咎蔡侯失礼，但国小兵少，不能报怨，今闻大王东征西伐，威镇汉东，特令臣奉表求师伐蔡，况且蔡自恃与齐联姻，不肯朝贡于楚。蔡亡则息国的贡赋全归于楚，望王察之。”楚王踌躇说：“但是以什么理由进兵呢?”使者说：“若楚兵假装进攻我国，我求救于蔡，蔡君勇而轻，必然亲来相救。我与楚合兵攻蔡，就可以俘虏蔡侯，那样就不怕蔡不朝贡了。”这时的楚文王定都郢都后，势力已伸向南阳盆地，正图谋东向，以扩大北上争霸的通道，而地处汝水、淮水之滨的蔡、息，正是楚文王梦寐以求的地方，于是双方约定兴兵假攻息国，息侯求救于蔡侯，蔡哀侯果然起兵救息。安营未定，楚伏兵齐起。哀侯不能抵挡，急走息城。息侯闭门不纳，蔡哀侯大败而走，被楚兵活捉了去，被俘的蔡侯问楚王：“君处南海，分土为界，为什么要兴兵掳我?”楚王笑说:“你的亲戚息侯请兵擒你!”蔡哀侯始知中了息侯之计,仰天叹道:“唇齿相伤,难道蔡亡息能保全吗?”

他采取了和息侯一样“聪明”的决策。为了报复息侯,当楚庄王设宴时,他告诉庄王:“天下绝世美色没有一个人能超过息侯夫人妫氏的美。”楚文王为之愕然。蔡侯继续说下去:“息妫的美,天下无双,荷粉露垂,杏花含烟,国色天香,无与伦比。”楚文王不禁怦然心动,压低了声音道:“怎样才能见到?可以一见吗?”蔡侯怂恿说:“以大王的威德,何求不得?”于是勾起了楚文王对息妫的垂涎。息夫人的美貌,除了为她带来了息侯的宠爱,也同样为她带来了蔡哀侯和楚文王的觊觎。偏偏息侯也不是个聪明的人,采取了很不聪明的复仇办法,桃花夫人的烂桃花为她自己、她夫君以及息国和蔡国都带来了不可逆转的灾祸。

命犯桃花的息国和蔡国

息侯为了复仇,引楚兵灭了蔡国。楚文王本想下令烹杀蔡侯以祭太庙。大臣鬻拳犯颜直谏,指出:“王方有事于中原,若杀蔡侯,他国皆惧矣!不如释之,而为盟友。”意思是说倘若烹杀蔡侯,固可使列国震惧,然而震惧之余,为求自保,未尝不可能促成联合抵御楚国的局面,如此这般,楚国北进的计划必然受到莫大的阻碍,不如放了蔡侯,然后和蔡国做盟友,这样更有利于楚国进军中原的大计。最终楚王听从大臣的建议,放了蔡侯,并设宴款待他。蔡国由此得以保全,但也已经不得不臣服于楚国,成为楚国的傀儡,成了齐、楚大国争霸中的缓冲和牺牲品。究其原因,还是蔡侯垂涎息夫人美貌所致。

蔡侯为了复仇,同样用息妫的美貌勾起了楚文王的垂涎,这一计无疑埋下了息国灭国的祸根。楚文王以“盟友”身份领兵来到了息国,息侯热情设宴招待,但文王要息妫作陪。这虽然与礼不合,但楚国是大国,楚文王又有“恩”于己,息侯无法抗拒,便忍辱叫息妫出来献酒。没想到楚文王席间变色,当场将息侯拿下。息妫闻变欲投井而死,被将军斗丹抢前一步牵住衣裙曰:“夫人不欲存息侯之命乎?何为夫妇俱死?”息妫愕然。于是楚文王一夕之间灭掉息国,就地纳息妫为楚国王后。息侯为了报仇,引狼入室,最后自己也为此付出了灭国的代价。蔡侯调戏息妫的仇虽然报了，却引来了更强大的楚国，可见息妫的貌美当不负“倾国美貌”了。

桃花夫人的桃花命

桃花虽然开得妖娆，却灿烂不过一个春季，转瞬即逝，终致凋零，就像息妫的桃花容貌。息妫嫁给楚文王后，文王对息妫怜香惜玉，色与魂授，好言抚慰，答应不杀息侯。身负毁家灭国之恨，在细腰宫里三年，息妫始终没有说过话。楚文王问她是什么缘故，她回答：“我一个女人，伺候两个丈夫，即使不能死掉，又有什么话可说的?”楚文王认为息妫伤心欲绝都是当初蔡哀侯惹起的，为了讨好息妫，楚文王又一次举兵伐蔡，攻占了蔡都，扣留蔡侯，直至蔡侯被软禁九年后死去，可以说是帮息妫出了一口恶气。即便如此，她还是对第一个夫君一往情深，哪怕息侯已经沦为一个守门小吏。她借楚文王外出打猎的机会，悄悄地跑到城门与做了守门小吏的息侯私会，最后双双撞死在城墙之下。

杜牧有《题桃花夫人庙》：“细腰宫里露桃新，脉脉无言几度春。至竟息亡缘底事？可怜金谷坠楼人！息亡身入楚王家，回看春风一面花。感旧不言常掩泪，只应翻恨有荣华。”诗人不满息夫人没有在国破时身死，用绿珠坠楼的典故反衬息夫人的苟且求生。但是息夫人嫁楚文王的三年，为的是保全丈夫的性命，虽为楚文王生了两个儿子，心中惦记的仍是自己的丈夫息侯。千古艰难唯一死，强颜欢笑地活着，有时候比痛快地死去更艰难。所以王维有《息夫人》：“莫以今时宠，能忘旧日恩。看花满眼泪，不共楚王言。”宋之问有《息夫人》：“可怜楚破息，肠断息夫人。乃为泉下骨，不作楚王嫔。楚王宠莫盛，息君情更亲。情亲怨生别，一朝俱杀身。”息夫人的刚烈，也足以让她跻身于《列女传》，成为封建王朝教育女性的教材。

8 夏姬

杏面桃腮凤眼开
妖娆狐媚柳眉飞

一个女人，『三为王后，七为夫人，公侯争之，莫不迷惑失意』，简直比传说中狐妖出身的妲己、身世迷离的褒姒更具有吸引力和传奇色彩。这就是夏姬——郑穆公的女儿、陈大夫御叔的妻子，一个辗转在不同男人之间，影响了各国政局的绝对传奇的美女。夏姬被后世称为最美丽妖娆的『性感女神』，名气不在中国四大美女之下。按照历史的记载和后人的演绎，夏姬曾与三个国君有染，故被称为『三代王后』。她引发了三场规模宏大的战争，令一个国家灭亡，另一个国家因她而崛起。她因先后嫁了七次，被称为『七为夫人』。现在看来，这种说法并不可全信。但夏姬是一个颠倒众生的人间尤物确是众口一词、毋庸置疑。她具有骊姬、息妫的美貌，更兼有妲己、褒姒的狐媚。《左传》中的说法还是比较可信的，『子灵之妻杀三夫、一君、一子，而亡一国、两卿矣』。子灵是夏姬最后一任丈夫屈巫。

杀三夫

夏姬的第一任丈夫是夏御叔，陈定公的孙子。他的父亲公子少西字子夏，所以就以“夏”为姓，官拜司马，算是陈国的兵马总指挥，“夏姬”就是因为嫁给了夏御叔而得名。据说夏姬自幼就生得杏脸桃腮、蛾眉凤眼。长大后更是体若春柳、步生莲花。有传说在她及笄之年，曾经恍恍惚惚地与一个伟岸异人同尝禁果，从而也得知了返老还童、青春永驻的采补之术。夏姬声名狼藉，郑穆公不得已把她远嫁到陈国。也有说夏姬在嫁给御叔之前就跟自己的同父异母哥哥子蛮有染，不过好景不长，子蛮早逝，夏姬这才嫁到了陈国。嫁过去仅九个月，就生了儿子夏征舒（字子南），虽然夏御叔有些怀疑，但是惑于夏姬的美貌，也无暇深究。夏南 12 岁时御叔病亡，夏姬就独自隐居株林。

夏姬的第二任丈夫是楚国的连尹襄老。夏姬在御叔死后，不甘寂寞，跟陈国的国君陈灵公、大夫孔宁、仪行父三人都有染。他的儿子夏南看不下去，就杀了陈灵公。孔宁、仪行父二人逃到楚国，游说楚王攻打陈国，因此得了夏姬。楚王本来想自己收留，但是基于国家形象，就把夏姬赐给了连尹襄老。不幸的是襄老艳福浅薄，没几天就战死沙场了。

夏姬的第三任丈夫是楚国屈巫（巫臣）。楚庄王得到夏姬后，屈巫告诉庄王说：“不可，君召诸侯，以讨罪也。今纳夏姬，贪其色也。贪色为淫，淫为大罚。”还说：“（夏姬）是不祥人也！是夭子蛮，杀御叔，弑灵侯，戮夏南，出孔、仪，丧陈国，何不祥如是？人生实难，其有不获死乎？天下多美妇人，何必是?”庄王最后才把夏姬赐给了连尹襄老。但在襄老战死后，屈巫托人告诉夏姬说：“归，吾聘女。”于是夏姬在要回襄老尸身的时候偷偷回到郑国。不久屈巫借出使齐国的方便，绕道郑国，在驿站馆舍中与夏姬成亲。第二天上了一道表章告诉楚庄王：“蒙郑君以夏姬室臣，臣不肖，遂不能辞。恐君王见罪，暂适晋国，使齐之事，望君王别遣良臣。”屈巫于是带着夏姬投奔晋国，楚庄王一怒之下杀了他楚国的全家。屈巫原本在楚国的全部家眷都因此事受连累而亡，也算是夏姬的间接责任了。

弑灵侯

这里的灵侯说的就是陈灵公。夏御叔生前就和孔宁、仪行父二人过从甚密。早在御叔生前，二人就对夏姬的美貌垂涎，御叔亡故没多久，孔宁、仪行父就成了夏姬的入幕之宾。一次孔宁从夏姬那里出来，里面穿着从夏姬那里偷来的锦裆，向仪行父夸耀。仪行父心中羡慕，一天对夏姬说："你赐给孔大夫锦裆，今天也请你给我一件东西以作纪念。"于是夏姬解下她穿的碧罗襦赠给仪行父。孔宁自觉受到冷落，心怀妒忌，于是向陈灵公盛赞夏姬的美艳，灵公心动，由此弄出个一妇三夫同欢同乐的格局。一日早朝过后，君臣三人各自炫耀夏姬所赠内衣，嬉戏于朝堂，大臣泄冶谏曰："君臣淫乱，民何效焉?"灵公竟然昏庸到为此杀了泄冶。此事发生在灵公十四年，灵公十五年时，一次三人又共饮于夏姬处，酒酣耳热后，灵公打趣孔宁和仪行父说"征舒（即夏姬子夏南）似汝"，他们二人同样说征舒似灵公。征舒怒了，埋伏弓弩手在门口射杀了灵公。

不止亡一国

见于史载的是陈国。因为夏姬跟陈灵公、孔宁和仪行父三人都有染，这件事情在陈国闹得沸沸扬扬。夏南小的时候被母亲送到郑国外公家学习，此时已经学成归国，不但见多识广，而且精于骑射。陈灵公为了讨好夏姬，立刻任命夏南承袭了他父亲生前的官职与爵位，夏南成为陈国的司马，执掌兵权。为了报答君侯的恩遇，更为了光耀门楣，夏南恪尽其职，干得有声有色。然而一首歌谣却无情地刺伤了夏南纯洁的心灵："胡为乎株林？从夏南！匪适株林，从夏南！"意思是说陈灵公的车驾经常来往于株林道上，都是要去会见夏南！讽刺是十分明显的。夏南本人一直在郑国"留学"，回国立即被委以重任，哪里有时间与陈灵公私下在株林见面与欢会呢？是谁与陈灵公私会，夏南本人最清楚。于是有一日，夏南在陈灵公等三人又在株林饮宴时，埋伏弓弩手，伺机射杀了陈灵公。孔宁和仪行父二人骇然之下，从陈国逃出投奔了楚国。他们在楚庄王面前丝毫不提三人和夏姬的关系，只是告夏南弑君。楚庄王正愁没机会插手陈国内务，顺便接受陈国，壮大楚国势力。瞌睡的楚庄王正赶上孔宁和仪行父送的枕头，果真及时。于是派兵到陈国，杀了夏南，并想把陈国据为己有，不过大臣申叔时对庄王说，您是因为征舒弑君才讨伐他的，是基于道义；现在杀了他又想霸占他的国家，有些不合于道义，会对您和楚国的名声产生影响。庄王不得不把灵公的儿子请回来，做了陈成公。不过这时的陈国在楚国的威慑之下，早已经是名存实亡了。

导致陈国名存实亡的楚国，因为夏姬也最终走向了衰败。夏姬的最后一任丈夫屈巫，因为要娶夏姬为妻，无法再回到楚国，于是转投晋国门下，却不料被楚王杀了在楚的一家老小。屈巫就寻思要报仇，正好此时楚国后方的吴国走进历史舞台，于是屈巫向晋王献计“联吴制楚”。自己也改名为巫臣，抛弃了自己楚国的“屈”姓，和吴国订立了盟约。后来吴国渐渐强大，和晋国一头一尾交相呼应，对楚国连年用兵，搞得楚国鸡飞狗跳，最终使曾经的春秋霸主开始走上了没落之路。

今天的史学家们慢慢开始为夏姬翻案。早在孔圣人时就说过，堂堂七尺男儿的泄冶尚且敌不过陈灵公的昏庸，更何况一个美丽性感的弱女子夏姬，她可从来没有主动勾引过谁啊！夏姬绝色诱人，一直是各国君臣追逐的对象。在群雄林立的春秋乱世，身处列强夹缝中的小国公主，夏姬的一生注定要辗转各国，饱经沧桑。她只是不幸生得很魅惑，有很吸引男性眼光的容貌，这只是她在列国夹缝中生存的手段。在春秋时期的郑国，民风很开放，男男女女在某些特定日子于野外媾和都是正常的，关于这方面的描写赫然存在《诗经》中。“人尽可夫”并不一定就是很坏的词语，也不一定会遭受太多的社会道德谴责，因此才成就了夏姬的风流艳史，也书写了一部足以让今人愕然咂舌的人生履历。

骊姬 9

蜂飞蝶舞多情事
却作阴谋几万秋

骊姬，四大妖姬中出生最晚也最不择手段的一位。妺喜、妲己、褒姒都可以说是无奈的选择，而骊姬则真的是参与了国家政权更替。她的狠毒，连李唐的武则天和大清的慈禧太后都难望其项背，是四大妖姬中最名副其实的一位。在她和春秋五霸晋文公重耳的争斗中，重耳只有被动挨打的份儿，并被她逼迫、在外流浪近二十年，由此可知此女之心机手段，绝非常人可比。

骊姬的枕边风

骊姬本是晋国西边骊戎部落的公主，她的部落生活在骊山脚下，因此名“骊姬”。晋献公五年伐骊戎，骊姬和她的妹妹由此成了献公的后宫嫔妃。“骊姬夜哭”出自《东周列国志》，骊姬嫁给献公后的第七年，生奚齐，她就寻思让奚齐当太子。但当时的太子申生在国民心目中名声很好，所以她就想办法先陷害太子。一天，骊姬劝晋献公召回太子。太子见过献公后去见骊姬，骊姬请太子吃饭。第二天，太子入宫谢恩，骊姬又请他吃饭。到了晚上，骊姬开始在枕边向献公哭诉太子的无礼：“我想让太子回心于朝廷，所以召他回来以礼相待。想不到太子竟然对我更加无理。”晋献公说：“他做了什么?”“我留太子吃饭，半醉的时候他调戏我，想拉我的手，还说‘我父亲现在已经老了，你该怎么办呢’您要是不相信，太子约我明天郊游，您从旁边看看太子是怎么调戏我的。”晋献公大怒，就答应了骊姬的请求。第二天，骊姬叫太子和她一起郊游。她先在头发上涂了蜂蜜，蜜蜂蝴蝶翩翩飞舞，都聚集在她的头发旁边。于是她对太子说：“您可不可以帮我赶走它们呢?”太子不疑有他，就从她的身后用袖子帮忙赶走蜜蜂蝴蝶。晋献公看见了，就以为调戏的事情是真的，心中非常生气，想马上把太子给杀了。这时骊姬又开始装好人，跪下来恳求献公说：“是我叫太子回来，他却被杀，是我害了他。而且皇宫里的这些事，外人不知道，就忍忍吧。”晋献公余怒未消，就把太子赶到曲沃去了。

骊姬乱晋

嫁给晋献公后，骊姬生了公子奚齐，妹妹少姬生了公子卓子，二人都很受献公宠爱。卓子幼小，骊姬就想让儿子奚齐当晋国未来的国君。此时晋献公共有八个儿子，太子申生、公子重耳和夷吾在晋国做事做人都有贤名，太子也很受晋国百姓的爱戴。骊姬为了能实现自己的目标，首先就要把奚齐国君路上的三块绊脚石踢开，首当其冲的就是太子申生，于是就有了“骊姬夜哭”的典故。不过史书上记载的是当骊姬生了奚齐后，献公有意想废太子，说：“曲沃（今山西省闻喜县）是祖宗宗庙所在，蒲城（今山西省吕梁）离秦国边境很近，北屈（今山西省石楼县）则靠近翟过边境，都是军事重镇，没有宗室人据守，我会寝不安枕的。”于是就让太子申生居曲沃，公子重耳居蒲城，公子夷吾居北屈，献公与骊姬和奚齐住在绛（晋献公新营造的都城），三位公子就这样被发配出了都城。这件事情背后是否有骊姬的身影，有一种观点说是骊姬买通晋大夫梁五和嬖五，叫他们劝说晋献公，献公果然中计，只留下奚齐与卓子二人在身边，即“二五害晋”。献公十九年，又私下里和骊姬商量要不要废了太子，以奚齐代替。骊姬泣曰：“太子之立，诸侯皆已知之，而数将兵，百姓附之，柰何以贱妾之故废嫡立庶？君必行之，妾自杀也。”明的意思是告诉晋献公太子之位稳固，决不能因为我们母子而“废嫡立庶”。隐含的意思是告诉献公太子有三事当防：诸侯知之、数将兵，百姓附之，有可能会架空了皇上，引起献公对太子的猜疑之心，并且暗地里派人散布不利于太子的言论。一次，骊姬告诉太子说皇上做梦梦到了太子的生母齐姜，让太子去曲沃祭奠母亲。太子回来时把祭奠的肉进献给献公。刚好献公外出打猎，肉在宫中放了两日，就被骊姬下了毒。晋献公打猎回来，洒酒祭地，地上的土凸起成堆；拿肉给狗吃，狗被毒死；给宫中小臣吃，小臣也死了。骊姬哭着说：“太子想谋害您，还是因为我们母子。我们还是避居别国吧，也免得到时候被太子欺凌。”就这样逼死了太子，还顺便诬陷说太子投毒这件事情公子重耳和夷吾都知道，最终也逼得他们两个不得不逃出晋国。于是骊姬达成了自己的愿望，终于让儿子奚齐成了王位的第一顺位继承人。好景不长，献公刚死，国内的大臣希望重耳回来继承王位，就指挥三位公子的门客作乱，杀了奚齐和卓子。据《列女传》记载，骊姬也被鞭杀。骊姬谋划多年，一朝献公亡故，一切都做不得数，最后自己也落得个鞭杀于市的下场。果真是“机关算尽太聪明，反误了卿卿性命”！

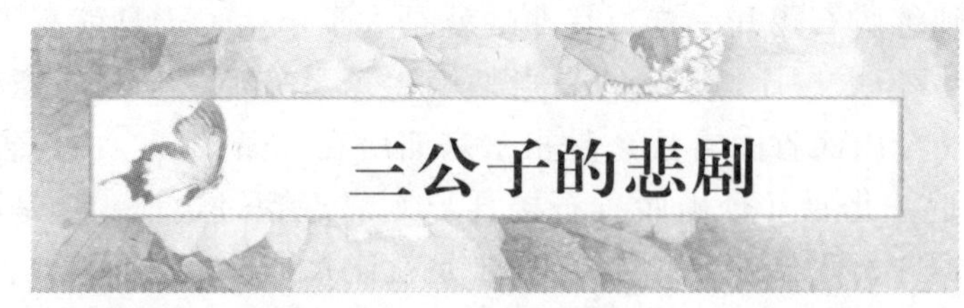

三公子的悲剧

自从骊姬生了奚齐，献公就开始疏远三位公子。太子申生的自杀，本身就是“愚忠”思想作祟。当太子被骊姬诬陷投毒时，有人劝太子说：“您要申辩，国君一定会辨明是非。”太子却说：“父王如果没有了骊姬，会睡不安、吃不饱。我一申辩，骊姬必定会有罪。君王老了，我不能使他不快乐。”那人说：“您想出走吗?”太子说：“君王还没有明察骊姬的罪过，我带着杀父的罪名出走，谁会接纳我呢?”于是就在曲沃新城上吊自尽。他是个悲剧性的人物，是骊姬阴谋诡计的牺牲品，同时也是他所信奉观念的牺牲品。这种悲剧性的人物多半只能在古代注重孝慈、仁义的氛围中找到，他们把自己所信奉的道德准则看得比生命还重要，宁可自己含冤而亡，也不让自己的所作所为有损于应当忠孝的对象。

重耳，就是后来赫赫有名的春秋五霸之一晋文公。他和夷吾就聪明得多，不过在骊姬嚣张的时候，他们也只能选择逃跑以保命。献公十二年，骊姬生奚齐，三兄弟开始在父亲那里不受待见。献公二十一年，刚好太子投毒事件发生时，重耳和夷吾来国都朝觐父王。有人告诉骊姬，二位公子对她诬陷太子的事情很不满，于是骊姬就又告状到献公处，说太子投毒的事情，二位公子都知道。他们俩听说后，知道献公已经被骊姬迷惑得不辨是非了，申辩也没用，就赶紧避难回了自己守城的地方。谁知道这样也错了，当献公知道他们不告而别时，大怒并认为太子投毒事件真的和他们俩都有关，就派兵攻打重耳所在的蒲城和夷吾所在的北屈，逼得他们不得不避祸他乡，从此开始了流浪的生活。公子重耳早在献公当太子的时候就成人了，献公即位时已经 21 岁了，到被逼流浪时已经 43 岁，年届不惑。这一流浪，就从外公的狄国到卫国、齐国、曹国、郑国、楚国再到秦国，其中还在齐国和秦国娶了夫人，在外整整流浪了 19 年，重回到晋国成为晋文公时，已经 62 岁了。可以说，重耳从 25 岁献公得了骊姬开始，到 32 岁骊姬生了奚齐，矛盾开始激化，再到 43 岁被逼流浪，有将近 20 年都是在骊姬的压迫阴影下生活的，其后的流浪生活同样和骊姬当年的逼迫有密切关系。堂堂晋文公，被一女子逼迫至此，也是够悲催的了。

10 西施

越女三千无美色 唯君容貌可沉鱼

沉鱼落雁、闭月羞花，这是形容美女最常用的词汇，哪位女子当得了这四个词，那可是古往今来难得的美女了。其实四个词各有所指，说的就是中国古代著名的『四大美人』：沉鱼为战国的西施，落雁为西汉的昭君，闭月为东汉三国的貂蝉，羞花为大唐的杨贵妃。西施打头阵，算得上是中国历史上的第一美女。同时，她也是三十六计中『美人计』的女主角，是继夏末妹喜后中国的又一个美女间谍，执行特殊勤务，在另一个没有硝烟的战场上帮助越国实现了对吴国的胜利。司马迁在写吴越争霸时，并没有提到这个影响千古的女子，不过，这并不影响民间传说对西施的各种描写和猜测。

沉鱼之貌

“水光潋滟晴方好，山色空蒙雨亦奇。欲把西湖比西子，淡妆浓抹总相宜。”北宋著名诗人苏东坡的《饮湖上初晴后雨》把西施比作西湖，又把西湖比作西施，足见其容颜之秀美。西施，原名施夷光，出生于诸暨苎萝山下苎萝村（今浙江省诸暨市城南浣纱村）。苎萝村有东西两头，被划开来称呼为东村和西村，西施住在西村，住在西村的人大部分都姓施，所以有了“西施”的称谓，意为西村中姓施的女孩子。西施家境贫寒，只能靠父亲打柴母亲浣纱来过日子。为了减轻父母的负担，她常在溪边浣纱，被人们称为“浣纱女”。在苎萝山下江边的石上，至今还留有王羲之所写的“浣纱”两字。西施的美貌远近闻名，很多人为了一睹芳容走很远的路来到溪边，都不觉得累。相传西施在溪边浣纱时，就连水中的鱼儿都会被她的美丽所吸引，看得发呆以至于忘记了游泳，最后沉入水底，也就是我们现在所说的“沉鱼”之貌。当吴越争霸激化时，越王勾践和大夫范蠡计划寻找貌美的女子加以训练，送给吴王充当间谍的角色，从帮助越国争取有利的战争形势。听说若耶溪畔有两位浣纱美女：一个叫西施，一个叫郑旦，两人犹如姐妹，虽然生在穷乡僻壤，却目如秋水，顾盼生姿。范蠡不但在越国从未见过如此艳丽的女子，就算在吴国宫中所看到的莺莺燕燕，也没有一个可以与她们两人媲美，不禁想到：“如果再加以琢磨，必然成为稀世珍宝，一定可以赢得吴王夫差的欢心，说不定越国的前途就寄托在她们两人身上!”于是，西施和郑旦就被带回了越国王宫。西施和郑旦被带回国都的时候，在当时引起不小的轰动。许多人听说来了两位艳冠全国的姑娘，纷纷想要一睹芳容。历史资料显示，范蠡还因此为越国的国库积聚了一笔不小的财富。他对那些人说：“要想见越国的绝色佳人、国色天香，就必须先交一文钱。”结果一眨眼的工夫，装钱的梳妆盒就满了。但是西施和郑旦要想成为真正的美人，还必须具备三个条件，首先要有绝世的容貌，其次要能歌善舞，最后体态也得婀娜多姿。于是，越王花了三年时间，教以歌舞、步履、礼仪等。三年下来二人果然能歌善舞、雍容华贵，一举手一投足都能表现出妩媚动人的风韵，西施终于如范蠡所愿，成了一个真正意义上的美女。

馆娃宫和吴越争霸

公元494年，吴越两国交战，吴国大胜越国。越王勾践被迫向吴国求和，并携妻带儿进入吴国为奴三年，回国后发誓要洗刷这奇耻大辱。正是在这样的历史背景下，“美人计”女主角的西施被作为贡品送给了吴王夫差。西施和郑旦被送到吴国时，恰逢吴王夫差要在苏州建一个高台用于赏军取乐。于是勾践便派人从深山采伐了两百株大树，命范蠡一同送往吴国。本来就十分贪色的夫差自然非常高兴，还说：“越贡西施，乃勾践之尽忠于吴之证也。”伍子胥看出了越国的计谋，力劝吴王不要中了奸计。但吴王充耳不闻，沉湎于酒色不能自拔，不理朝政，对西施和郑旦两位美女宠幸有加。西施擅长跳“响屧舞”，夫差专门为她筑“响屧廊”，用数以百计的大缸，上面铺上木板，西施脚穿木屐，腰系小铃翩翩起舞，铃声和大缸的回响声相互交织，令吴王如痴如醉。为了博得美人的欢心，吴王夫差还特意为西施建造了表演歌舞和欢宴的馆娃阁、灵馆等。清朝吴梅村在《圆圆曲》中写道：“馆娃初起鸳鸯宿，越女如花看不足，香径尘上鸟自啼，履廊人去苔空绿。”

夫差对西施的用心不可谓不深，不过西施作为越国的美女间谍，任务也是必须完成的。除了要让吴王沉迷歌舞外，还要想办法乱了吴国的内政。吴国相国伍子胥是吴国的股肱之臣，帮助吴国灭了强大的楚国，对吴国政治影响巨大。西施就想办法让夫差疏远伍子胥，并最终使夫差下令赐死了他。一国忠臣就这样倒在了“红颜魅国”之下，悲愤的伍子胥用双手挖下自己的双眼，命手下挂在城门，说他要看着越兵入城。盛怒的夫差残忍地下令将他切成碎块，用皮囊装上，抛入海中。据说至今汹涌澎湃的钱塘潮就是伍子胥那不散的千古忠魂所化。

西施还实施了另一个扰乱吴国的计谋。有一年，越国为了掏空吴国的国库，勾践派大夫文种到吴国借十万石粮食。吴王征求西施的意见，西施说了很多借给越国粮食的理由，并给吴王分析了当时的利弊，很自然地说服了吴王借粮食给越国。第二年，越国如数归还了粮食，且稻谷颗粒饱满。然而，事情的发展却出乎人们的意料。原来，越国人归还的稻谷都是被煮过的，当吴国人明白之时已经为时已晚了，再补种已经误了农时，导致吴国那一年的

庄稼几乎颗粒无收。

西施的结局

1. 沉海说：传说勾践灭吴后，他的夫人偷偷叫人骗出西施，将石头绑在西施身上，沉入大海。更有甚者传说从此沿海的泥沙中便有了一种似人舌的文蛤，大家都说这是西施的舌头，所以称它为“西施舌”。20 世纪 30 年代著名作家郁达夫在福建时，曾称赞长乐“西施舌”是闽菜中最佳的一种圣品。可见，关于西施最后沉海之说是有一定影响的。

2. 落水说：宋之问《浣纱》诗有云，“一朝还旧都，靓妆寻若耶”。或许是善良的人们并不希望西施有个悲惨结局，就以此为依据，认为西施最终回到了故乡，在一次浣纱时，不慎落水而死。

3. 被杀说：传说吴王自刎时，吴人把一腔怒火都发泄在西施身上，用锦缎将她层层裹住，沉入扬子江心。《东坡异物志》有记载：“扬子江有美人鱼，又称西施鱼，一日数易其色，肉细味美，妇人食之，可增媚态，据云系西施沉江后幻化而成。”

4. 隐居说：这种说法最是风行。最早见于东汉袁康的《越绝书》：“吴亡后，西施复归范蠡，同泛五湖而去。”明代胡应麟的《少室山房笔丛》也有类似说法，认为西施原是范蠡的情人或妻子，吴国覆亡后，范蠡带着西施隐居起来。明代的陈耀文《正杨》卷二《西施》也引用《越绝书》，认为西施跟随范蠡隐居。

四个版本中，沉海说和隐居说流传最广，相关的证据资料也最多。善良的人们更容易相信西施最后是跟范蠡泛舟五湖了。西施对于吴国人来说，是真正的“红颜祸水”，但对于自己的国家而言，她很好地完成了自己的历史使命，因此，大家都希望她能有一个美丽的归宿。隐居说的后续报道是，范蠡为了心爱的人，不惜抛却荣华富贵，隐姓埋名，遨游五湖，过着唯江上清风与山间明月，耳得之而为声、目遇之而成色的逍遥生活。很久以后，在山东出现了一位巨富叫陶朱公，拥有万贯家财，他的妻子美艳如花，长相酷似西施，夫妇感情真挚。据说这位陶朱公就是范蠡，他那美貌的妻子就是西施。

11 钟无盐

手有五色之彩线
为君补衮成天文

世人多用沉鱼落雁、闭月羞花比拟女性貌美，用貌比潘安、才比宋玉比拟男性俊秀，同样用东施效颦、无盐嫫母形容长得丑的女性。举世闻名的丑女有黄帝的妻子嫫母、齐宣王的王后钟无盐、和西施形成反比的东施，还有诸葛亮的丑妻子黄月英等。这其中，除了东施，其他几位都是有莫大功绩的。据说黄帝的妻子嫫母发明了火药，诸葛亮的妻子更是比诸葛亮还要有才华，以及咱们将要说的这一位——钟无盐，她对齐国的贡献可比他老公齐宣王大多了。可见，美女可以无才，只要有貌就可以让历史记住，而丑女则必须有非比寻常的才华才可以名垂青史。

钟无盐的丑

钟无盐，姓钟离，名春，出生于齐国无盐邑（今山东省东平县）。世人因为她容貌丑陋，又谐音称呼她为钟无艳。最早关于钟无盐的记载是《列女传》和王充的《论衡》，记载她是齐宣王的王后，而且是“自荐枕席”的。齐宣王虽不是什么明君，在接见孟子时都没能采纳孟子的治国之策，却毅然决定娶了钟无盐为后，让她帮忙治理国家。

钟无盐到底有多丑?《列女传》中记载：“钟离春者，齐无盐邑之女，齐宣王之正后也。其为人也，极丑无双，臼头深目，长壮大节，卬鼻结喉，肥项少发，折腰出匈，皮肤若漆。”意思就是说她额头、双眼均下凹，上下比例失调，肚皮长大，鼻孔向上翻翘，脖子上长了一个比男人还要大的喉结，头颅硕大，又没有几根头发，皮肤黑得像漆。这样的长相，在整容技术如此发达的今天，也难以把她变成一个美女，往往顺理成章地成了“剩女”，更别提在战国时期了。古人早嫁，女子在十几岁刚及笄就可以嫁人了，而钟无盐长到 40 多岁还没嫁人，可见已经剩到“齐天大剩”级别了。

钟无盐的才

“娶妻娶德，娶妾娶色。”寻觅终身伴侣，德行重于美色，尤其是其貌不扬的女子，常在其他方面闪耀璀璨的光辉，就如钟无盐对齐国和齐宣王的作用。战国时代，兼并侵扰，各国的生死存亡都在旦夕间。而且孟子的“民本思想”也比较盛行，一个黎民百姓，可以毫无顾忌地求见国君，陈述自己的愿望，对国家施政方针提出建议。当时齐国执政的是宣王，他比较好大喜功，喜欢听人夸耀自己的功德，导致政治腐败、国事昏庸。钟无盐虽然貌丑，却有大志。她注意留心各国形势并分析战国风云，等得出结论的时候，就去见了齐宣王。据《列女传》记载，无盐见到齐宣王，大胆地说："倾慕大王美德，愿执箕帚，听从差遣!"齐宣王后宫的各色美女听了无盐的话，看着眼前这个丑陋的女人竟然异想天开，不自量力想当王后，都禁不住哈哈大笑。不料无盐却镇静自若、一本正经地连说："殆哉！殆哉！（危险啊！危险啊!）"齐宣王半是玩笑半是认真地说："你说危险，那是什么啊？愿闻其详。"钟无盐有备而来，于是慢条斯理，侃侃道来："秦楚环伺齐国，虎视眈眈，而齐国内政不修，忠奸不辨，太子不立，众子不教，齐王你专务嬉戏、声色犬马，这是第一件可忧虑的事情；兴筑渐台，高耸入云，饰以彩缎丝绢，缀以黄金珠玉，玩物丧志，利令智昏，这是第二件可忧虑的事情；贤良逃匿山林，谄佞环伺左右，谏者不得通入，说论难得听闻，这是第三件可忧虑的事情；花天酒地，夜以继日，女乐绯优，充斥宫掖，外不修诸侯之礼，内不秉国家之治，这是第四件可忧虑的事情。危机四伏，已是危险之至!"齐宣王越听越敬佩。无盐说完之后良久才虔敬地说道："得聆教言，犹如暮鼓晨钟，如果我今后还有一点点进步，皆君所赐。"自此后，齐宣王下令拆除渐台，罢去女乐，斥退谄佞，摒弃浮华，然后励精图治，从此齐国国势蒸蒸日上，无盐也成了齐宣王的王后。

钟无盐的自荐枕席和帮助齐宣王共同治理国家，如传奇故事般在民间流传。后人为了使故事更加曲折离奇，还增加了宣王的宠妃夏迎春，并用"有事钟无盐，无事夏迎春"来描述宣王的生活。还有关于钟无盐领兵打仗的故事，也多见于民间传说。元曲四大家之一的郑光祖写过《丑齐后无盐连环》，说的是齐公子夜梦蔽月，上大夫晏婴替他圆梦，认为公子将娶的夫人隐于乡村，时运未通，并建议他出城围猎寻访淑女贤人。齐国无盐邑钟离信的女儿相貌丑陋但文武兼备，很有才能，外出采桑时与追赶白兔的齐公子相遇。晏婴见她出言不俗，便劝齐公子娶她为后。当时秦、燕二国都想制伏齐国，故意以难题刁难，让齐国派人解开玉连环，弹响蒲弦琴，钟离春凭智慧解决了这两个难题，并故意羞辱使者，激得两国发兵。钟离春又率兵布阵打败了他们，使齐国无忧。这些故事都见于民间传说，也说明了老百姓对齐国丑后的喜爱和尊敬。

芈八子 12

人之将死言亦善 一语挽回魏丑夫

芈八子，即秦惠文王的妻子、昭襄王的母亲、大秦第一个太后，也是中国第一个获得『太后』称号的人——秦国历史上赫赫有名的宣太后。『宣』是谥号，是她死后获得的，所以大家习惯上称她为宣太后，这是对她执政秦国三十多年的肯定。芈八子的名字，是因为宣太后出身于楚国世家芈氏，八子则是她在惠文王后宫中的封号，芈八子只说明她是楚国芈氏人，在后宫中的官位是八子，是一个可怜得没有留下姓名的女子。不过这个女人虽然连名字都没有，却通过自己的努力执掌秦国大政三十余年，为秦国开疆拓土，可谓一个极其彪悍、泼辣的女政治家。

芈八子的个人奋斗史

秦国后宫分八级：皇后、夫人、美人、良人、八子、七子、长使、少使。八子只是一个地位比较靠下的宫妃名号，可见这位“芈八子”在丈夫秦惠文王在世的时候地位并不高，也谈不上多么得宠，不过她倒是为惠文王生了三个儿子，这也说明她还是比较得丈夫喜欢的。后宫争斗永远都围绕着谁更受丈夫宠爱，所以芈八子的得宠就招得王后（惠文后）醋劲大发，想尽办法要收拾她。惠文王死后，王后的儿子即位为王，即秦武王。芈八子失了惠文王的护佑，不得不由着王后欺凌，把心肝宝贝儿子嬴稷送到燕国去当了人质。如果历史就这样平淡地发展下去，那就没有后来的宣太后。眼看芈八子的人生将要黯淡收场，事情却来了个大转弯。即位的秦武王性子莽撞，不但自己不具备为王的素质，母亲也不善于调教他。秦人尚武，这一点被秦武王很好地继承了，但他的“武”并不是像汉武帝、唐武宗等用在了开疆拓土、文治武功上，而是崇尚蛮力，喜欢炫耀自己的武力。有一年八月，秦武王可能多喝了两杯米酒，饭后在孟说的怂恿下，决定比赛扛鼎。可惜的是秦武王并没有西楚霸王“拔山扛鼎”的气势，沉重的青铜大鼎直直地压了下来，武王当时就胫骨砸断（绝膑），几天之后一命归西。怂恿武王扛鼎的孟说，被盛怒的秦惠文后灭了全族，但秦武王毕竟是不能生还了。秦武王在位仅仅四年，娶的是魏国的女子，并没有留下儿子继承王位。不得已，秦国就把在魏国为人质的公子稷请回秦国。

秦武王身死，王后肯定不愿把王位给其弟弟，惠文后和芈八子又算是仇深似海，更不愿让公子稷回来接王位，他们更中意比较好控制的公子壮，于是权力斗争由此开始。芈八子的同母异父弟弟魏冉，早在秦惠文王时期就已经在秦国任职，这时挺身而出，和姐姐以及在背后撑腰的燕赵两国一起，拥立自己的外甥公子稷为王。经过长达三年的“季君之乱”，魏冉所代表的公子稷一方最后胜出，成为秦昭襄王。倒霉的公子壮、惠文后以及其他惠文王的王子们，都被魏冉杀得干干净净，武王后也被赶回了娘家魏国。芈八子在王位争夺中，明智地创立了将军一职并由弟弟魏冉担任，她对亲党的利用得到了丰厚的回报。她终于翻了身，成了堂堂的秦国宣太后。

垂帘听政

人对权力的欲望是永远没有尽头的，不论男女。芈八子当上了宣太后之后，百尺竿头，总要更进一步。这个30岁上下的成熟美妇人，由此一跃成为封建社会里后妃掌政的鼻祖。

为了巩固幼子的王位，她用了世上最直接的方法：联姻——也就是为自己的儿子迎娶楚王国的公主为王后，同时也将秦女嫁与楚国。与此同时，执掌了大权的宣太后开始任用自己的亲信，打理扶植外戚势力。在楚怀王的推荐下，宣太后让自己母亲的族人向寿担任秦国的宰相；同时为相并控制兵权的，还有力保外甥为王、居功至伟的魏冉，被封为穰侯，封地穰（今河南省邓县），后来又加上陶邑（今山东省定陶）。还有一位宣太后的同父弟弟芈戎，被封华阳君，封地先是陕西高陵，又改封新城君，封地也变成了河南密县。宣太后的另外两个儿子是昭襄王的弟弟公子芾和公子悝。公子芾封为泾阳君，封地在今陕西泾阳，后来又换了一块封地是宛（今河南省南阳）；公子悝封为高陵君，封地在陕西高陵，后来又换封地为邓（今河南省郾城）。穰侯魏冉、华阳君芈戎、公子芾和公子悝合称秦国“四贵”，显赫一时。不过从这“四贵”的封地也可以看出，宣太后垂帘听政专权时期，武治做得很不错，为秦国扩张了不少地盘。穰、宛、邓三地，是前301年和前291年分别从韩国攻占得来的，而新城则是公元前300年从楚国掠来的。山东定陶更不用说，本来是齐国的。这些扩张对秦国后来的发展以及秦始皇最终的统一都有很大贡献。

权力一旦入手就很难罢手，宣太后的执政虽然对秦国有利，但对于秦国的正牌国君昭襄王来说，却是件很郁闷的事情。虽然母亲和舅舅对自己的即位有很大帮助，但做一个傀儡皇帝也不是他所希望的，于是范雎从魏国来到了秦国，进入了昭襄王的视线。在范雎的帮助下，昭襄王终于收拾了专权跋扈的穰侯魏冉等，并以年老孝养为由，让母亲宣太后归居宫中，不再过问政事。宣太后的执政生涯到此宣告结束。

宣太后的艳史

1. 穰侯魏冉，宣太后同母异父的弟弟。据《类聚》记载，魏冉被封侯于穰这个地方，所以称穰侯。穰侯举荐白起担任将军，为秦国打败了韩、魏、楚三国，攻取了魏国在黄河南边的属地，获得大大小小共60余座城市。穰侯因此而专权独断，出入宫廷，与宣太后幽会。魏冉权倾一时，飞扬跋扈，以致国人只知道有穰侯，而不知道有秦王。

2. 义渠王，宣太后名留史书的情人。该人最后被宣太后夺了地盘，死在宣太后手上，可谓标准的“牡丹花下死，做鬼也风流”。宣太后找情人的标准是要利国利民，匈奴义渠王符合这个要求。惠文王在世时，义渠归附秦国，但昭王年幼，前来朝贺的义渠王年轻力壮，性情桀骜不驯，对新秦王心生蔑视。在这样的情形下，宣太后以一国太后的身份，使他成了自己的情夫，自然戾气大减，叛乱的心思也就少了。秦国稳定了后方，可以放手处理和关东诸国的关系。30年后，秦国已成为诸侯国间的老大，国势大强，已经不用畏惧戎狄的威胁了。于是宣太后选了一个黄道吉日，将情夫诱到甘泉宫去“度假”，然后就在温柔乡中突然发难，将义渠王杀掉，并立刻派兵灭掉了戎狄，将甘肃宁夏一带原属义渠王的领地全部收入囊中。

3. 魏丑夫，宣太后准备带到墓中的情人。宣太后晚年养了一个叫魏丑夫的年轻后生伺候自己，她对魏丑夫应该是很喜欢的，喜欢到临死前立遗嘱时要求“为我葬，必以魏子殉”。可惜魏丑夫可能没有那么喜欢宣太后，一听说太后让自己陪葬，吓得不行，就找大臣庸芮商量跟太后求情。庸芮也觉得没必要殉葬，就去找宣太后说：“太后啊，人死后应该是没有知觉的吧？”宣太后说是。庸芮就接着说：“反正没知觉，又干吗让自己喜欢的人陪自己死呢？再说了，如果人死后是有知觉的，您有那么多的情人，死后还不知道如何跟惠文王交代呢，哪有时间跟魏丑夫玩乐啊？”宣太后听后竟然也没有生气，就同意不让魏丑夫陪葬了，可怜的小孩这才保住了一条性命。

宣太后除了拥有情夫，最彪悍的还是语言。据《战国策》记载，楚韩两国交战，韩国派使者去向秦国求救。当使者把韩秦两国“唇亡齿寒”的大道理说了一遍后，宣太后的回答是：“妾事先王也，先王以其髀加妾之身，妾困不疲也；尽置其身妾之上，而妾弗重也，何也？以其少有利焉。今佐韩，兵不众，粮不多，则不足以救韩。夫救韩之危，日费千金，独不可使妾少有利焉?”意思就是：“当年我侍奉惠文王的时候，如果他把一条腿压在我身上，我就会觉得累；但是如果他整个身子趴在我身上，我却一点也不累，这是为什么呢？是因为后面这个姿势对我有好处啊。现在你要我去救韩国，花费我那么多兵员粮草，日费千金，又能给我什么好处呢?”宣太后的彪悍由此可见一斑。以致两千年后伦理观念根深蒂固的清朝时，王士桢在《池北偶谈》中这样评价宣太后这段话：“此等淫亵语，出于妇人之口，入于使者之耳，载于国史之笔，皆大奇!”但不论怎么样，宣太后垂帘听政的三十几年，以独特的执政风格为秦国称霸奠定了雄厚的基础，也为后来始皇帝统一六国打下了根基。

13 赵姬

出身柳巷秦皇母
雪月风花美艳姝

赵姬，秦始皇的生身母亲，本是邯郸的一名歌妓，貌美，善歌舞，没有留下姓名，因是赵国人，故名赵姬，即赵国一位美女的意思。什么时候出生的没人知道，死于公元前228年。她先是吕不韦的姬妾，后为秦国质子异人的宠妃，异人为太子时名子楚，故又称她子楚夫人。她的一生，最大的功绩是生了秦始皇，而最著名的风流艳史是跟吕不韦的情人关系，以及做了太后还生了两个儿子。

奇货可居

公子异人是秦王的庶孙，秦国为了维持和赵国的关系，就把异人送到赵国做人质，车马及日常供给都不充盈，生活窘困，郁郁不得志。吕不韦是个著名的商人，一天在邯郸街头见到异人，想："这是可以囤积起来卖好价钱的奇货呀！"于是前去拜见异人，说："我可以提高你的门第！"异人笑着说："你先提高自己的门第吧！"吕不韦说："你不知道，我的门第要靠你的门第来提高。"异人心中知道他有所指，便邀他一起坐下深谈。吕不韦说："秦王老了，太子宠爱华阳夫人，而华阳夫人却没有儿子，能够确立嫡子继承人的，只有华阳夫人。你兄弟二十余人中，你排行居中，不太受重视，长久在外做人质。等到大王去世，如果太子即位做秦王，你就很难和那些早晚在君王面前的人争得继承人的地位。"异人说："那怎么办呢？"吕不韦说："你很贫穷，在这里作为人质，没有什么能够献给别人来结交宾客的。我吕不韦虽然不算富，也愿意拿出千金为你到西边去游说，让她立你为继承人。"异人于是点头说："如果能实现你说的计划，我愿意分割秦国与你共享。"

吕不韦打听到华阳夫人有个姐姐在咸阳城中，就先见到了华阳夫人的姐姐，把随身携带的珠宝送给她，接着便把异人如何贤德、如何思念故国、如何想认华阳夫人为生母以及日后打算如何孝顺华阳夫人等，详尽地说了一番，这话果然就传到了华阳夫人的耳朵。她当即表示愿接异人回国，并收留在身边。吕不韦又找到华阳夫人的弟弟阳泉君，告诉他："你居高官、享厚禄，可你这高官、厚禄和富贵能长久吗？你的高官厚禄皆来自华阳夫人，倘若安国君即位为王，必定会立太子，那时太子之母必定会执掌后宫，而华阳夫人至今无子，待到来日年长色衰，恩宠不再，又有谁来保护你呢？你为何不把今日留在赵国的王孙异人设法引渡回国，让他去做华阳夫人的儿子？果真那样做了的话，华阳夫人会对你感激不尽的。那样，你的高官、厚禄和富贵不就又有人保护了吗？"于是阳泉君去找了华阳夫人，华阳夫人权衡利弊后收下异人为子，安国君也答应了华阳夫人的请求，立异人为继承人。异人也遵守诺言，即位后就封吕不韦为相，使他实现了最初的目标。

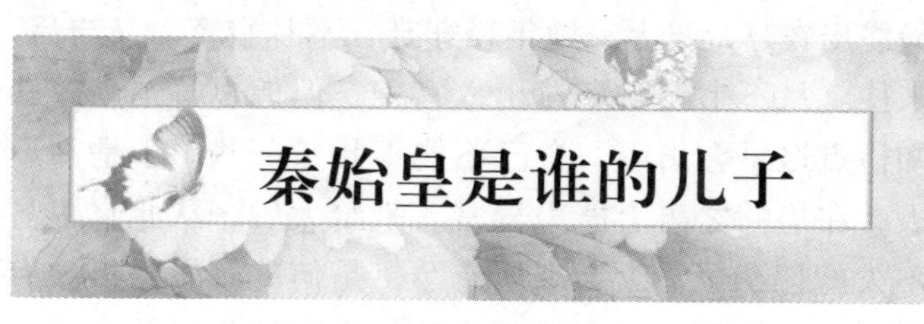

秦始皇是谁的儿子

秦王嬴政到底是谁的儿子？是吕不韦的还是异人的，众说纷纭，坊间传说多认为是吕不韦的。当年吕不韦帮助异人得到了秦国王位后，就开始思考："异人回国，日后继位为王，对自己来说，最多不过是从一位秦王身上得利。如何能长久呢？将来异人驾崩或者退位，又如何能从下一代秦王身上得利呢？"邯郸美女如云，吕不韦就从众多歌妓中选了一位，就是赵姬。吕不韦很喜欢她，他俩早暗中同居，而且赵姬已怀孕两月有余。吕不韦想："应该把赵姬献给异人。日后生下我的骨血，长大继位。到那时，秦国的天下便是我吕氏的天下。"不久他不惜血本，宴请异人，又让赵姬出面勾引异人。赵姬的美丽让异人一见倾心，最终异人与赵姬结成了夫妻。异人得到赵姬后，如鱼得水爱恋非常。过了月余，赵姬便对异人言明她已有身孕。异人不知其来历，只道是他的骨血，越加欢喜。又几个月过去，赵姬生下了一个男孩，取名叫"政"，他便是日后兼并六国的秦始皇。这种观点流传广泛，其后历代文人以及近代的电视剧、电影都以此为情节，虚构演绎，使之更具有故事性和可观性。

嫪毐：赵姬的情人

随着秦国国力日益强盛，吕不韦做了秦国相国后，功高盖主。异人知道他精明异常，渐渐对他警惕起来。而吕不韦也有所察觉，他怎可坐以待毙？于是与赵姬密议，要除掉异人，立嬴政为王，让赵姬当上太后。于是赵姬夜夜献宠，使尽妖媚之能事，逼得异人贪欢成瘾，不久便衰弱不堪，一命归西。自从嬴政成了秦国国君，赵姬为太后，尊吕不韦为仲父，国事全部委任于他。嬴政虽幼，却有统治天下的野心和斗志，他知道吕不韦是他最大的障碍。而吕不韦也知道嬴政非等闲之辈，两人都在暗暗地较量。

但祸事最终出在赵姬身上，她年轻守寡，不甘寂寞，又与吕不韦有旧情，两人便秘密来往。吕不韦经常随意出入宫闱，但他也害怕嬴政知道此事，像赵姬这样不知检点迟早会出事，自己不能不收敛一些。于是吕不韦找到一个名叫嫪毐的人，在房帏之事上能力异常，献给太后。从此赵姬与嫪毐在后宫朝夕不分，不久就怀孕了。太后寡居有孕，是何等耻辱之事。为了不使嬴政知道，她与嫪毐躲到咸阳一座幽静而华丽的雍宫居住，并先后产下了两个男孩。日子一长，嬴政也有所耳闻，但此时的秦王正把精力全部放在吞并六国的宏图伟略上，只好忍而不发。嫪毐想，自己虽得太后宠爱，可日后一旦秦王发觉，自己将死无葬身之地，于是暗地里起了篡位之心。他收买党羽，与太后密谋，欲除秦王。一天他与朝臣饮酒，酒后无意说出了自己的野心，朝臣慌忙报告给了嬴政。嬴政早就看嫪毐不顺眼，当即令昌平君逮捕嫪毐，五马分尸！又发兵包围雍宫，搜出太后私生的两个儿子，当场杀死，并把太后驱往今天的河南居住。

秦王嬴政为了巩固自己的权力，还顺势将吕不韦贬到了蜀中。吕不韦接到旨意后，绝望之中饮鸩自尽。这时被软禁的赵姬在大臣茂焦的冒死力谏下，已经被秦王迎回咸阳宫。当她听到吕不韦的死讯后，想到与他共度的几十年风雨，真是痛不欲生，三四年后也抑郁而亡。

14

虞姬

诀别抽剑舞 歃血化长红

『春花秋月何时了？往事知多少？小楼昨夜又东风，故国不堪回首月明中。雕栏玉砌应犹在，只是朱颜改。问君能有几多愁？恰似一江春水向东流。』这是南唐后主李煜最著名的词作，是李后主的绝命词。在写下这首《虞美人》后，宋太宗恨其『故国不堪回首月明中』而毒死了他。此词抒发的是李后主『故国不堪回首』时愁思难禁的痛苦。虞美人的词牌，恰到好处地衬托出了亡国之主的悲哀，加上李后主的填词，才成就了这千古绝唱。虞美人是著名词牌之一，原为唐教坊曲，初咏项羽宠姬虞美人，因此为名。但《碧鸡漫志》却称：『虞美人』起于项羽『虞兮』之歌，予谓后世以命名可也，曲起于当时，非也。曾宣子夫人魏氏，作『虞美人草行』，有『三军散尽旌旗倒，玉帐佳人坐中老，香魂夜逐剑光飞，轻血化为原上草』之句，世以为工。又沈括《梦溪笔谈》云：高邮桑宜舒，性知音，旧闻虞美人草，逢人作『虞美人曲』，枝叶皆动，他曲不然，试之如所传。详其曲，皆吴音也。他日取琴试用吴音制一曲，对草鼓之，枝叶皆动，因曰『虞美人操』。观此，『虞美人』一名，在乐府中曰行；在植物曰草；在琴曲曰操。考其原，皆由项王『虞兮』之歌而得名也。项王『虞兮』之歌成就了虞美人，并引出了连锁反应，使得虞姬成了和中国四大美女齐名的著名女性。

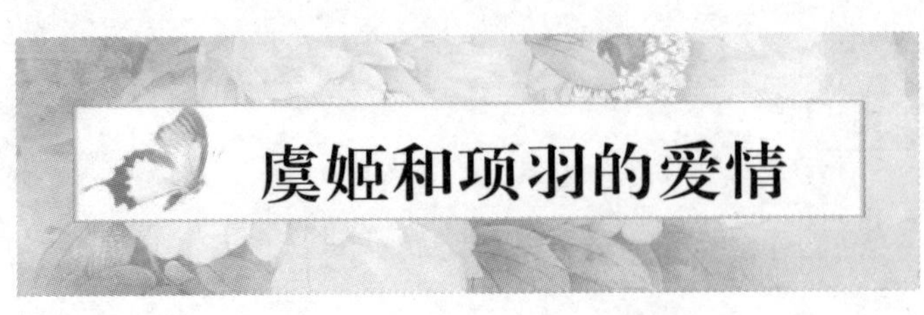

虞姬和项羽的爱情

虞姬，出生年月不可考，不过红颜消逝的时间则是明确记载的，在楚霸王乌江自刎的前202年。虞姬是秦朝末年虞地（今江苏省沭阳县）人，是西楚霸王项羽的爱姬。虞家和项家原是楚国贵族，秦始皇灭楚后，避难居家迁到今江苏省宿迁县过隐居生活。虽是隐居，但项家仍然是楚地贵族，声势不减，仍有昔日烜赫的豪气；虽天天躬耕于陇亩，仍不灭澄清天下之志。项羽和虞姬就是在这样的环境中被教育、长大成人的。长大后的项羽不爱学习，自幼读书不成，转而学剑，又不成，还大言不惭地对叔叔说："书足以记名姓而已，剑一人敌，不足学，要学万人敌。"于是项梁知道项羽有大志向，就转而教他兵法。不过项羽实在不是学习的料儿，兵法也是略知其意，不肯深究。随着他逐渐长大，已身高八尺多，唯一喜欢的就是蛮力，据说力能扛鼎（这可比力不能抗鼎还要勉力为之的秦武王、秦始皇的先辈好多了），胆气过人，天天在外好勇斗狠，吴中子弟个个怕他。他只听两个人的话，一个是他的叔叔项梁，一个就是青梅竹马、自小一起长大的虞姬。陈胜、吴广起义以后，项梁叔侄带着楚地八千子弟兵也揭起了义旗，其后又是楚汉相争，戎马倥偬。虞姬也同样身在军旅，随项羽南征北战，二人同甘共苦，共同奋斗。每当项羽在外苦战，虞姬就守在帐中等项羽回来，满心记挂着前线的战事。就这样，在项羽领兵出战时，她给他鼓励；在项羽凯旋归营时，她以翩跹舞姿、欢娱歌唱给他祝贺；在项羽遇到挫折的时候，她以无限的柔情蜜意给他抚慰，甚至也着了蛮靴，披上绣甲，骑马跟着项羽在阵上冲锋。有了这一强大的精神支柱，项羽越战越勇，所向披靡。

二人的爱情为世人称羡。然而公元前202年，楚汉争霸的天平完全倾斜到了汉王刘邦那里，被汉军围困垓下（今安徽省灵璧县南）的西楚霸王，兵少粮尽，夜闻四面楚歌，知道大势已去。面对虞姬，他在营帐中酌酒悲歌："力拔山兮气盖世，时不利兮骓不逝，骓不逝兮可奈何，虞兮虞兮奈若何？"在项王最后的时光里，他最挂念的还是虞姬以及陪他征战四方的胯下乌骓马。歌词苍凉悲壮，情思缱绻悱恻，史称《垓下歌》。虞姬，一生追随项王的痴情女子，亦怆然拔剑起舞，并以歌和之："汉兵已略地，四方楚歌声；大王意气尽，贱妾何聊生。”歌罢自刎，以断项羽后顾之情，激项羽奋战斗志，希冀胜利突围。

虞姬的剑舞

虞姬除了是一位美人，还是一个飒爽英姿、不爱红装爱武装的剑舞高手。所有京剧里演霸王别姬的桥段，都必须有虞姬剑舞的情节。大概的故事是这样的：当项王垓下被围后，虞姬为了鼓舞士气，拔出了项羽腰间的佩剑。这把天子剑是他们虞家历代以来传承的神兵，是当日项羽迎娶她时，兄长作为她的嫁妆送给项羽的。这么多年来，天子剑一直伴在他的左右，而今日，就让她用这把号令天下诸侯的神兵为这一代霸王舞出一场绝世剑舞，只求能鼓舞士气，唯愿他能突破重围，诛灭叛贼，一统天下。虞姬起身，退到空地之中，平剑于前，舞步轻点，伸展手臂，起舞。旋身之际，手中的天子剑在雪夜下划过一道漂亮的弧线，琤琤的剑鸣声在这一刻宛如古琴拨出的声音，悦耳而动听。“雪夜里，忽闻楚歌四起。”一剑舞出，虞姬亦吟歌而起，踩着节拍，在雪地里舞着绝代风华。“望月思，挂心故里妻儿。”再一剑冲天后，似有惋叹声。天子剑顿了一会儿后，在她的手中吟哦着，如蛇般灵动地蜿蜒而下。点点飘落的雪花萦绕在剑身，却被锋利的剑芒摧成碎片，“锵”的一声后，天子剑倏地被她收回，剑鸣之声久久萦绕在诸将耳中，而那抹舞动的身姿亦深深地印刻在楚军将士们的眼中。“今失蹄，却道兵家常事。”折腰盘旋，剑光耀人眼，她微笑地望了项羽一眼，借着歌声告诉他，胜败乃兵家常事，他楚霸王项羽一定可以反败为胜。雪地里，红袍将服的女子持剑而舞，时而如奔腾骏马，英姿飒爽；时而如战场上骁勇的将士，出剑间，毫不迟疑，迎敌时，毫不退却。然而一招一剑间又带着女子柔美，将剑舞该有的刚强与柔美发挥到极致。虞姬莞尔一笑，轻点舞步，翩翩然，绝美如仙，一招一式如行云流水、长虹贯日，歌声亦如天籁。“楚儿郎”她一剑划破雪地，剑光激起一层雪花后，天子剑直指汉营上空，笑容敛起，眸光一凛，最后她吟道：“为家奋起杀敌。”这一句落罢，直指天穹的天子剑不甘地嘶鸣着。虞姬的剑舞已毕，楚国儿郎们却清楚地听见了她的劝慰。念家思亲闻歌而泣毫无用处，若真想早日与亲人团聚，奋起对敌，杀出一条血路然后凯旋才是他们此刻该做的事。

虞姬用她刚柔并济的剑舞，用女性的柔媚和男性的刚强，恰如其分地替项王鼓舞了士气，缓解了四处楚歌声声的凄迷。最后更是用自己的死亡，让项王无后顾之忧，激起楚国儿郎同仇敌忾的士气，为项王的最后一次突围做了最大努力。

虞姬的刚烈，赢得了取得楚汉争霸事业成功的汉王刘邦的尊重。刘邦后来以礼埋葬了虞姬，至今安徽省定元县南六十里留有一座香冢，坟上生长的草修长而秀挺，迎风舞摆，摇曳生姿，被称为虞美人草，它在不断地诉说着虞美人的柔情与贞烈。后世文人钦佩虞美人节烈可嘉，有了虞美人的词牌和曲牌，诉一缕衷肠，流芳千古。近代词人喋血赞扬虞姬说："良辰美景奈何天，英雄末路美人怨。也持吴越薄钢刃，香魂血溅乌江岸。"民间对虞姬的喜爱更是随处可见，除了有虞美人草，连地方菜谱里也有一道菜叫"霸王别姬"，该菜用鼋和鸡为原料，可见老百姓正用自己最淳朴的方法祭奠霸王和虞姬这对儿命运多舛的痴情恋人。

吕雉

15

苍天无意怜诸吕
不教昭阳作未央

吕雉，字娥姁，汉高祖刘邦的皇后，又称为汉高后、吕后、吕太后，史书常称以『高后』。姓吕名雉（前241—前180）。高祖死后，被尊为皇太后，是封建王朝第一个临朝称制的女子，掌握汉朝政权长达15年。从中央集权的封建王朝来看，虽然秦国芈八子是第一个被称为『太后』的人，也是第一个开始掌管国家朝政的女人，但是当时的秦朝并没有一统天下，芈八子的影响力和吕雉根本不可相提并论，可以说吕雉当之无愧是中国历史上有记载的第一位皇后和皇太后。刘邦生前，吕雉尽心佐助丈夫平定天下、治理国政；刘邦死后，她以皇太后的身份临朝称制，表现出非凡的政治才干与不同凡响的政治手腕。尽管她没有像后来唐朝的武则天一样登基称帝，但她执掌朝廷大权15年（前195—前180）之久，发号施令，刑赏由己，威服群臣，德怀北狄，以超越常人的精力和声望成为西汉初年政治舞台上的无冕之王。

少女怀春

吕雉籍贯山东单父，单父地处交通要冲，战国之际，环处楚、齐、韩、魏之间，争端不息，民风强悍。秦灭六国，一统天下，在其地设郡置县。吕雉的父亲吕公是当地一位颇有身份的乡绅，家里有四个孩子，长子吕泽，次子吕释之，长女吕雉，次女吕媭。原本一家人生活安逸，可惜后来吕公因与当地一位豪门大族结怨成仇，为了躲避仇人的报复，全家不得不离开单父迁往沛县（今属江苏省）。沛县县令是吕公多年的好友，不久前他还曾向吕公提亲，希望吕公能将吕雉许给他做儿媳，但吕公没有应允这门亲事，他善于相面，总说要给女儿吕雉定一位大富大贵之人。

吕公到沛县后，为了表示感谢，特意举行了一次宴会，由沛县的功曹萧何负责筹办。宴会的规矩是，座次不分尊卑贵贱、年龄高低，只按贺礼的多寡来定。然后在一片忙碌中，刘邦来了，生得方面大耳、鼻梁高隆，脸上须髯丰美，气度放荡不羁、洒脱不凡。刘邦，本名叫刘季，传说她母亲怀他时，正有条蛟龙盘旋在周围，并有金甲神人自天而降。这当然是刘邦当皇帝后给自己贴金、忽悠大众的。实际上他就是一个游手好闲的纨绔。但正是因为出手大方，善于交际，所以人缘相当不错，与地方上各种身份的人都交了朋友，这才谋了泗水亭长的职位。吕公宴客，刘邦就来了，递上名帖后，张口就是："奉贺钱一万。"吕公听到如此重礼，忙到大门相迎，见刘邦仪表不凡，更是另眼相看。萧何从旁提醒说："刘季这人平日好说大话，很少办实事。贺钱怕是没准儿的事，您别指望他能兑现。"吕公却并不在意，还是请刘邦上座入席。吕公也逗，越看越觉得刘邦不是常人，宴后更是跟他说："老汉我从年轻时就喜欢给人相面，经我相过的人多了，却从来没有一个像您这样的贵相。直言相告，我家有一女，正当待字之年，求亲说媒的也有不少，若是不嫌小女质陋貌丑，就许配阁下做妾，早晚奉执箕帚，料理家务，也好得个照应。"刘邦闻言，满口答应。吕公所说的女儿，就是吕雉，二人的婚约就这样定妥了。吕雉的母亲不同意，吕雉自己倒是没反对，她认为既然父亲会相面，说不定刘邦将来真能一朝富贵呢！吕雉此时决没有预料到，她后来果然成为贵为天下国母的皇后。

成功男人背后的女人

一个成功的男人，背后总是有一个为他默默奉献的女人。皇后哪儿是那么好当的，吕雉嫁给刘邦时，他还一文不名。更夸张的是，大了自己20多岁的刘邦，在吕雉嫁过去之前，就有一个非婚生子刘肥，面对这些吕雉都默默地承受。在刘邦起兵反抗暴秦后，吕雉因为刘邦妻子的身份两次被抓，历经千难万险、各种折磨，这才成就了汉高祖刘邦，也成就了自己。

吕雉第一次被抓是被沛县县令打入大牢。秦始皇三十七年（前210年），刘邦奉命押送沛县百姓前往骊山服役，途中有人逃跑。按照秦朝法律，如果民伕人数缺少，负责押送的人和其他民伕都要受到严厉的处罚，陈胜和吴广就是为此起义的。刘邦没办法，索性把所有的民伕都放跑了，自己纠集了十几个愿意追随他的人跑到芒砀山中，开始走上了反抗秦朝统治的道路。这样一来，沛县县长坐不住了，他顾不得与吕公的交情，派人将吕雉逮捕入狱。吕雉入狱后，受尽了折磨，连一些狱卒对她也很不恭敬。幸亏刘邦有个叫任敖的好朋友做狱吏，他见吕雉在狱中受苦，就想方设法予以照应，还将虐待吕雉的狱卒痛打一顿。由于任敖跑前跑后，吕雉大难不死，因此对任敖感恩戴德。后来吕雉当权之时，把任敖提拔为御史大夫，位列三公。看来，吕雉对此番被囚禁的经历是刻骨铭心的。

第二次是楚汉相争时。初时，项氏接受谋臣范增“立楚之后”的良策，尊楚怀王之孙为义帝（怀王），并以彭城（今江苏省徐州）为据点，与秦军展开决战。巨鹿之战中，项羽破釜沉舟，大败章邯所率秦军主力。刘邦则奉义帝之命率兵向西，挺进关中，迫降秦王子婴。刘邦进兵咸阳后，约法三章：杀人者死，伤人及盗抵罪。他军纪严明，秋毫无犯，深得关中百姓的拥戴。项羽在灭秦之后大行封赏，将刘邦封为汉王，并让他赴汉中就国。项羽自称西楚霸王，领梁、楚九郡之地，都于彭城，实现了他衣锦还乡的夙愿——项羽认为富贵不归故乡，如衣锦夜行。后来，刘邦瞅准时机，“明修栈道，暗度陈仓”，重新占领了关中。从此，刘邦与项羽展开了长达四年（前206—前202年）的“楚汉之争”。

汉二年（前205年）四月，项羽派人到沛县捉拿刘邦的家属。吕雉闻讯后，匆忙收拾一下举家奔逃。慌乱中竟误入楚军营中，被项羽留作人质，这次吕雉被楚军拘禁的时间长达两年零五个月。一次，项羽为了激怒刘邦，寻求战机，把吕雉与刘太公五花大绑押至城下，先把刘太公押在高高的肉案上，对城上的刘邦喊道："你不赶快退兵，速速降我，我就把你父亲烹煮了吃肉。"刘邦却说："霸王，当年咱俩曾在义帝面前约为兄弟，我父亲也就是你父亲。你一定要煮了他老人家，别忘了分给我一杯羹。"吕雉的阶下囚生活，直到楚汉划鸿沟分治天下才结束。据说，在几年的颠沛与囚禁中，吕雉与比她稍稍年长的、受刘邦委托照顾她的审食其发生了越轨之事。此事真真假假，但审食其一直得到吕雉的宠信却是不争的事实。审食其入汉后被封为辟阳侯，《汉书·高惠高后文功臣年表》中就特别说审食其是"以舍人初起，侍吕后"。

吕太后：后刘邦时代

前195年，刘邦驾崩，太子刘盈继位，史称汉惠帝，尊吕后为皇太后，惠帝仁弱，实际朝政由吕后掌政。前188年，惠帝崩，吕雉立刘盈子为少帝，临朝称制八年。少帝因其生母为吕后所杀，所以有怨言。吕后遂杀少帝，立常山王刘义为帝。"号令皆出太后"，吕后先后掌权达15年，是中国历史上三大女性统治者（吕后、武则天、慈禧太后）中的第一个。刘邦临终前，吕后问刘邦身后的安排。她问萧何相国后谁可继任，刘邦嘱曹参可继任；曹参后有王陵、陈平，但不能独任；周勃忠诚老实，文化不高，刘家天下如有危机，安刘氏天下的必是周勃，可任太尉。吕后虽实际掌握大权，但她是遵守刘邦临终前所作的重要人事安排遗嘱的，相继重用萧何、曹参、王陵、陈平、周勃等开国功臣。而这些大臣们都以无为而治，从民之欲，从不劳民。在经济上实行轻赋税，对工商实行自由政策。吕后为了实现国家的休养生息，在国家大事上很有政治家的风度。刘邦白登之围后，汉庭不敢轻易与匈奴开战。匈奴冒顿单于乘刘邦之死，下书羞辱吕后说："你死了丈夫，我死了妻子，两主不乐，无以自虞，愿以所有，易其所无。"吕后忍辱负重，采纳季布的主张，平心静气复书说："我已年老弃衰，发齿也堕落了，步行也不方便。"然后赠与车马，婉言谢绝，终于化干戈为玉帛，匈奴自愧失礼，遣使向汉朝认错。但是吕后晚年因没有子孙，怕高祖的子孙欺凌吕氏，故大封外戚诸吕为侯，给了吕氏虚幻的希望。吕后崩，终年 62 岁，与汉高祖合葬长陵。诸吕欲为乱，周勃、陈平等诛平，恢复了刘氏江山。总之，认真评价吕后的统治、不论政治、法制、经济还是思想文化各个领域，均为“文景之治”奠定了坚实的基础。

窦漪房

16

黄老精神能治国
长使汉室再兴隆

窦漪房，即窦太后（前205—前135），一说窦太后亡于前129年，清河郡观津（今河北省武邑县观津村）人。她是汉文帝刘恒的妻子，汉武帝刘彻的奶奶，是西汉初期另一个彪悍的女政治家、女强人。拜《大汉天子》、《美人心计》等热播电视剧的普及，让大家逐渐认识了窦太后。她出身贫寒而备受命运垂青，由民女到宫女，最后成为辅佐文景武三位帝王治理大汉江山的杰出女性。

从宫女到皇后

窦氏出身贫寒，秦末时父亲为了逃避战乱，隐居于观津钓鱼，却不幸坠河而死，遗下三个孤儿。汉惠帝时，朝廷到清河招募宫女，窦氏以“家人子”的身份应招入汉宫，侍奉吕后左右，成了吕后身边的宫女。吕雉作为皇太后操纵国政，并不怎么放心刘氏诸王，就挑选了一些宫女出宫赏赐给诸侯王，名为赏赐，也含有打探诸侯王动静的意思。每个诸侯王处派去五名，窦氏也在选中之列。窦氏因家在清河，离赵国近，希望能到赵国去。她向主持派遣宫女的宦官请求，一定要把她的名字放到去赵国的花名册里。这个宦官在分派宫女时却把她的名字误放到去代国的花名册里，就这样她去了代国，并因缘际会得到了代王刘恒的宠爱，成为代王宠妃，一连生下了三个孩子：长女刘嫖、长子刘启、次子刘武。窦漪房能够成为代王妃子，并为代王生儿育女，就已经很满足了，所以对薄王太后和王后甚至于嫡出的王子们，都十分恭敬，安分守己地过着王姬的生活。她的克己守礼以及贫苦出身的坎坷经历，被代王刘恒和薄太后、王后看在眼里，更是平添了几分好感和怜惜，窦姬在代王国里赢得了内外一致的好名声。窦漪房嫁过去几年后，代王后病逝。这时在代王宫里，育有儿子的王姬就只有窦姬一人。于是在薄太后的主张下，窦姬开始代掌王后的宫务。代国的生活平静，但远在千里之外的都城长安，诸吕和刘姓正在政治博弈，结果是大汉王朝皇位空缺，丞相周平、太尉周勃等人商议之后，在刘姓诸王中选中了代王刘恒。说起来好笑，代王刘恒被选中的最重要原因之一，就是他的母亲薄太后以及他的代理王后窦姬，是出身穷困、为人小心翼翼的女人，她们的家族不但亲戚少，而且个个老实巴交，不会出现新的外戚专权。窦姬由此完成华丽转身，成了大汉王朝的第四任皇后，完成了一只麻雀向凤凰的所有转变。

溺爱的母亲

文帝元年，窦漪房成为皇后，长子刘启封皇太子，长女刘嫖成为公主，窦漪房的小儿子刘武也被封为代王。代王，是文帝刘恒继位为帝之前的封号，现在刘恒把自己起家的名分给了刘武。不用说，在文帝和窦后夫妻眼里，刘武是最可爱的孩子，甚至比皇太子刘启还要招人待见。窦太后对于幼子刘武的溺爱满朝皆知，赏赐不可胜数，恨不得让他登上皇位。最初，后来即位的景帝对这位深得母亲喜爱且在平“七国之乱”中立了大功的皇弟感情颇深，不仅同辇进出，且在一次家宴中夸下海口要将江山托付。初元三年（前 154 年），当时还未立太子，在一次家宴上，景帝曾动容地对刘武说：“我千秋万岁后，把皇位传给你。”刘武口上辞谢，内心却很欢喜。窦太后更是喜不胜收，后被窦婴急阻，才作罢。景帝立长子刘荣为皇太子，但不到一年，刘荣含冤被废，窦太后乘机再次进言，要立刘武为嗣。大臣袁盎等上书言此事不妥，景帝乘机立刘彻为太子，窦太后的愿望再次落空。而梁王刘武听说袁盎等从中作梗，派刺客杀戮了袁盎等数十大臣。景帝龙颜大怒，严令缉捕真凶，事情败露，刘武无奈，刺客自杀。幸托得馆陶公主向太后说情，在窦太后的干预下，此事不了了之，但从此景帝心已容不下梁王。公元前 144 年，梁王刘武病死。窦太后闻讯整日涕泣，不吃不喝，经常大骂：“皇上果然杀了吾儿!”窦太后对小儿子的溺爱已经和国家嫡长子继承制的大方针相违背，果然酿下了祸端，导致了景帝到武帝初年汉朝宫廷的混乱不安。

黄老之术和儒家学术

窦太后在文帝时期就患了眼疾，双眼失明，从此开始了黑暗中的生活。

虽然眼睛看不见了，但成为皇太后的窦氏心中明镜似的，针对国家如何发展的问题，坚决要求严格遵守祖宗旧制，奉行汉初休养生息的黄老之术，对儒家和儒术非常排斥，甚至规定景帝和窦姓宗族必须读《老子》。景帝时她曾召博士辕固生问他《老子》是怎样的一部书，辕固生不识时务，猝然答道："这不过是部平常人家读的书，没什么道理。"窦太后大怒，把辕固生扔到猪圈里去与猪搏斗。当时还是太子的武帝见辕固生为一文弱书生，害怕有失，就投进一把匕首，才让辕固生把猪刺死。因此景帝在位16年，始终未用儒生。刘彻即位后，太皇太后闻他好儒，大为不然，常出面干预朝政。武帝也不便违忤祖母，所有朝廷政事都随时向她请示。当时御史大夫赵绾和郎中令王臧，迎鲁耆儒申公来朝，并建议仿古制，设明堂辟雍，改历易服，行巡狩封禅等礼仪，还建议今后政事"可不必事事请命东宫"。太皇太后听罢，怒不可遏，命武帝下令革去赵绾、王臧官职。至她去世前，武帝不再重用儒生，她在政治上的影响可见一斑。

窦太后的一生算得上是麻雀变凤凰的传奇史，这和她个人的聪明才智也是息息相关的。在她双眼失明后，文帝开始宠爱慎夫人，对窦漪房的地位产生了很大的威胁。文帝前元六年，薄太后为自己娘家人考虑，想让薄巧慧成为太子妃，聪明的漪房接受了薄家的联姻，既稳住了启儿的太子之位又稳住了自己的后位，真是一箭双雕。这也从侧面说明此时漪房斗赢了慎夫人，她利用自己的政治智慧，一次次渡过政治风险，始终站在最高峰，终至成为历经文、景、武帝三朝的伟大女性。

王娡

梦日入怀出汉武
母仪天下在朝中

王娡，孝景王皇后（？—前126），姓王名娡，为汉景帝第二任皇后，汉武帝生母。王皇后是槐里（今陕西省兴平）人，其母臧儿为燕王臧荼孙女，其父为槐里人王仲。《史记》和《汉书》均记载了王皇后的生平，但王皇后的名字却是出自唐代司马贞所著《史记索隐》。王皇后一生最大的功绩是生了武帝刘彻，从而母凭子贵，青史留名，并有流传至今的著名典故——『金屋藏娇』。

再嫁的皇后

王娡的母亲臧儿是燕王臧荼的孙女，臧荼是秦末汉初、群雄并起时项羽册封的诸侯王，后被汉高祖刘邦击败杀死，可见王娡也是名门之后。后来臧儿嫁给槐里的平民王仲为妻，生一子名叫王信，还有两个女儿，长女王娡，次女王息姁。王仲死后她改嫁长安郊外长陵地方的田家，又为后夫生下两个儿子田蚡、田胜。带着拖油瓶儿女，生活起来毕竟多有不便，而且家庭负担也重，善于算计的臧儿自然不会为几个小儿女影响自己在田家的地位，因此她早早地就把长女王娡给嫁了出去。王娡所嫁的丈夫名叫金王孙，王娡婚后很快就为金家生下了一个女儿，名叫金俗。

汉文帝时，太子刘启在母亲窦漪房的运筹下，娶了薄太后的娘家人薄巧慧为太子妃。完婚不久，刘启便征得了祖母及父母的同意，正式开始了太子宫的选美活动，填充自己的后宫。太子的选美官姚翁是当时非常出名的星象家、相士，臧儿的小女儿王息姁芳龄未婚，正符合选美的基本要求，臧儿对这个天赐良机十分看重，希望能够再多些把握，于是不惜本钱请姚翁来家中为小女儿相面。事关家族和妹妹的前途，王娡也因此专程回娘家来恭听姚翁的高见。岂料姚翁一见王娡，却立即瞠目结舌，惊得连说话都变了调儿：“真正的大贵人，就是夫人你的大女儿呀，她日后能诞育天子、贵为皇后！至于你的小女儿，虽然也前程似锦，却是怎么也比不过姐姐的。”面对这么大的诱惑，母亲臧儿亲自去跟女婿金王孙当面讲价，要求他立刻写出离婚书，王息姁父女俩就此与王娡断绝了一切关系。藏儿又筹来银两，将主持选美的内官打点得妥妥当当，果然马到成功，王娡顺利过关，成为最终被选定的美女之一。

当时刘启的太子妃薄氏软弱，对王娡没有什么威胁，太子宫中和王娡斗得旗鼓相当的是首先为刘启生了儿子的栗姬。栗姬有儿子，可是王娡等来等去也没能等到儿子，反倒是一连生了三个女儿：平阳郡主、南宫郡主、隆虑郡主。无奈之下，王娡想到了自己的妹妹王息姁。当初相士姚翁也说过，王息姁有大贵之相，几年来王息姁在宫外老家始终未能择中如意婿，没准就是等着到太子身边“大贵”来了。于是王娡立即向太子刘启推荐自己的妹妹，将王息姁形容得好像一朵花儿般诱人。王息姁入宫后，果然受到了刘启的宠幸。太子更是因着王娡有“贤德不妒”的品行对其深为褒奖，非但没有贪新忘旧，反而对王娡越发地看重起来。王息姁入太子宫后，果然不负姐姐的重托，一连为刘启生下了四个儿子，后来都成为亲王，分别是：广川王刘越、胶东王刘寄、清河王刘乘、常山王刘舜。一时间，王氏姐妹在太子宫里风头大劲。但是好景不长，在生下刘舜后不久，王息姁便去世了。还好此时的王娡已经生下了儿子，这个儿子打从落户娘胎的那一刻起，就充分显示了他的来历不凡。据说王娡第四次怀孕的时候，做了一个奇怪的梦，梦见一颗圆圆的太阳从她的口中滑入她的腹里。醒后告诉刘启，刘启一听大喜过望，说：“这可是一个大贵的吉兆哇，你这次一定能为我生下儿子。”景帝元年七月初七日，王娡在长安未央宫猗兰殿里，为景帝刘启生下了一个儿子，他是刘启的第十个儿子。王娡盼子久矣，对这个宝贝儿子十分小心地养育。为了好养活，她为儿子起了一个卑贱的小名——彘儿，即猪儿。皇帝的儿子当然不可能叫“刘猪儿”，因此这孩子还有一个大名：刘彻，就是未来的汉武大帝。景帝虽然儿子众多，但是刘彻毕竟是他称帝之后的第一个儿子，何况他的母亲又一向以“贤良淑德”闻名。于是，兴高采烈的景帝刘启立即对生子有功的王娡论功行赏，册封她为“美人”。在西汉初期的后宫编制里，“美人”的位分仅次于皇后，相当于男子中的诸侯公卿。

金屋藏娇

《史记·外戚世家》记载：“长公主嫖有女，欲与太子为妃，栗姬妒，而景帝诸美人皆因长公主见得贵幸，栗姬日怨怒，谢长主，不许。长主欲与王夫人，王夫人许之。”志怪小说《汉武故事》则根据这一史实讲述了一个美好的故事：长公主嫖抱置膝上，问曰：“儿欲得妇不？”胶东王曰：“欲得妇。”长主指左右长御百人，皆云不用。末指其女问曰：“阿娇好不？”于是乃笑对曰：“好！若得阿娇作妇，当作金屋贮之也。”长主大悦，乃苦要上，遂成婚焉，这就是成语“金屋藏娇”的由来。

可惜青梅竹马的美好故事只是小说的虚构，刘彻和陈氏的联姻是标准的政治婚姻。前元四年（公元前 153 年）夏四月己巳，汉景帝立了栗姬生的庶长子刘荣为太子。同一天，王娡之子、虚岁 4 岁的刘彻被立为胶东王。刘荣被立为太子之后，景帝的姐姐长公主刘嫖在屡次向皇帝弟弟进献美人后，又打起了新太子的主意，于是为女儿阿娇向栗姬请求联姻。馆陶公主刘嫖选了一个黄道吉日，亲自出马去向栗姬提亲。谁知栗姬一听说馆陶公主的“美意”，就立刻报以冷嘲热讽。大概意思就是：“我儿子日后是要当皇帝的，就凭你女儿那个模样，如何比得上将来后宫的美女？想靠那个毛丫头公侯万代？门儿都没有!”栗姬那出人意表的性格，就在这一刻为自己树下了一个死敌，决定了自己和刘荣最终的结局，也便宜了王美人。馆陶长公主在栗姬这里碰了一鼻子灰，自然很是不爽，尤其让她胆寒的是：原来栗姬对自己的恨意竟有如此之深，如今自己正是炙手可热的时候，她都敢当面让自己下不来台，假如日后她的儿子成为皇帝、她成为太后，自己这个过气姑妈岂不是死到临头了？刘嫖十分恼火，决定寻找其他的人选。景帝十四子，长子荣、次子德、三子阏于都是栗姬所生。刘余好治宫室苑囿狗马，口吃；刘非骄奢；刘端为人贼戾，又不能近女色；刘彭祖巧佞卑谄；刘胜沉溺声色；刘发生母身微，母子都不受宠；接下来，就是自幼聪明伶俐、母子都深受景帝喜爱的景帝第十子——王娡之子刘彻。然而，王娡和馆陶公主遇到了一个麻烦：那就是陈阿娇比刘彻年龄大，具体大多少岁我们不能够确定，但是刘嫖是刘启的姐姐，陈阿娇又曾经向刘彻的大哥刘荣提亲，可见就连“女大三”都远远不止，就算在民间看来，也不是很般配。果然，王娡刚一提起为刘彻和阿娇订婚的话头，景帝刘启就一口回绝了：“陈阿娇年长并不相配，更何况彻儿年纪还小，现在就考虑这件事有点太早了。”于是就有了金屋藏娇的戏码。事情的真假如何，年幼的刘彻是否参与了两位母亲的算计，不得而知，结果却是可想而知的。当刘彻在父亲面前把金屋藏娇的愿又许了一遍后，景帝忍不住哈哈大笑，觉得此事不但有趣，而且冥冥中也似乎是天意，否则儿子怎么就认准了表姐陈阿娇了呢？何况还如此郑重地许下了大愿，那就更应该缔结这桩婚事，儿子虽小却也是未来的天子，金口一诺，自己绝不能让儿子背誓违天。于是，就在景帝的开怀大笑以及王娡和刘嫖的心领神会中，糊涂的陈阿娇和更糊涂的刘彻成了一对小夫妻。

汉武帝刘彻在景帝诸子中排位靠后，本没有强有力的竞争帝王宝座的实力，但是在母亲王美人的精心策划和努力下，在岳母馆陶长公主的帮助下，终于当上了天子。虽然稀里糊涂地牺牲了自己的婚姻，但是古代帝王三妻四妾为常事，娇生惯养的表姐陈阿娇在帝位稳固后，已经不是刘彻优先考虑的了，歌女卫子夫等填充了武帝对婚姻、美女的期待。相对于帝王宝座，第一任婚姻的牺牲也是值得的。王娡也母凭子贵，成为汉朝的再嫁皇后，在儿子登基后达到了自己人生的顶峰。

刘嫖 18

施展出江湖气概
抖擞出风月情怀

刘嫖的身份很是特殊，她是汉文帝的女儿，窦漪房窦皇后唯一的亲生女儿，汉景帝的同母姐姐，还是汉武帝的姑母与岳母，更是历经了四百年汉朝的唯一大长公主，一人之下、万人之上，公主做到如斯位置，也算是到了极限。因为身份的特殊，刘嫖可谓『有权任性』，为了让自己的家族能够长久地这么『任性』下去，她将女儿嫁给了刘彻，更是将刘彻硬生生地扶为太子，继而成为了皇帝。在丈夫在世时，刘嫖便豢养男宠，丈夫去世之后，两人更是明目张胆地出双入对，而『主人翁』一词，就来源于刘嫖和她的男宠。那么刘嫖究竟是个怎样的女人，她的身上又有着怎样的故事呢？

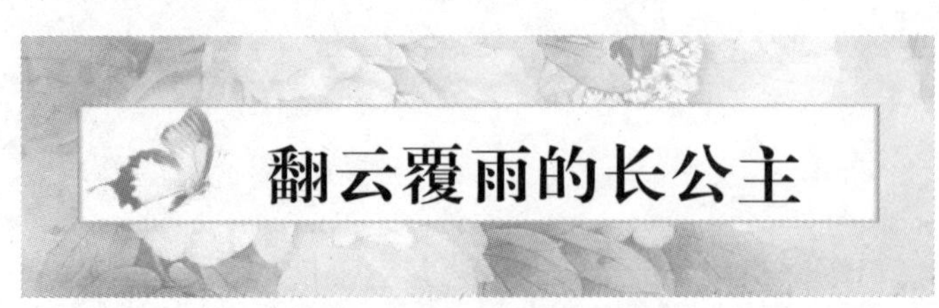

翻云覆雨的长公主

刘嫖出生的具体年份并没有史料记载，只知道当时汉文帝还只是代王而已，而她的母亲窦漪房为代王的宠妃。刘嫖是代王的第一个孩子，因此极受父母的宠爱，何况刘嫖自小便是个美人胚子，又冰雪聪明。

在公元前180年，刘嫖的父亲刘恒登基为汉文帝，立刘启也就是刘嫖的弟弟为太子，刘嫖成为了长公主，因为她的封地在邯郸馆陶，所以又称馆陶公主。文帝在位的时候，刘嫖嫁给了堂邑侯陈午。陈午虽然没有什么功勋，但因为世袭了堂邑侯（食邑1800户），所以家资殷厚，刘嫖的生活无忧无虑。婚后，她生下了两个儿子和一个女儿，这个女儿便是后来汉武帝的第一任皇后，“金屋藏娇”中的陈阿娇。

汉景帝即位后，为了讨好弟弟，刘嫖经常向汉景帝进献美女，这些美女大多数都得到了景帝的宠爱，所以这个皇帝弟弟对刘嫖在宫中的所作所为采取了纵容的态度，加之窦太后的宠爱，刘嫖在宫廷之中成为了一个风云人物。她工于心计，开始为自己和儿女筹划。她的儿子陈蟜小小年纪便被封为隆虑侯，可是封侯并不能满足刘嫖的欲望，她还有一个粉雕玉琢、可爱伶俐的小女儿。《汉书·外戚传》中记载了这样的事：“长公主嫖有女，欲与太子为妃，栗姬妒，而景帝诸美人皆因长公主见得贵幸，栗姬日怨怒，谢长主，不许。长主欲与王夫人，王夫人许之。会薄皇后废，长公主日谮栗姬短。”这件事要从汉景帝四年说起，这一年，景帝立刘荣为太子，刘荣是汉景帝和宠妃栗姬的长子。刘嫖要稳定和提高自己在宫中的地位，就不得不做好长久的打算，于是她打起了这个太子的主意。如果能够将女儿许配给太子刘荣，那么现在女儿是太子妃，等到太子即位，女儿就是皇后……不过，虽然刘嫖的算盘打得很响，主意拿得很对，可惜太子的母亲栗姬并不看好这场联姻。因为刘嫖一直在向景帝进献美女，每一个美人可以说都是栗姬的敌人，栗姬怎么会让自己的儿子娶刘嫖的女儿呢，于是她严词拒绝了刘嫖。

身为长公主，刘嫖从来没有经历过这么大的挫败，栗姬让她非常生气，后果也的确很严重。刘嫖很快就有了下一个计划，她将目光锁定到了景帝的第十子刘彻的身上。景帝有十四个儿子，刘彻被封为胶东王，他的母亲王娡王夫人怀孕时曾梦见有日入怀，当时景帝便说这是极好的征兆。刘嫖平日里也注意过刘彻，觉得这孩子很有帝王之相，若是能将女儿嫁与刘彻，再为这刘彻谋取太子之位，也未尝不可。而关于刘彻和阿娇的“金屋藏娇”的故事大家都耳熟能详，不过，这个故事毕竟是演绎戏说，正史上是没有记载的。王娡和刘嫖如何就婚嫁一事达成了一致，我们不得而知，但刘嫖和王娡因为姻亲关系而联起手来，却在汉宫掀起了不小的风波。

首先刘嫖先要扳倒栗姬，于是她常常到景帝的面前说一些栗姬的坏话：“所谓女人善妒，大概就是像栗姬那样吧。我经常看到她让侍者朝着您宠爱过的妃子背后吐口水，来诅咒她们，我听说，她还很相信巫术。”刘嫖的话在景帝的面前还是很有分量的，景帝听到后，就真的对栗姬不那么宠爱了。

接下来，刘嫖又开始夸奖刘彻，什么聪明伶俐啊、机智勇敢啊，经过她如此一说，景帝再观察，觉得姐姐所言甚是，而且刘彻的母亲怀孕时又有吉梦，便更喜欢刘彻了。

准备工作做足之后，刘嫖和王夫人开始一步步地将栗姬和太子刘荣逼得走投无路。最终的结果是，太子刘荣被废，栗姬因为此事抑郁而终；刘彻成为了太子，王夫人则成为了皇后。这一场宫廷之战的结果是，长公主一方大获全胜，任性的栗姬遇到了更任性的长公主刘嫖，最后输得很彻底。可见，任性实在是一件需要资本和手段才能做的事。

长公主的风月账

在刘彻成为皇帝后，为了感谢长公主刘嫖的功劳，特意让刘嫖跟从窦太后的姓氏加封其为窦太主。此时刘嫖在宫中的地位达到了顶峰。

不过，也有让刘嫖烦心的事情，那便是皇帝和皇后的生活并不幸福。原因也很简单，陈阿娇认为自己家对于刘彻能够成为皇帝出了太多的力，很有骄傲的资格，于是对于这个年纪小自己颇多的皇帝表弟没有足够的恭敬，一味地恃宠而骄。汉武帝刘彻在即位初期，倒也对这个骄傲跋扈的表姐百般忍耐，但身为皇帝，尊严万分重要，陈阿娇不懂适可而止，那就只好将她冷落在一边了。更何况陈阿娇一直没有生育，所以皇帝自然移情。见到如此情景，按理刘嫖这个做母亲的应该劝劝自己的女儿如何哄得自己的夫君、大汉的皇帝开心。只是，刘嫖这一生一直都是高高在上，并不曾哄过谁，如何劝得？所以只能看着自己的女儿渐渐失去皇帝的恩宠。

在女儿失位后的第二年，刘嫖的丈夫陈午也过世了，按理说这时的刘嫖应该是最难过的时候，不过，事实却并非如此。因为这个时候，刘嫖已经有了一个面首——董偃，这件事在《汉书》中有所记载："主寡居，私近董偃。"

说起董偃，他的母亲是卖珠的人，董偃在十几岁的时候便和母亲经常出入刘嫖的长公主府。刘嫖见他眉清目秀、俊美潇洒，十分喜爱，便对他们母子说："如此俊美的孩子，与其跟着你吃苦，不如来我的府上，由我来抚养。"董偃的母亲自然不能说不好，董偃就这样留在了长公主府上。在公主府中，董偃学到了很多东西，琴棋书画、骑马射箭等，待到董偃成年之后，更加玉树临风且又温柔倜傥，刘嫖和他也已经是出双入对、同食同寝了。

因为有着窦太主的宠爱，加之董偃的性格本就随和，所以朝中的大臣、王公贵族们都与他交好，还称他为"董君"。

董偃有一个好朋友是安陵人，姓袁，有一日他对董偃说："你服侍长公主毕竟不是什么光明正大的事情，现在是皇帝没有怪罪，万一哪天皇帝不高兴，最后受到责罚的一定是你啊！"听到好朋友这样说，董偃如醍醐灌顶一般，这些事情他以前从未想过，现在也毫无对策。于是他的朋友继续说道："我倒是有个办法，你应该劝说窦太主将她的长门园献给皇帝，那个地方可是皇帝一直想要的。"董偃听了朋友的话，觉得很有道理，便很快找机会同刘嫖说了这件事情。刘嫖一听，认为董偃的主意很好，何况长门园这块地方，自己平日里也没有怎么注意过，既能讨好皇帝，又能保住董偃，何乐而不为呢？

窦太主刘嫖拿定主意后，便进宫将献出长门园一事奏报给汉武帝，还将董偃极力地夸赞了一番，汉武帝得到了长门园这块土地自然高兴，哪里还会去在乎一个面首。后来，长门园改名为长门宫，也就是陈皇后阿娇被冷落后居住的地方。

其实，刘嫖和董偃的事情，汉武帝早就一清二楚。有一次，汉武帝到公主府上拜访，公主自然要迎接拜谢，一切礼仪过后，汉武帝便笑着对刘嫖说："姑母，我想拜见一下府中的主人翁。"刘嫖听了皇帝这话，吓得着实不轻，赶忙下殿摘取自己的首饰，素颜请罪，并说："身为公主，我的行为如此不堪，有辱皇家的门面，辜负了陛下的厚望，实在该当死罪。陛下您至今仍没有将我治罪，乃是宅心仁厚，皇恩浩荡。"汉武帝见姑母如此恐惧，连忙让她起身，刘嫖见武帝似乎并非怒颜，便将躲在厅内的董偃叫出，一起向皇帝磕头请罪。汉武帝也没有怪罪董偃，还赏赐了他很多衣物，算是默许了他们之间的事情。而董偃亦很会察言观色，见汉武帝心情很好，宴席中便亲自为皇帝奉食添酒，并且他也玩笑一般地称自己为主人翁，汉武帝听后开怀大笑，这便是“主人翁”一词的来历，而董偃也由此成为了当时天下闻名的面首。在清朝学者赵翼的《二十二史札记》中记载的就是这件事：“武帝姊馆陶公主寡居，宠董偃十余年。主欲使偃见帝，乃献长门园地，帝喜，过主家。主亲引偃出，偃奏：‘馆陶公主庖人偃，昧死拜谒。’帝大欢乐，呼为主人翁。”

后来，董偃早逝，过了几年，叱咤风云的长公主刘嫖也去世了，她与董偃合葬在一起，堂堂一国长公主竟和面首合葬，也算是奇事奇闻，刘嫖到底是与众不同，一生都如此地任性。

卫子夫

19

清歌一曲江山动 千载沉浮卫子夫

卫子夫（？—前91），西汉平阳（今山西省临汾）人，汉武帝刘彻的第二任皇后，大司马大将军卫青的亲姐姐，大司马骠骑将军霍去病是她的外甥。她一生为武帝育有一男三女，分别是卫太子刘据，公主卫长、诸邑、石邑。卫子夫建元二年入宫，第二年怀孕后被封为夫人。元朔元年（前127年）卫子夫生下刘彻长子刘据，被立为皇后。征和二年（前91年）巫蛊之祸，卫子夫母子等遭江充等人陷害，不能自明，自杀。18年后，汉宣帝刘询以皇后礼重新厚葬她，追谥号曰『思』，史称孝武卫思后。卫子夫由歌女而成皇后，除了她的容颜美色之外，还因为她有太子刘据和战功赫赫的娘家作为支柱。在为皇后的38年中，她是安分守己的，所以武帝死后，她的名誉还是得到了恢复。客观地说，卫子夫的入宫，使她的弟弟卫青、外甥霍去病得到了施展才能的机会，从而为西汉在反击匈奴的战争中赢得了主动地位。所以卫子夫对汉朝是有功劳的，她的贡献不能抹杀。

长公主的礼物

这里的长公主，不再是汉景帝刘启的姐姐馆陶长公主了，而是汉武帝的姐姐平阳长公主。不过，为了政治利益，前后二位长公主不约而同地用了同样的方式去笼络皇上，那就是进献美女。馆陶给景帝送了很多美女，加深了自己和栗妃的矛盾，又扶植了武帝刘彻上台，把自家女儿扶植成了武帝的第一任皇后。风水轮流转，皇后陈阿娇迟迟无子，给了平阳公主名正言顺为自己的皇上弟弟送美女的理由，还美其名曰为了天子的血脉，为了汉家的江山社稷。卫子夫就是在这样的背景下被武帝认识和宠幸的。

青梅竹马的童话背后，不一定都是“王子和公主从此幸福地生活在一起”，更多时候是由于各种原因产生各种矛盾，连卓文君和司马相如尚且如此，他的主子汉武帝和原配妻子陈阿娇也没比他们幸福到哪里。馆陶公主在刘彻当皇帝这件事情上出力颇多，因此陈阿娇就想当然地认为“我们家帮了你那么多，你就要宠着我、疼着我、让着我”！在刘彻江山不稳时，可以尽一切能力满足表姐的要求，但是皇帝毕竟是皇帝，随着地位的牢固，汉武帝也需要有相应的帝王尊严。陈阿娇还总用老观点看问题，认为皇帝就应该听她的，但“事易时移、时移备变”。一个年龄比刘彻大的妻子，一个给刘彻很大压力的妻子，总没有年轻貌美、对皇帝极度崇拜和逢迎的小美女对刘彻的吸引力大，陈阿娇的失宠也就顺理成章了。而且，不孝有三无后为大，陈阿娇过门那么多年，最大的问题是没有儿子，这就丧失了巨大的政治资本。俗话说“江山代有才人出”，继馆陶公主给弟弟推荐美女巩固地位之后，刘彻的姐姐平阳公主也在做同样的打算，更何况她推荐美女的理由比姑妈要“光明正大”得多：皇帝无子女，他现有的后妃都没出息。

大约是建元二年（前139年）的三月初三，刘彻按照惯例离开皇宫，到渭水之畔举行“修禊”的开春祭典。在公事办完了之后，他在返京的途中绕道前往平阳侯府，专程看望姐姐。平阳公主夫妇自然喜出望外，准备了丰盛的宴席，并且将自己精心培训过的十余名美女唤出来歌舞助兴。这些女子不但是奉了主人的命令，自己也都盼望着能够一步登天，个个都使出浑身解数，千娇百媚地大献殷勤，事与愿违的是刘彻对平阳公主精心准备的“礼物”一个也没看上眼。平阳公主无奈，只好让自己家的歌女出场试试。刘彻一眼就看上了这位长发黑亮的卫子夫，等到卫子夫歌喉婉转唱出悦耳的曲子之后，几杯酒下肚的他更是两眼直放光。平阳公主看出了弟弟的心思，当刘彻起身说要去上洗手间的时候，她立刻心领神会地派卫子夫前去照顾。等刘彻回来时，对姐姐的盛情款待深表谢意，一下子就送了平阳公主1000斤黄金。平阳公主自然知道这1000斤黄金是什么原因才凭空砸下的，她立刻提出，要将卫子夫送入宫中服侍皇帝。刘彻立即“笑纳”了这份礼物，并且将卫子夫带上了自己的车驾。

低调的皇后

满怀期望的卫子夫刚进宫门就遇上了怒气冲冲的陈皇后。陈阿娇早已得到了皇帝宠幸歌女的小道消息，而新出现的情敌竟然是一个奴婢就更让她难以忍受。刘彻本来就对卫子夫不过是一时的新鲜，也就更谈不上为她去开罪表姐与姑妈，因此很痛快地就将卫子夫丢到了宫女群中，置之脑后。这一丢就是一年多的时间，卫子夫连刘彻的面都见不着。直到后宫遣散宫女时，卫子夫才又见到了武帝。当刘彻看到梨花带雨的卫子夫时，不知怎的竟立即回想起了初次相遇的情景，于是对她万分怜惜起来。为了避免再次被陈皇后察觉，刘彻将卫子夫安置在上林苑居住，时常前去看望。而这一次的旧情复燃更带给刘彻一个真正的“意外惊喜”：卫子夫竟然就怀有了身孕。这可太给刘彻长脸了，卫子夫在他眼里也就顿时成了个活宝贝，身价倍增。陈阿娇被废两年后，卫子夫为刘彻生下了长子刘据。高兴不已的刘彻遂于元朔二年（前128年）三月册立卫子夫为嫡妻，空缺两年的大汉皇后宝座有了新主人。

“生男无喜，生女无怒，独不见卫子夫霸天下。”当时的民间流传着这样的歌谣，这是卫子夫从歌女到皇后，一人得志、全家富贵的传奇。卫皇后的家人也争气，弟弟卫青、外甥霍去病逐渐成为大汉王朝的顶梁柱，执掌兵权。一次，刘彻册封卫青为车骑将军、卫子夫的大姐夫公孙贺为轻车将军、卫青的救命恩人公孙敖为骑将军、卫尉李广为骁骑将军，各率万骑出击匈奴。这场战役的结果是公孙贺无功、公孙敖折骑七千、李广全军尽没，只有卫青崭露头角，斩敌七百余人，直捣龙城，大挫匈奴人锐气，晋封关内侯。此后，卫青的才华展露得一发不可收拾，外甥霍去病更是一个军事天才，是汉代历史上抗击匈奴的著名英雄。如果说卫青、霍去病当初能够得到出征为将的机会，多少是沾了卫子夫这个皇后的光，那么当卫青、霍去病以不容置疑的实力和天分纵横大漠、开疆拓土立下不世功勋之后，便轮到卫子夫沾弟弟、外甥的光了。难能可贵的是，卫子夫在后宫复杂的环境中做了38年的皇后，并不是独霸天下，而是处处小心、谨小慎微，以恭谨谦和赢得了汉武帝的恩宠，赢得了大臣和后宫人等的尊敬。卫后对卫氏子弟的管教格外严格，如弟弟卫青的四个儿子都不成器，卫后流着眼泪向武帝报告，请求武帝削夺卫氏子弟的封赏，武帝就说："吾自知之，不令皇后忧也。"终于有一天，卫青的少子因为罪恶极大，依照当时的法律被杀，武帝一并削夺了其他儿子的封爵。之后，出于对卫子夫的尊敬，武帝对一位大臣说，夫人肯定非常伤心，你马上到她那里去安慰她，并代表我向夫人道歉。那位大臣回来说，夫人非常痛苦，但也很感激皇上。在后来的日子里，因为卫子夫年老色衰，汉武帝移情别恋。虽然武帝后宫宠幸的嫔妃不少，但是因为卫后小心谨慎，所以汉武帝对她还是很信任的。武帝每次出行，都把后宫事务托付给卫后。

巫蛊之祸——悲惨的结局

所谓巫蛊之祸，就是武帝末年时年老多疑，于是周围一些心怀奸恶之人乘机制造事端，挑拨他与太子、大臣之间的关系。司马光《资治通鉴》记载："群臣宽厚长者皆附太子，而深酷用法者皆毁之。邪臣多党与，故太子誉少而毁多。卫青薨后，臣下无复外家为据，竟欲构太子。"太子素行宽仁，与爱好使用酷吏的武帝有分歧。当时，有一些胡人巫婆作俑，诅咒武帝死亡的事被发觉，于是汉武帝在朝廷内外大加搜索，受牵连的人很多。专门主持处理此事的是素与太子不和的酷吏江充，他得到汉武帝的命令进行调查，便故意带着桐木人在卫皇后和太子刘据居住的地方掘地搜索，假意将早已准备好的桐木人拿出构陷太子，即把巫蛊之事加在了太子头上。当时，汉武帝年事已高，身体不好，在甘泉宫休养，外间人怀疑他是否还在人世。江充与太子刘据有前嫌，看汉武帝身体一天不如一天，担心武帝死后刘据对其不利，所以提前下手，想除掉太子。太子刘据起初并无惧怕，认为没有做过的事不怕江充诬陷，打算去向武帝解释，但车马被江充拦下，刘据唯恐不得自明，就请教他的师傅石德。石德以扶苏的例子警示他，怀疑武帝是否像秦始皇一样已经死亡且局势已被小人操纵。于是刘据决定先杀掉江充，绝不做第二个扶苏。因为太子能指挥到的车马有限，刘据在决定起兵后报母亲卫子夫，动用了皇后宫的车架，并以武帝已死、奸臣作乱的名义征兵，与江充等人在长安城中展开激战，终于杀死了江充。他起兵后，一度得到民众的支持。但后来调兵不利，护北军使者任安接受了太子的符节却没有出兵，汉武帝派去了解情况的使臣不敢入京，谎报太子造反。武帝派丞相刘屈氂讨伐并亲临前线证明自己尚在人世，太子兵败后逃到湖县隐藏，后行迹被发现，于是自缢。卫子夫一生谨慎处事，但在皇宫那个尔虞我诈的地方，终是难保一辈子安稳，最终还是因为儿子的事情不得已而上吊自杀。

冯嫽 20

穹庐为室旃为墙

鸿鹄之志传四方

冯嫽，西汉解忧公主的侍者，因地位低下，只能作为解忧公主和亲的侍从随嫁乌孙，自己也嫁给了乌孙右大将为妻。但她懂史书、有才干，随公主在乌孙时，常作为公主使者，结好于西域诸国，号为『冯夫人』。她曾为都护郑吉说乌就屠降汉，立元贵靡（解忧公主长子）为大昆弥，乌就屠为小昆弥。宣帝甘露三年（前51年）随公主回长安，不久，乌孙大昆弥星靡（解忧公主孙）立，势弱，她又自请使乌孙，加强了乌孙的安定。

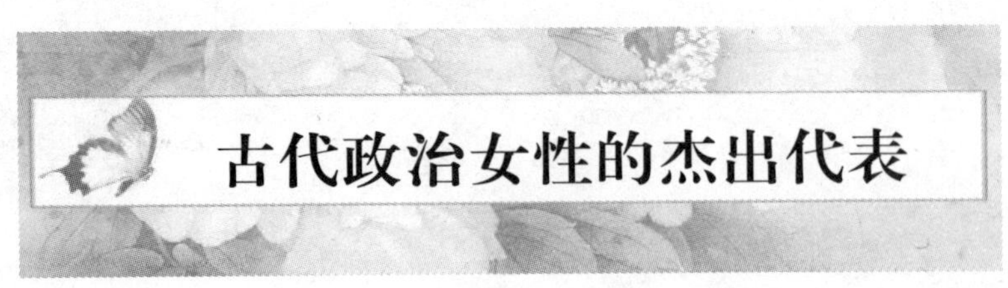

古代政治女性的杰出代表

“劝君更尽一杯酒，西出阳关无故人。”“羌笛何须怨杨柳，春风不度玉门关。”这都是唐代送别诗中的千古绝唱。西域就是指阳关、玉门关以西的广大地区，在汉唐时代人们的概念中，一出这两个关，就算是置身异国。塞外荒凉，再加上古代交通工具不发达，一旦分离就成永诀，这一份离别感情自然融入诗中，感人肺腑。自从汉高祖在对匈奴作战中遭逢“白登之围”，深知步兵车战难以匹敌飘忽来去的骑兵部队，便接受了娄敬的建议，实行“和亲政策”，从而揭开了中央政权与周边民族关系新的一页。到汉武帝时，骑兵已训练成功，于是数度开塞击胡，特别是经卫青、霍去病的打击，匈奴从此远飏漠北。为了取得彻底的胜利，汉武帝采取大包围的迂回态势，积极打通西域，实施远交近攻的策略，武力与怀柔双管齐下，联合西域各国夹击匈奴，势力强大的乌孙就成了主要争取的对象。原先乌孙国世居在祁连山附近，后被匈奴赶到今新疆温宿、伊宁一带，一向与匈奴算是世仇大国。汉武帝派张春第二次出使乌孙，表示愿遣公主下嫁，结为兄弟之邦，共制匈奴。汉廷第一个嫁过去的是细君公主，可惜公主不能适应塞外的生活，没多久就一命呜呼了。这样，汉朝就又嫁了解忧公主过去，冯嫽就是陪公主嫁过去的侍女，主仆二人共同维护了汉朝和乌孙很长时间的友好关系。

冯嫽是我国有史记载以来第一个杰出的女外交家，她熟知历史，精明干练。由于出身微贱，只能以解忧公主侍女的身份作为陪嫁来到乌孙。实际上，她承担的是解忧公主政治顾问的重任。在西汉王朝，解忧是对外和亲公主中唯一一位参与军国大事的一品夫人。而她的计谋之所出，多求助于冯嫽。汉朝与乌孙军事联盟的形成，以及两国联兵夹击匈奴的胜利，其中都有冯嫽的功劳。而恰恰是在冯嫽离开乌孙之时，解忧办了一件错事，酿成了后患，致使乌孙分裂。冯嫽以她的聪明才智，言传身教，不仅开导了解忧，安抚了乌孙群臣，也教育并熏陶了解忧的后裔和乌孙人民，使汉乌两国世世代代友好下去。不仅冯嫽的声望和信誉沐浴着乌孙，她那孜孜不倦地维护团结安定、开创和平局面的言论和行动，也博得了西域诸国的尊敬和爱戴。正因如此，西汉王朝曾经命她以解忧公主的身份作为钦差大使，持汉旌节，驾锦车，遍访天山以南城郭诸国。当时，她已年过半百，不辞辛苦地翻雪山、越大漠，历严冬、踏酷暑，走访了三十多个城郭之国。她每到一处，都受到上上下下隆重而热情的礼遇。她为各国排内忧、解外患，讲礼仪、说道德，扬善抑恶、推心置腹，使汉朝恩义广布大小绿洲。因而，城郭诸国都尊称她为“冯夫人”。她的出访，对于增进城郭诸国对汉朝的了解以及促进西域都护府的建立，起到了良好的推动作用。

甘露三年（前51年），解忧公主的大儿子元贵靡、小儿子鸱靡先后病死。解忧公主亦是70岁的老人了，她非常思念故土，于是给皇帝上书说：“愿得归骸骨，葬在汉地。”汉宣帝考虑到她大半生身居异域，为国操劳，有功于汉室，就派人把她和冯嫽一起接回长安，并以公主之礼照顾解忧的饮食起居，对冯嫽也以厚禄优礼相待。

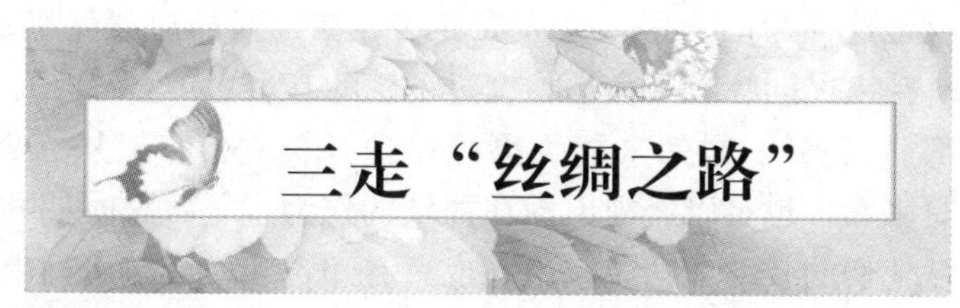

三走“丝绸之路”

第一次是冯嫽随乌孙公主和亲，作为汉廷公主的侍者，参与了汉朝和乌孙联合抗击匈奴重大国策的执行，并在公主的主理下嫁给了乌孙右大将为妻。夫妇俩都深受百姓拥戴，冯嫽被尊称为“冯夫人”。

第二次是汉昭帝末年到宣帝初年，匈奴屡侵乌孙，汉朝与乌孙合兵反击，大败匈奴。不久，乌孙国王去世，国内发生混乱。原国王的匈奴夫人生的儿子乌就屠，杀了新即位的国王，聚集一部分人马上了北山，并扬言要请匈奴兵来乌孙。这样，汉与乌孙对抗匈奴的联盟行将破裂。为此，汉朝派15000士兵进驻敦煌，密切注视着乌孙的动向。汉朝负责管理西域的长官西域都护郑吉熟悉乌孙的情况，知道冯嫽的丈夫右大将与乌就屠关系很好，又了解冯嫽的才干，便请冯嫽去劝说乌就屠。为了维护汉与乌孙的团结，冯嫽慨然上路，不顾生命危险，亲至北山面见乌就屠，向他晓之以理，陈说利害；加上汉朝大军的威慑和国内人民的反对，乌就屠不得不开始转变，他请冯嫽从中斡旋，并希望汉朝加给他一个封号。汉宣帝得知此事后，征召冯嫽万里入朝，当面向她了解乌孙的情况。冯嫽侃侃而谈，透彻地陈述了自己的见解。宣帝对她十分器重，正式任命她为出使乌孙的使节。冯嫽作为汉朝的使节，乘锦车，持汉节，率领副使和随从人员从都城长安出发，前往乌孙。到乌孙后，冯嫽代表皇帝诏令乌就屠前来，正式册立解忧公主的儿子元贵靡为“大昆弥”（昆弥即国王），乌就屠为“小昆弥”，并赐二人金印绶带。至此，乌孙的动乱得到了圆满解决，汉与乌孙的联盟得到恢复，冯嫽出色地完成了出使任务。

第三次是在初元元年（前48年），老态龙钟的冯嫽又精神抖擞地走上了“丝绸之路”。一年前，解忧病逝，以公主之仪安葬。但是元贵靡死后，他的儿子星靡代立，为乌孙大昆弥。由于星靡年幼，尚无力执掌国政，冯嫽对此很不放心。她给皇帝上书，请求返回乌孙镇抚星靡。当时，正值汉宣帝驾崩，太子刘奭刚即帝位，史称汉元帝。元帝考虑到西域的安全，虽然不忍心让七十多岁高龄的一位老妇人出使，但由于冯嫽情真意切，一片赤诚，只好应允准奏了。她在一百多名汉军官兵的护送下，又重返乌孙。乌孙的臣民听说她回来了，许多人骑马跑出几百里远道相迎。她回到乌孙后，白天协助星靡和大臣们一起处理国政，夜晚不辞劳苦地教星靡学习经史，向他讲授做仁君的道理。冯嫽就是这样为国为民、为大汉社稷，在荒僻的边疆耗尽了她的大半生心血，和乌孙人民同呼吸共命运，度过了她的有生之年。

纵观一部《汉书》，虽然未能为冯嫽单独开篇立传，但从《西域传》中有关她的描写来看，也足以透视出她在西域的作为了。西汉时期共派出18任西域都护，从他们的政绩和功业来论，也只有郑吉和段会宗可同冯嫽相媲美。因而，冯嫽在西域开拓疆土中的历史地位与作用，由此可知！

21

李妍

倾国倾城颜似玉 轻歌曼舞入皇都

『北方有佳人，绝世而独立。一顾倾人城，再顾倾人国。宁不知倾城与倾国？佳人难再得！』——《北方有佳人》。

『伤心不独汉武帝，自古及今皆若斯。君不见穆王三日哭，重壁台前伤盛姬。又不见泰陵一掬泪，马嵬坡下念贵妃。纵令妍姿艳质化为土，此恨长在无销期。』——白居易诗《李夫人》。

我们形容美女最常用的词汇有『倾国倾城』、『绝世佳人』、『幽兰空谷』等，其中倾国倾城和绝世佳人都出自汉武帝的李夫人。同样，也只有美女才有『姗姗来迟』的权力，才有敢让帝王发感慨『姗姗来迟』并诚心诚意等待的能耐，这也是李夫人，一个处『幽兰空谷』、『遗世独立』的『倾国倾城』之美女。她死后，汉武帝刘彻还专门为其做《落叶哀蝉曲》。

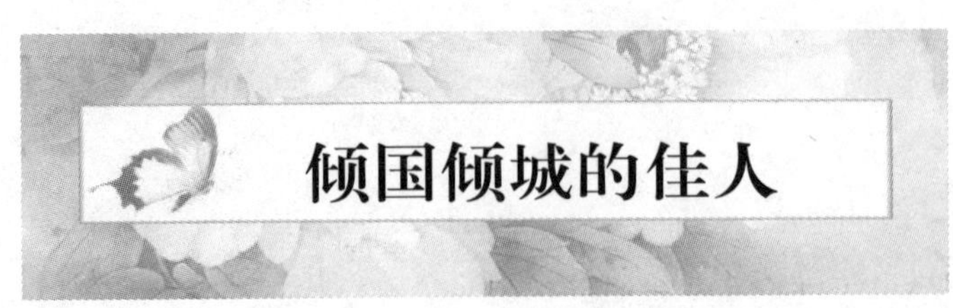

倾国倾城的佳人

李夫人，出生年代没有确切的记载，只知道是西汉武帝时人，祖籍河北中山人（今河北省定州市）。李夫人出身不高，她出身于一个世代为歌舞艺人的家庭，从小就被作为歌伎舞女培养。不过李妍在哥哥李延年的推荐和平阳公主的帮助下，结识了汉武帝，深受恩宠，并最终被封为夫人，这是当时仅次于皇后的位置。李夫人为汉武帝生昌邑王刘髆，死后被霍光追封为孝武皇后，迁葬茂陵，现在茂陵仍有李夫人墓。

故事要从李妍的哥哥李延年开始。李延年长于歌舞技艺，据说每当他唱起新曲时，听者都不由自主地被歌声感动。李延年对自己的妹妹非常疼爱，总认为妹妹应该侍奉君王，做人上人。一次，武帝让李延年歌舞助兴，李延年不失时机地唱了一首自己新做的歌："北方有佳人，绝世而独立，一顾倾人城，再顾倾人国。宁不知倾城与倾国，佳人难再得！"这样的美女，这样的歌声，武帝听了不禁遐想联翩，叹息道："可惜这只是歌而已，难道世上真有这样倾城倾国的佳人吗？"平阳公主在卫子夫之后，也没有停息给弟弟送美女的活动，加上收受了李家大量贿赂，心领神会，于是给汉武帝推荐道："这样的美女还是有的啊，我就见过，真的像歌中唱的一样，这就是李延年的亲妹妹。"于是李妍就被介绍到了武帝面前。刘彻顿觉心旷神怡，果然美得超乎想象，具有李延年所唱的那种清高绝世气质而且她聪明无比，还能歌善舞。刘彻立即将她纳入后宫，一时间形影不离，令后宫女子妒忌无比，因为这还流传下来一个"玉搔头"的典故。据《西京杂记》记载："武帝过李夫人，就取玉簪搔头。自此后宫人搔头皆用玉，玉价倍贵焉。"应该是一次武帝去李夫人宫中，刚好觉得脑袋痒，没有合适的东西挠头，顺手就拿了李夫人的玉簪来用。黑发如丝般柔滑流泻，武帝因此着迷，对李夫人更加恩宠了。后宫听说后，就都用玉簪卡头发，一时长安玉簪价格飞升。故事的后续报道是汉武帝觉得大家都用玉簪了，显示不出李夫人的特别，就又命人给她用象牙做簪子。

美丽的决绝

李夫人的美貌在武帝宫中是出了名的，不过她命并不好，进宫没多久就身染重疾，病入膏肓。《汉书·外戚传》记载：初，李夫人病笃，上自临候之，夫人蒙被谢曰："妾久寝病，形貌毁坏，不可以见帝。愿以王及兄弟为托。"上曰："夫人病甚，殆将不起，一见我属托王及兄弟，岂不快哉?"夫人曰："妇人貌不修饰，不见君父。妾不敢以燕媠见帝。"上曰："夫人弟一见我，将加赐千金，而予兄弟尊官。"夫人曰："尊官在帝，不在一见。"上复言欲必见之，夫人遂转乡歔欷而不复言。于是上不说而起。转换成白话文就是：李夫人病重，武帝去看她。李夫人不见，并拿被子蒙着头说："妾身重病，容貌不佳，不敢见王上，只希望王上能善待我们的孩子还有我的兄弟们。"武帝急了，用手去揭被子，李夫人就把头转向里侧，掩泣，任凭武帝再三呼唤，只是不见，最后把武帝气走了。这时李夫人的姊妹也入宫问病，见此情形，都很诧异。待武帝走后，就责怪李夫人说："你想托付兄弟的事情，见一见陛下是很轻易的事，何至于如此?"李夫人叹气说："你们不知道我不见王上，正是为了我的兄弟。我本出身微贱，他之所以眷恋我，只因平时容貌而已。大凡以色事人，色衰而爱弛，爱弛则恩绝。今天我病已将死，他若见我颜色与以前大不相同，必然心生嫌恶，唯恐弃置不及，怎么会在我死去后照顾我的兄弟?"

几天后李夫人去世，事情的结局果然不出李夫人所料。李夫人拒见武帝，非但没有激怒他，反而激起他无限的怀念，于是命画师将她生前的形象画下来挂在甘泉宫。虽然李夫人临死前不见汉武帝，深层的目的是为了自己的兄弟好，不过也真的达到了让武帝难以忘怀的效果。她死后，武帝甚是思念，就召方士齐少翁为李夫人招魂。在方士的弄虚做鬼下，武帝恍惚间好像真的看到了李夫人，但瞬间也就消失了，于是伤感不已，作诗道："是邪，非邪?立而望之，偏何姗姗其来迟!"又作了《落叶哀蝉曲》："罗袂兮无声，玉墀兮尘生。虚房冷而寂寞，落叶依于重扃。望彼美之女兮，安得感余心之未宁?"并命令宫廷乐师配乐，让宫女们在后宫中传唱。

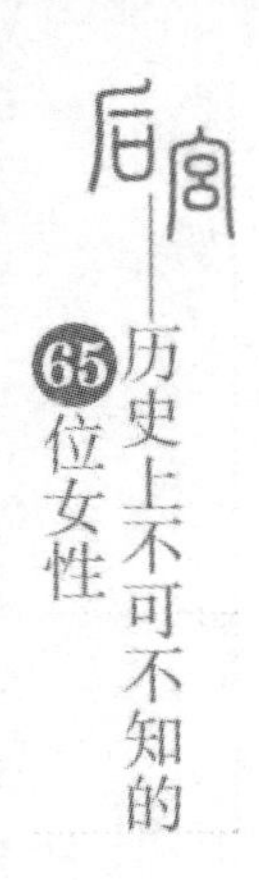

不争气的外戚

司马迁在《史记·外戚世家》中记载："中山李夫人有宠，有男一人，为昌邑王。李夫人早卒，其兄李延年以音幸，号协律。协律者，故倡也。兄弟皆坐奸，族。是时其长兄广利为贰师将军，伐大宛，不及诛，还，而上既夷李氏，后怜其家，乃封为海西侯。"李夫人的兄弟中，出名的有李延年和李广利。哥哥李延年能作曲、填词、编舞，放在今天就是艺术全能型人才，当时也以音乐见于汉武帝。李夫人受宠之时，李延年被封作协律都尉，负责乐府的管理工作，每年二千石的俸禄，与上卧起，显赫一时。李夫人去世后，延年开始不怎么招武帝待见，太初年间，因弟弟李季奸乱后宫，汉武帝下诏诛李延年和李季兄弟宗族。李夫人的另一位兄弟，贰师将军李广利，游手好闲、不务正业，整天还想着征战沙场，却又没有多少军事才能。在家族被灭的时候，李广利正在攻打大宛，太初四年归来后武帝封其为海西侯。征和三年，李广利出征匈奴前，与丞相刘屈氂密谋推立刘髆为太子，事发，刘屈氂被杀，李广利家族灭，李广利投降匈奴，后被杀。

李夫人的娘家人，并没能为李夫人博得多少好的声名，所以她在临死前才不得不为他们筹谋，可惜不争气就是不争气，筹谋的结果是，虽然短期内汉武帝因为思念李夫人而宽待他们，但时间长了他们仍难逃悲催的下场。刘髆有子刘贺，汉昭帝去世后当过 27 天皇帝。这 27 天内，他和其下属干了 1000 多件极其荒唐的事情，大臣霍光以其不堪重任，奏请皇太后（霍光的外孙女上官皇后）下诏，于同月废黜了他，并亲自送他回到封地昌邑，保留昌邑王的王号，食邑 2000 户，后削去王号，封海昏侯。

钩弋夫人

22

汉武停车选莲花
顺城枫树映朝霞

赵氏（？—约前88），是汉武帝刘彻晚年时期的宠妃，名不详。赵氏的出生和与汉武帝的相遇很有些神话色彩，似乎这个如花似玉的女子是上天专门赐给汉武帝的一样。在成为武帝的妃子之后，赵氏很受宠爱，还为已过六旬的武帝生下了一个聪明伶俐的儿子，她的生活似乎幸福得近乎完美了。可是就当她的儿子被册封为皇太子之时，她的厄运也随之而来，深谋远虑的汉武帝为了防止女主乱政，于是采取了颇为极端的手段：立子杀母。于是，汉武帝随便寻了一个借口，将这个自己曾经无比宠爱的女人斥责幽禁，赵氏就这样不明不白地忧郁而死，死后更是被随随便便地掩埋了。她的经历告诉世人，后宫的女人，不仅仅荣辱掌握在皇帝的手中，连生命都一丝一毫由不得自己。

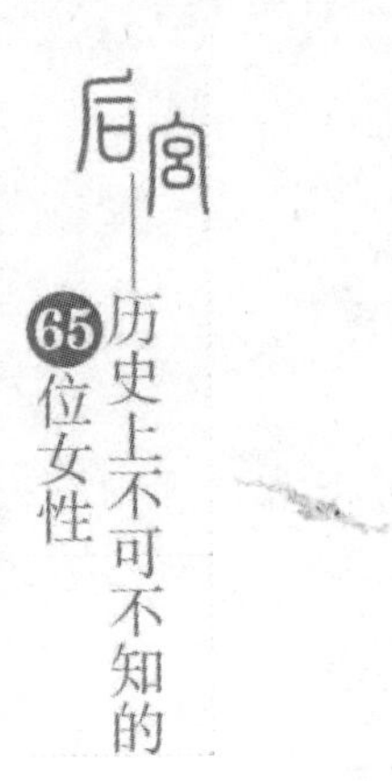

奇女“拳夫人”

汉武帝刘彻一生最为宠爱的女人有四个：皇后陈阿娇、皇后卫子夫、李夫人和钩戈夫人赵氏，他人生最后的时光是在钩戈夫人的陪伴下度过的。

话说赵氏能成为汉武帝的后妃还真是一个挺神奇的故事。汉武帝在晚年的时候常常出巡，这一天他来到了河北的河间，随行的术士一到这里便发现此处祥云缭绕，这是此地有奇女子的征兆啊，于是这术士便向刘彻进行了绘声绘色的汇报。刘彻即刻下令彻查此事，也当真找到了一个奇女子。这名女子便是赵氏，她的父母死得早，父亲曾任汉宫的中黄门，生前因为犯法受了“宫刑”，赵氏由姑妈抚养长大。这赵氏在出生时双手紧握成拳头，这也不为奇，婴儿在出生时，双手皆是握拳，但这个女孩如今已经十几岁了，拳头至今还未打开过，别人曾试着掰开，可惜无论如何用力都做不到。

待到汉武帝召见了这个赵氏之后，发现这个女孩子着实美得不可方物，《史记·外戚世家》中形容赵氏为“姿色甚佳”。这样美的少女双手却不能伸开，实在是遗憾。于是汉武帝也试着掰开赵氏的拳头，但并没有费多大的力气，赵氏的双手就伸开了，更为神奇的是，她的右手心里有着一枚小小的玉钩，果然是奇女子。汉武帝非常高兴，觉得这简直是上天专门为自己安排的礼物！于是赵氏轻松地被汉武帝纳入了后宫，成为了“拳夫人”。

对于赵氏的双手紧握这件奇事，至今仍有很多猜测。有人觉得这赵氏是天生的小儿麻痹导致双手握拳，可是当汉武帝出现后，赵氏的手便展开了，手里还有着玉钩，所以这个解释说不通。还有人认为这根本就是当地官员为了取悦汉武帝而策划的一场好戏，他们不过是希望能将这个赵氏美人以一个特殊的方式送给汉武帝。总之，赵氏凭着“神奇”的出场方式和自身的美貌与聪慧，成功地成为了汉武帝的宠妃。

赵氏入宫没有多长时间便怀孕了，当时的汉武帝已经六十有余，如今又有宠爱的夫人怀孕，实在是一件大喜事。更为惊喜的事还在后面，这赵氏怀孕了足有 14 个月才生产，并且生下的是一个男孩。为什么这是一件让人惊喜的事情呢？传说尧帝的母亲也是怀胎 14 个月后才生产，如今赵氏生下的这个小皇子和上古明君竟然有着这样的“交集”，怎么能让人不惊喜呢！老来得子的刘彻为自己这个最小的儿子取名刘弗陵，并晋封赵氏为婕妤，还将她生下皇子的宫殿之门改为“尧母门”。

对于这个儿子，汉武帝非常满意，因为满意自然关心，对于刘弗陵的日常生活无不上心，对于他的教育更是毫不含糊，一时间，汉武帝的眼中再也没有别的子女了。汉武帝要亲自抚养这个孩子，让他能够成为自己希望其成为的人，完全按照自己的意愿成长。而刘弗陵最初也没有让父亲失望，他聪明伶俐，长得也标致可爱，最重要的是他很会讨父亲的欢心，这些都让刘彻异常满意，所以他经常会忍不住对别人赞叹：“弗陵类我。”

每当看到皇帝和儿子一起高兴地玩耍，赵氏的脸上都不禁泛起笑意，在皇宫之中，能有这样恬静的生活，该是多少人羡慕不已的啊！

福祸相依

公元前 91 年，汉宫发生了著名的“巫蛊之祸”，皇后卫子夫、太子刘据全都因此而死，汉武帝也深受打击，一直没有再立太子，整日沉浸在悲伤中。为了能够忘掉悲伤，汉武帝和赵氏移居到了甘泉宫。

在甘泉宫中，汉武帝清楚地认识到自己大限之期不远矣，再不立太子恐怕宫中就要大乱。汉武帝一共有六个儿子，长子也就是太子刘据已经在“巫蛊之祸”中死去了，次子刘闳也死得早，刘髆是宠妃李夫人所生，在公元前 88 年也去世了。剩下的儿子有刘旦、刘胥和刘弗陵。汉武帝在心中做了个评估：刘旦，不行！在刘据死后，他曾上书，希望自己能够成为太子，已经被削了封国；刘胥这个人放荡不羁，为人奢靡，如何能做得了皇帝；刘弗陵自幼便聪慧机智，可喜的是又身体健康，是最为合适的人选了。就只有一点，他如今年纪还小，立为太子倒是可以，可他这样小，做皇帝……

汉武帝陷入了沉思中，小皇帝倒是可以有贤臣良将辅佐，治理朝政问题不大，可是，他的母亲赵氏还很年轻，这之前太后外戚乱政的例子实在太多，不能不防。几经思索，汉武帝终于拿定了主意：立刘弗陵为太子。

此消息一出，大家都不免慨叹，赵氏入宫便得宠，又生了这么有出息的皇子，小小年纪就成为了太子，不久之后就是皇帝，她则成为太后，统领后宫了！“祸兮福之所倚，福兮祸之所伏”，这句话用在赵氏身上真是再合适不过了。自从宣布了太子人选之后，汉武帝对待赵氏的态度就急转直下，一日千里了。《史记·外戚世家》记载：“上居甘泉宫……于是左右群臣知武帝意欲立少子也。后数日，帝谴责钩弋夫人。夫人脱簪珥叩头。帝曰：‘引持去，送掖庭狱！’夫人还顾，帝曰：‘趣行，女不得活！’”根据这段史料的记载，汉武帝因为一件极小的事情，狠狠地斥责了赵氏。从未见过如此阵仗的赵氏当时吓得赶紧摘掉了簪环首饰，跪下谢罪。可是谢罪丝毫没有起作用，汉武帝叫人将她拖了出去，送至掖庭，关进了监狱。赵氏完全没懂发生了什么，她挣扎着望向汉武帝，祈求着自己能够逃过一劫。不过，她看到的却是又冷又狠的目光，没有一丝温情，听到的话更是冷酷到极点：“快走，你是活不成了！”这一刻她的心也凉了，虽然不知道为什么一件小事就让皇帝大怒，但她总算明白自己是必死无疑了。不久，赵氏便在云阳宫香消玉殒了，死后，她只是被人草草埋葬，别说是陵寝，就连碑也不曾有，只不过在坟头上做了个标记罢了。据说“时暴风扬尘，百姓感伤”，可见人们都认为赵氏死得冤。

事后，汉武帝也曾问过身边的人对于此事的看法，“其后帝闲居，问左右曰：‘人言云何?’左右对曰：‘人言且立其子，何去其母乎?’帝曰：‘然。是非儿曹愚人所知也。往古国家所以乱也，由主少母壮也。女主独居骄蹇，淫乱自恣，莫能禁也。女不闻吕后邪?’”这件事大家也都没能明白其中道理，便借机一问：“陛下立了小皇子为太子，却为什么要杀了他的母亲呢?”刘彻道：“正因如此，她才是必死啊！自古以来，若主少母壮，那么就会出现女主独断专行、淫乱不堪、外戚乱政的事情，吕后乱政的故事不就是很好的例子吗?”

真不知这是汉武帝深谋远虑，还是他发现了赵氏身上潜在的危险气质，总之，赵氏死于“主少母壮”这四个字。在赵氏死后的第二年，汉武帝也过世了，他们的儿子刘弗陵即位，为汉昭帝。汉昭帝登基后，便追封自己的母亲钩弋夫人为皇太后，为其修建陵墓。至此，命运也算对这个后宫的女人做了一个交代。

王昭君

落雁长空因秀色　一曲清歌塞外惊

“沉鱼、落雁、闭月、羞花”，中国的四大美女家喻户晓，可以说代表了中国古代美女的最高典范，其中沉鱼是西施，落雁是昭君，闭月是貂蝉，羞花是杨玉环，她们分属于不同的朝代，身上发生的故事也不相同，却同样历经岁月沧桑的洗涤，最终高中花榜，成为中国最美丽的女人。西施的故事前文已经说过了，现在要说四大美女中第二个，“落雁”的王昭君。

昭君是以“和亲”被历史记录的，什么是“和亲”？自古以来，中原地区的农耕民族和北方茫茫草原的游牧民族就战争不断，农耕民族强势，则游牧部落称臣，如汉武帝、唐太宗之时；反之，游牧部落强势，农耕民族相对弱势时，农耕民族建立的王朝就会把宗室的公主远嫁游牧草原，以姻亲的方式维持双方的关系，并同时开通双方的贸易通道，给游牧草原提供必需的物品。这样，既满足了游牧民族的需要，又较好地维持了农耕民族的面子，互利双赢，如汉初高祖“白登之围”后的解忧公主、细君公主，甚至于文成公主入藏，也可以说是某种意义上的“和亲”。但是这么多“和亲”的公主宗室，唯独王昭君的事迹代代相传、妇孺皆知，这是什么原因呢？许是西汉初对匈奴和西域各国和亲，多以宗室郡主冒充公主，而王昭君却是以民女的身份担任和亲的任务，事情便显得非常突出，也格外引起一般民众的同情与关切。而且自从昭君外嫁，汉匈之间维持了半个世纪的和平，给双方百姓创造了良好的生活环境，因此“昭君出塞”成为家喻户晓的一件大事，文人墨客也便多对她进行描述、吟咏、赞叹，使王昭君的事迹广为流传。除了《汉书》、《琴操》、《西京杂记》、《乐府古题要解》等典籍对王昭君的事迹有详细的记载外，历代诗人词客为王昭君写的诗词就有503首之多，另外还有不计其数的小说、戏剧等。

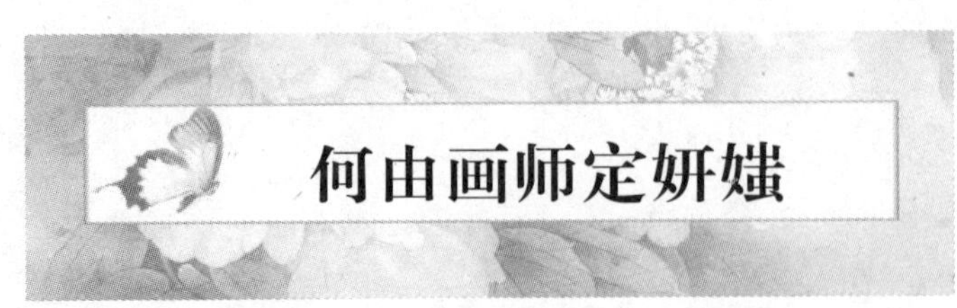

何由画师定妍媸

王安石《明妃曲》写到："明妃初出汉宫时，泪湿春风鬓脚垂。低徊顾影无颜色，尚得君王不自持。归来却怪丹青手，入眼平生几曾有；意态由来画不成，当时枉杀毛延寿。"说的就是昭君初入汉宫的几年。

王昭君生于南郡秭归，也就是今天的湖北省兴山县。秭归古属楚地，在昭君之前出过一个声名赫赫的人物，就是屈原。也许秭归的水土养育出的都是铮铮铁骨、不侍权贵的气节，屈原如此，昭君也如此。汉元帝时，昭君以"良家子"身份入选，为掖庭待诏。但是，从全国各地挑选入宫的美女数以千计，皇帝无法一一见面，便由画工毛延寿各画肖像一幅呈奉御览。其他出身富贵人家或京城有亲友支援的，莫不通过各种渠道贿赂画工，唯独王昭君家境贫寒，又不屑于欺瞒天子，完全没有贿赂毛延寿的意思。因此毛延寿不但把她画得十分平庸，而且还在面颊上点了一颗硕大的黑痣，等到汉元帝看到王昭君的画像时，落选也就是必然的了。汉宫五年，她仍是个待诏的宫女身份。王昭君虽然无声无息地打发着漫漫的长夜和日复一日的白昼，但她并未意志消沉，而是在后宫学习各种知识，淡定地安排着自己的生活。机遇总是青睐有准备的人，命运总是在"有定"中包含着"无定"，汉元帝竟宁元年，南匈奴单于呼韩邪前来朝觐，王昭君的命运无意间起了突破性的变化。匈奴与汉朝的关系时好时坏，这年匈奴内乱，分为两支，呼韩邪单于领导南匈奴，上书请求前来长安朝觐，以尽藩臣之礼。汉元帝刘奭非常高兴，大摆筵席，招待这位远道而来的"贵宾"。席中呼韩邪提出"愿为天朝之婿"的请求，汉元帝乐得以此羁系呼韩邪，更为高兴，兴之所至，决定在未把公主出嫁之前，先让他见见本朝佳丽，唬一唬他，于是下旨由那些后宫未曾临幸的美女前来侑酒。呼韩邪在众多美女中一眼就看上了王昭君，宁愿舍弃公主，也要娶了这个宫女。汉元帝虽然直到此时才发现了昭君的美丽，但皇上金口玉言，又牵扯上"国际"纠纷，尽管很不情愿，也不得不答应让昭君外嫁。呼韩邪高兴地回到驿馆准备迎娶美人，汉元帝却心中怏怏地回到后宫，重新翻到王昭君的画像，只见画像与本人有天壤之别，而粉颊秀靥上，何曾有什么黑痣。刹那间，汉元帝把失去王昭君的懊悔心理转化成对画工毛延寿的愤怒，当即传命有司彻底追查，才知道都是毛延寿索贿不成，才故意将王昭君的花容月貌绘成泥塑木雕的平庸女人，于是将毛延寿以欺君之罪斩首。这就是“曾闻汉主斩画师，何由画师定妍媸？宫中多少如花女，不嫁单于君不知”。意思是毛延寿虽然胡作非为，而汉元帝也太过糊涂。

关于毛延寿索贿不成而故意把昭君画丑这件事情，也有人说是虚构的故事，历史上并没有此事。事实如何？历史自有评说，但结果是固定的，就是昭君注定要嫁匈奴单于，成为汉匈和平的纽带。

从汉俗？从胡俗？

王昭君在车毡细马的簇拥下，肩负着汉匈和亲之重任，别长安、出潼关、渡黄河、过雁门，历时一年多，于第二年初夏到达漠北，受到匈奴人民的盛大欢迎，并被封为“宁胡阏氏”，意为匈奴有了汉女作“阏氏”（王妻），安宁始得保障。昭君出塞后，汉匈两族团结和睦，国泰民安，“边城晏闭，牛马布野，三世无犬吠之警，黎庶忘干戈之役”，展现出欣欣向荣的和平景象。王昭君抵达匈奴后，与呼韩邪单于非常恩爱，并为呼韩邪单于生下一子，取名伊督智牙师（也写作伊屠牙斯），封为右日逐王。可惜，昭君嫁过去时，呼韩邪的长子几乎和自己一般年纪，老夫少妻仅过了三年的幸福生活，公元前31年，呼韩邪单于逝世。

汉族人讲求伦理纲常，不论父亲的妻子年纪多小，都是自己的母亲，父亲去世后都要依侍奉亲生母亲的礼节侍奉后母，是为“孝”，辈分已定，决不可更改，不然就是违背伦理，是冒天下之大不韪！更别提“父亡，娶后母”的事情了。可是当时匈奴风俗和汉族截然不同，在草原上，人是很重要的劳动力，匈奴人是不可能养着不事生产的年轻劳动力的，女性的一项主要职责就是繁衍后代。因此，父亲亡故后，除了自己的亲生母亲，父亲其他的妻妾都可以娶，在继承父亲的财产时，女人也是父亲遗留下的财产的一部分。

按照匈奴人的这种风俗，呼韩邪死后，昭君是要嫁给下一任单于的，这对于自小受汉文化熏陶的王昭君来说，简直是不可想象也不能接受的。虽然昭君曾就此问题向朝廷写信咨询，汉廷为了维护汉匈关系的和平，给昭君的回复是“从胡俗”。不得已，昭君以大局为重，忍受极大委屈，按照匈奴“父死，妻其后母”的风俗，嫁给呼韩邪的长子、新一代的单于。夫妻生活恩爱甜蜜，昭君又生了两个女儿，分别嫁给匈奴贵族。昭君通过自己的努力，参与匈奴的政治活动，对于匈奴与汉廷的友好关系，着实产生了不少沟通与调和的作用！王昭君的兄弟被朝廷封为侯爵，多次奉命出使匈奴，王昭君的两个女儿也曾到长安入宫侍候过太皇太后，这位太皇太后就是汉元帝的皇后王政君，她有个著名的侄子王莽，夺取西汉政权，建立“新”朝。可惜匈奴单于认为“不是刘氏子孙，何以可为中国皇帝”？于是边疆迭起，祸乱无穷。眼看自己创造的和平岁月毁于一旦，王昭君在幽怨凄清绝望中死去，厚葬于今呼和浩特市南郊，墓依大青山，傍黄河水，后人称之为“青冢”。关于“青冢”的解释，《筠廓偶笔》云：“王昭君墓无草木，远而望之，冥蒙作青色，故云青冢。”《塞北纪游》上也说：“塞外多白沙，空气映之，凡山林村阜，无不黛色横空，若泼浓墨，昭君墓烟垓朦胧，远见数十里外，故曰青冢。”到了晋朝，为避晋太祖司马昭的讳，改称昭君为“明君”，史称“明妃”。

客观地说，“昭君出塞”是游牧民族和农耕民族之间的一件大事，昭君以一己之力维持了两种不同生活方式之间半个世纪的平和，功不可没。至于昭君出塞时是什么样的心境？是“广阔天地、大有所为”，还是“胡人野蛮、出妻待客，塞外苦寒、逼不得已”？现在已不可知。站在大汉族的立场上，有《汉宫秋》的哀婉，认为昭君和汉元帝是夫妻恩爱、情投意合，呼韩邪单于是棒打鸳鸯，昭君出塞是为国家做出了巨大的牺牲。这种观点在今天看来，实在有些站不住脚。如果汉元帝和昭君真的早就夫妻恩爱，那汉宫那么多美女，昭君作为皇帝嫔妃，本就不该在被选择的行列，又如何会被单于强行拆散呢？所以今天的电视剧《昭君出塞》就改变了视角，写成了昭君和呼韩邪是情投意合的，昭君自身很希望能出塞看看。这种观点其实也纯属虚构，历史如何，谁都可以给出自己的解释，至于真相，已经很难辨明。但是，“昭君出塞”的故事依然传唱不息，人们通过这种方式，在纪念着这位伟大的女性。

班婕妤 24

人生若只如初见 何事秋风悲画扇

班婕妤（前48—2），名已不可考，楼烦人，西汉著名女作家，行文以辞赋见长，可惜的是她的大部分作品都已经佚失了。班氏为汉成帝刘骜的妃子，因其妃位为婕妤，所以后人便用『班婕妤』来称呼她。班婕妤的先祖是春秋时期颇有名气的楚令尹子文，她的父亲班况则是朝廷的左曹越骑校尉，她又是东汉著名的史学家班固、班超和班昭的祖姑。班婕妤初为汉成帝妃子时很受宠爱，但她仍能够保持着自己的操守，并且常常以史实劝诫成帝。后来，由于赵飞燕姐妹的出现，班婕妤荣宠不再，于是在青灯古佛下走完了自己的后半生。

一朝选在君王侧

班婕妤出身名门，生活环境优越，即便身为女子也受到了很好的教育，因此自幼便聪敏过人的她琴棋书画样样皆通，且最善音律。随着年龄的增长，她已经出落成为一个才貌双全的少女，美而不妖，清丽脱俗。作为一个豆蔻年华的少女，喜爱辞赋很是正常，因为那里面有着最美好的景致、最完美的爱情，不过，班婕妤毕竟不是一般的女孩子，她不仅喜好辞赋，更爱读史。她认为读史能让人清醒，所以凡是读过的史书她都会记在心上，用以警戒自己。然而班婕妤不得不面对一件事情，那便是入宫选秀。

班婕妤被选入皇宫后，成为了一个下等女官——少使。是金子总是会发光的，她的美貌与才华并没有被埋没多久，汉成帝很快便被她吸引了。班婕妤能诗善赋，与宫中其他佳丽相比起来，更多了一分雅致和独特魅力，因此汉成帝对其大加宠爱，由“少使”晋封为“婕妤”。

汉朝的后宫中，婕妤的地位还是颇高的。汉武帝时期，婕妤仅次于皇后，到了汉元帝也就是汉成帝的父亲时，婕妤之上又有了昭仪。而一个刚入宫不久的女子能够由少使一步成为婕妤，足可见成帝对班婕妤的宠爱。

在赵飞燕没有出现之前，班婕妤一直是汉成帝最为宠爱的女人。在班固所著的《汉书·外戚传》中有着这样一段描写：“成帝游于后庭，尝欲与婕妤同辇载，婕妤辞曰：‘观古图画，贤圣之君皆有名臣在侧，三代末主乃有嬖女，今欲同辇，得无近似之乎?’上善其言而止。”为了能够取悦班婕妤，汉成帝特意命人制造了一辆很大的豪华辇车，为的是能同美人一起坐在车中游玩。本以为能博得佳人一笑的汉成帝等到的却是佳人的拒绝，班婕妤不仅拒绝了汉成帝的辇车，还为他讲了道理：“臣妾喜读史书，书中的图画上，贤德圣君两侧都是名臣良将。只有那些亡国之君、昏庸之王的身边才有妃子常伴左右。如果臣妾现在真的同陛下一起坐在这辇车之上，那么我们和那些亡国昏庸的君王和妃子有什么区别呢?”这样的一番话说得有理有据，汉成帝听后也觉得言之有理，于是便打消了与班婕妤一同游玩的念头。

班婕妤的劝谏传到了太后王政君的耳朵里，王太后非常欣赏班婕妤的做法，于是便对亲近的人夸赞说：“古有樊姬，今有班婕妤。”樊姬是历史上有名的贤妃，春秋时期楚庄王的夫人，她曾为劝谏楚庄王而尽心尽力，楚庄王能够成为“春秋五霸”之一，亦有樊姬的功劳。王太后的这一番夸赞，让班婕妤在后宫中的位置更高了起来，对于班婕妤来说，也是一个极大的鼓励，她很希望自己也能够如同樊姬一样，通过对后宫女人加强妇德、妇容、妇才、妇工等各方面的修养，对汉成帝产生更大的影响，使其能够成为一代圣君。

班婕妤初入汉宫的几年中，因为有着皇帝的宠爱，日子过得也算幸福，她曾为汉成帝生下过一个皇子，可怜的是这个孩子仅仅存活了几个月，便暴毙了。之后，尽管班婕妤得到汉成帝的专宠，也没能再为皇家生育。也许是因为这样的原因，后来，班婕妤向汉成帝进献了自己的侍女李平，希望她能为汉成帝留下子嗣。李平也很得皇帝的宠爱，同样成为了婕妤，还被赐“卫”姓。

恩情中道绝

班婕妤并不像大多数的后宫女人一样充满着嫉妒之心，也不恃宠而骄。即便是在她得到荣宠时，觐见汉成帝也都遵循古礼，从未有过逾越，更没有凭借着皇上的宠爱而打击排挤后宫的其他女人。不过汉成帝喜欢的是女人的美貌，对于德行与才华，他才不会去过多的在乎，所以在见到飞燕姐妹之后，班婕妤的后宫生活变得不那么舒心了。

赵氏姐妹并没有班婕妤这样好的修养，她们入宫得宠之后，飞扬跋扈，将后宫搅得一团糟。许皇后身为一宫之主，也曾经得到汉成帝专宠二十年，如今被这对出身平民的姐妹排挤着，着实咽不下这口气。可是，生气归生气，因为赵氏姐妹有着皇帝的宠爱，许皇后拿她们无法，只能用最无奈、最无用也最危险的方法来排遣自己的愤懑，那便是在自己的寝宫中设置神坛，诅咒赵氏姐妹早点失宠。这种巫蛊之术大概是后宫之中最为忌讳、也是皇帝最为痛恨的了。因此，事情败露之后，飞燕姐妹不仅成功地一举扳倒了许皇后，更利用这个绝好的机会打击班婕妤。于是，一直谨守后妃之德的班婕妤无辜地成为了“巫蛊”的当事人之一。

汉成帝一方面实在是生气许皇后的所作所为，一方面对赵氏姐妹宠爱至极，所以他一开始对班婕妤也参与了“巫蛊”案一事深信不疑。面对汉

成帝的兴师问罪，班婕妤显得很是从容淡定，她说：“妾闻‘死生有命，富贵在天。’修正尚未蒙福，为邪欲以何望？使鬼神有知，不受不臣之诉；如其无知，诉之何益？故不为也。”这段话的意思是：我深知人的寿命与富贵都是上天注定的，人力不可违之。一生行善修正尚且不敢奢望得到什么福报，更何况是做邪妄之事呢？如果神明真的存在，那么他们定会听信善意的祈祷，如果神明并不存在，那么诅咒又有什么用处？对于巫蛊之术、邪妄之事，我不但不敢去做，更不屑去做。汉成帝听了班婕妤这番义正词严的话，又回想起昔日她的人品与德行，想起当初的恩爱时光，也觉得在这件事上自己有些莽撞了，于是便对此事不再追究。事后，汉成帝还对班婕妤进行了赏赐。

这件事虽然过去了，但班婕妤却更加清楚地认识到，在这后宫之中的争斗真是无时无刻不存在着，而自己并不是一个善于权谋的人，对于这种女人之间的嫉妒、排挤和陷害更是无心应对，倒不如就此消失在大家的眼中。于是她便给汉成帝上了一份奏章，请求能够到长信宫去侍奉太后。如果能得到太后的庇护，那么赵飞燕姐妹再过跋扈，也伤不到自己，何况守着太后，便是向飞燕姐妹宣告自己是真心退出争斗。汉成帝一见奏章，乐得应允，于是班婕妤如愿地长居长信宫中。

长信宫的生活虽然风平浪静，但毕竟清冷凄凉。闲暇时光，班婕妤难免会想到自己曾经得到宠爱时郎情妾意的一幕幕，再对比如今的生活，不禁感慨万千：

新裂齐纨素，鲜洁如霜雪。
裁为合欢扇，团团似明月。
出入君怀袖，动摇微风发。
常恐秋节至，凉飙夺炎热。
弃捐箧笥中，恩情中道绝。

这首《团扇诗》是班婕妤对自己一生的总结：我便如那团扇一般，曾经被爱怜地握在手中，袖在怀中。但秋天总是要来，团扇便再无用处，没有用处的东西，谁还会再去珍惜呢，只能是被抛弃在一边罢了。这团扇本来是名绢宫扇、合欢扇，如今经过班婕妤这样诠释，便成为了佳人失宠的象征，后世的人们亦将这团扇称为“班女扇”。

待到后来，飞燕姐妹在宫中兴风作浪，祸乱后宫，导致后宫嫔妃人人自危，汉成帝再无一子一女存活。班婕妤只在长信宫中做一个不理世事的女人，除了陪伴王太后烧香拜佛之外，便是读书习字、了此余生而已。

公元前7年，汉成帝驾崩，大概班婕妤仍顾念着曾经的夫妻情分吧，便要求为成帝守陵，王太后便同意了她的要求。从此班婕妤的生活更加的孤单寂寞，守着苍松翠柏过完了自己的后半生。

对于班婕妤的一生，西晋时期的文学家傅玄给予了非常精准的概括和评价："斌斌婕好，履正修文。进辞同辇，以礼匡君。纳侍显德，说对解纷。退身避害，志邈浮云。"

赵飞燕

美目多情顾盼中
华光几度照春空

做厨师的都知道，众口难调，没有放之四海而皆准的味道，美女同样如此。不同人对美女的定义也不一样，说通俗了是『萝卜白菜、各有所爱』，雅致些的说法就是『环肥燕瘦、各有千秋』。所谓的『环肥燕瘦』，『环肥』说的是唐明皇的妃子杨玉环，中国四大美女之一，『燕瘦』则指汉成帝的皇后赵飞燕，据说她身轻如燕，可以站在人手中的一只天盘上跳舞。赵飞燕是汉朝平民皇后的一个代表，甚至可以说她连平民都不算。歌女出身的她虽然和汉武帝的宠妃李夫人一样，但她的『祸乱宫闱』则是李夫人望尘莫及的。

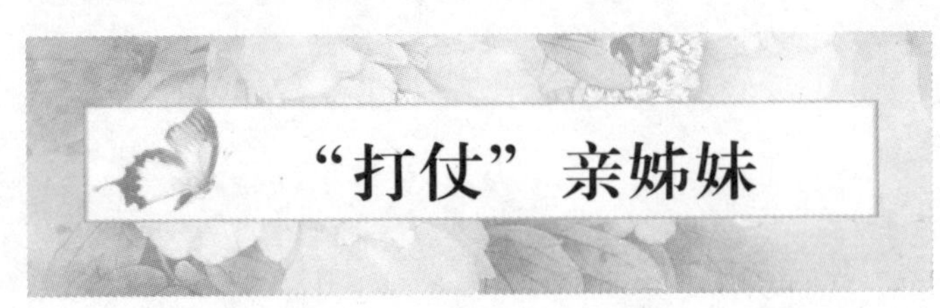

“打仗”亲姊妹

《汉书·外戚传》记载：“孝成赵皇后，本长安宫人。初生时，父母不举，三日不死，乃收养之。及壮，属阳阿主家，学歌舞，号曰飞燕。成帝尝微行出。过阳阿主，作乐，上见飞燕而说之，召入宫，大幸。有女弟复召入，俱为婕妤，贵倾后宫。”

孝成赵皇后，原名赵宜主，因其舞姿轻盈如燕飞凤舞，故人们称其为“飞燕”。赵飞燕是中国历史上一位传奇的人物和神话般的美女，在《汉书》中对她的描述仅仅有少数几句，但关于她的野史却有许多。首先从身世上说，赵飞燕祖籍江苏吴县（今江苏省苏州市），出生后因父母无力抚养，便被丢弃在荒郊野外，谁知三天后仍然活着，父母也觉得奇怪，这才又抱回来养育。稍大后，她同妹妹一同被送入阳阿公主府，开始学习歌舞。她天赋极高，学得一手好琴艺，舞姿更是出众。汉成帝刘骜喜欢游乐，经常与富平侯张放出外寻欢作乐，他在阳阿公主家见到赵飞燕后，大为欢喜，就召她入宫，封为婕妤，极为宠爱。据说赵飞燕曾学过轻身术，算不算习武不得而知，不过也不是不可能，因为她就是靠着舞姿轻盈为成帝喜爱，成帝还专门命人为她打造了一个玉盘，让宫女托于手掌上，赵飞燕可以在玉盘上跳舞。试想哪怕再瘦的人，也不可能在人手掌上跳舞，也许真是学过轻功之类的武术？有一次，赵飞燕身穿美丽透明的薄纱在瀛台上跳舞，忽然一阵大风袭来，赵飞燕薄薄的宽大衣袖随风飘舞，好像要随风飘去一般，汉成帝忙命人拉住赵飞燕的衣裙，因用力过猛，扯下了赵飞燕的一角裙裾，后来很多人就学赵飞燕，故意让裙子后边有个缺口，还起名叫“留仙裙”，人一走起来，隐约可以看见双腿。现在妇女的裙后开叉，据说就是这个时候传下来的。自此以后，汉成帝真的怕大风把赵飞燕带走，特意为她建造了一个名为“七宝避风台”的住所。

赵飞燕虽然非常受成帝宠爱，但后宫美女如云，她还是感觉孤立无援。为了消减自己这种弱势，正所谓“打仗亲兄弟、上阵父子兵”，她又把容貌更胜她一筹的妹妹赵合德推荐给成帝。赵合德和姐姐赵飞燕刚好相反，身材虽稍有丰腴，但状若含苞待放的蓓蕾，粉妆玉琢，和赵飞燕刚好形成互补。两姐妹专宠后宫、显赫一时，成帝一刻见不到赵氏姐妹便心神不安。姐妹俩的话，成帝更是言听计从。成帝册立赵飞燕为后，赵合德为昭仪。赵氏姐妹掌握后宫生杀大权，她们设计陷害了许皇后，不可一世。

绿云罩顶的汉成帝

自赵飞燕当了皇后以后，温婉柔媚之态自是不如妹妹赵合德。不知道从什么时候开始，汉成帝的迷恋快速地从赵飞燕怀中撤出，转移到了赵合德的身上。对于年轻的赵飞燕来说，从此宫槐秋落、孤雁哀鸣、青灯映壁、衾寒枕冷，冷冷清清地饱尝孤独寂寞苦涩的滋味。寂寞春宫难渡，加上成帝的注意力都在妹妹身上，很少到皇后宫中，赵飞燕不甘心芳华虚度，更不愿就此结束了她绚烂的生活方式，于是开始诱使心腹太监把一些年轻力壮的美男子暗地里引进宫来。一方面为了享受青春，另一方面也期望借以生育一男半女，日后好承继皇家香火，永葆富贵尊荣。刚开始的时候，赵飞燕还躲躲闪闪，但一个人做了坏事就像是陷入泥淖一般，越陷越深而不能自拔。日子久了，原先的罪恶感反而逐渐冲淡，她益发变本加厉，终于肆无忌惮。

长久以来，汉成帝不曾踏进东宫一步，赵飞燕竟明目张胆地与男宠饮酒作乐，甚至白昼宣淫，但总有东窗事发的一天。一次，汉成帝前往中宫王太后处请安，并陪侍母后午膳，饭后有些疲累，就近想到东宫歇息片刻。皇帝驾临，赵飞燕仓皇出迎，突然寝宫内有一阵男子咳嗽声传出，汉成帝刹那间便明白了一切，拂袖而起，一声不响地愤然离去。汉成帝绿云压顶，是可忍孰不可忍，贵为天子，竟不能禁止自己的妻子红杏出墙，他决定杀了赵飞燕以泄愤怒，这时才显出飞燕和合德的姐妹情深。一听到成帝要杀了姐姐，赵合德心中一惊，但是很快冷静下来，开始缓缓说出她们姐妹的情感深厚，姐姐若死，妹妹亦不独生。再说为了皇家的威严与声誉，岂可大事张扬，姐姐固然是罪有应得，如果累及皇上的圣德就太不划算了。汉成帝认为赵合德言之成理，于是答应对赵飞燕的事不再追究，但却派人夜搜东宫，捉住了几名美俊壮硕的男子，神不知鬼不觉地斩首了事。汉成帝从此恨透了赵飞燕，不再踏进东宫一步。

虽然在妹妹赵合德的周旋之下，汉成帝并没有大张旗鼓地责怪赵飞燕，也没有废了她的皇后之位，但是恩宠已然不在。而且赵氏姐妹因为无后，对宫中怀孕的嫔妃大加迫害，当时民间就流传着“燕飞来，啄皇孙”的童谣。宫女曹宫生一男孩，竟被逼死，皇子也被扔出门外。许美人生一子，赵合德哭闹不已，逼迫成帝赐死母子。太后王政君对飞燕姐妹很是不满，巧合的是，成帝因为纵欲过度，最后竟然死在了赵合德的怀里。赵合德惊惧，知道此事不能善了，不得已自杀身亡，这才结束了赵氏姐妹专宠后宫的时代。

“卑女岂肯让须眉，绝代佳人入宫闱。大汉天子不好色，轻盈飞燕又媚谁。”赵飞燕祸乱后宫，虽然成帝没有大肆宣扬，但她还是成了红颜祸水的代表，成了中国女性教育的反面教材。其实汉成帝时期朝廷最大的问题是太后王政君娘家势力强大，外戚专权，皇上无力左右政治又无力反抗，只能寄情声色犬马。如果汉成帝不好色，纵然赵飞燕再美上十分，又有何用？所以归根结底，赵飞燕的责任由赵飞燕来负，但汉成帝的责任不应该让一个女子来扛，尤其是江山社稷的责任，又岂是一个小女子扛得起来的？

王政君 26

弹琴鼓瑟到东宫 教子相夫不日红

看过《汉宫飞燕》、《昭君出塞》、《王昭君》、《母仪天下》等诸多电视剧的人们，对王昭君、赵飞燕、赵合德等人都已经耳熟能详了，除了袁立版的《母仪天下》是以王政君为绝对主角，其他电视剧中这位传奇的皇后似乎都被一笔带过。可是，即便是看过《母仪天下》的人，对王皇后又有多少了解呢？她和这些著名的美女以及她们背后的皇帝们又是什么关系呢？

不算曲折的个人奋斗史

王政君（前71—13），汉元帝刘奭的皇后，汉成帝刘骜的生母。她是中国历史上寿命最长的皇后之一，其身居后位（包含皇后、皇太后、太皇太后）时间长达61年（前49—13），是中国历史上居于后位时间第二长的人，第一名是清朝孝庄皇太后的媳妇、顺治帝的老婆孝惠章皇后（64年）。这里提到的王政君的丈夫汉元帝刘奭，是“昭君出塞”故事的第二男主；汉成帝刘骜，是“汉宫飞燕”故事的第一男主。因此，在“昭君出塞”中，不论昭君和汉元帝是情意绵绵还是汉元帝有意、昭君无情，又或昭君有意、造化弄人，总之不论怎么编排故事，王政君都是隐藏在故事背后、不被人注意和提及的绝对配角；在汉宫飞燕中，王政君又成了赵飞燕的那个恶婆婆、汉成帝的那个严厉苛刻的母后，虽然不是绝对配角，但依然不是主角。这样的人物，是怎样成就自己的传奇故事的呢？

王政君虽然出生于官宦世家，但未嫁克夫。据说她母亲怀孕时“梦月入怀”，是吉兆，预示着这个女儿的不平凡。不过也许这样的故事也是后人杜撰的，如果王政君出生时真有这么神，又如何会在父亲几个老婆的争斗过程中，在母亲李氏狠心抛下她改嫁后，成为不受待见的小姐，在二娘、三娘、四娘的夹缝中生存，磨得性子温婉贤淑、小心谨慎？及笄后，她的第一桩婚事刚刚订下，还没来得及出嫁，未婚夫就死了，人们都认为她命硬克夫。虽然她容貌出众，寻常男子也不敢拿性命开玩笑了。耽搁了一段时间，东平王不信邪又自认为命相金贵，要纳王政君为妾，没想到还没当上新郎的东平王不久也一命呜呼了，王政君又一次未嫁丧夫。父亲急了，赶紧找术士来给女儿看相卜卦，结果喜出望外：“命当大贵，贵不可言。”对这个结果，父亲联想到女儿出生时的梦，深以为然，立即联想到了皇帝的后宫，于是开始对这个一向被冷落的女儿进行迟到的栽培，教文习琴地忙活起来。王政君倒也聪明，不久就学得有模有样，于是入宫成了汉宣帝刘询的“家人子”。王政君入宫近两年，一直默默无闻，一个极其偶然的机会，她才得以崭露头角，这便是皇太子刘奭最宠幸的妃子司马良娣的病死。

司马良娣临终前，拉着太子刘奭的手，哀哀陈诉：“妾将不久于世，永违殿下，实在令人伤感。只是妾死非天命，是殿下那些姬妾嫉妒我受殿下恩宠，天天用妖法诅咒我。妾实在是死不瞑目呀！”司马良娣死后，刘奭因悲痛过度而精神颓靡、郁郁寡欢，常常无缘无故地大发脾气，迁怒于其他姬妾，所以她们都不敢进见。日子久了，宣帝了解到事情真相，很为太子担忧。为了顺适太子的心情，特命皇后从后宫家人子中选择可以服侍太子者，任由太子选入宫中。一天，太子入朝觐见父皇，皇后（宣帝王皇后）乘机将已经挑选好的五位家人子引入，王政君正在其中。皇后私下里告知在旁供奉的长御，让她问问太子到底中意哪一位。其实，太子此刻还沉湎于对司马良娣的无限思念之中，对皇后煞费苦心为他挑选的五位佳人，几乎没有任何兴趣。但又不好驳皇后的面子，不得已勉强回答说：“其中一位还可以。”此时王政君的座位离太子最近，五人中又单单她一人穿着绛色花边的大掖衣。长御闻言，以为装束与众不同的王政君被选中，便转告皇后。于是，皇后命令侍中杜辅、掖庭令浊贤将王政君送到太子东宫，在丙殿拜谒太子。这样，王政君由宣帝宫中的家人子成了太子的妃子。

礼毕当日，太子与王政君同会阳台，这在古代称为“御幸”。王政君命该交运，太子妻妾数十人，有的御幸长达七八年都没有生育，王政君这一次机会便身怀有孕，真算是福星高照。十月怀胎，一朝分娩。宣帝甘露三年（前51年），王政君在甲馆画堂生一男婴。年近中年的宣帝得到嫡长皇孙，一番苦心终于没有付诸东流，喜悦之情自不必说。宣帝亲自为他取名“骜”（骜者，千里马也），字太孙，常把他带在身边，异常钟爱。王政君有缘成为皇太子之妃，并生下刘氏嫡长子孙，对她今后的命运是至关重要的。黄龙元年（前49年），宣帝死去，太子刘奭即位，这就是汉元帝，年仅三岁的太孙刘骜被立为太子。王政君先由太子之妃升为婕妤，三天之后，又升为皇后。

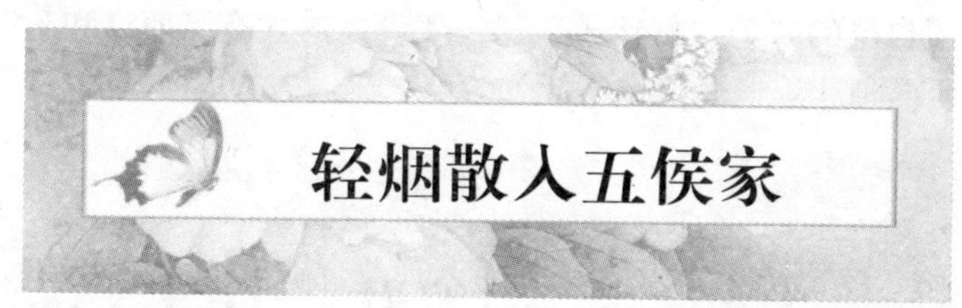

轻烟散入五侯家

竟宁元年（前33年）五月，43岁的汉元帝病死。太子刘骜即位，这就是汉成帝，王政君被尊为皇太后。汉成帝，就是赵飞燕那个不成器的丈夫，最后死在赵合德床上的刘骜，即位后依旧沉湎酒色，王政君作为皇太后就乘机操纵了朝政。一个女人，尤其是一个并不十分聪明的女人，如果没有武则天的手段，治理一个国家最常用的方式就是倚重自己的兄弟。因此，王政君得势后，重用王家本族，长兄王凤被任命为大司马大将军领尚书事。从王凤开始，在王政君的裙带提携下，外戚迅速崛起，拉开了西汉王朝外戚专权的帷幕。大将军王凤从上任开始，成帝就“谦让无所颛”。有一次，成帝召见大学问家刘向的儿子刘歆，见他引古论今，出口成章，通达博学，诗赋文章更是不同凡响。成帝很高兴，要封他为中常侍，便命人取来官服，想正式任命。左右都提醒他说：“此事尚未通报大将军，是否暂缓一下。”成帝说：“区区小事，不用告诉他了。”但左右深知王凤的权势，都叩头相争。成帝无奈，派人通报王凤。谁知，王凤坚决不同意，成帝也只好作罢，可见刘骜这皇帝当得窝囊。

西汉后期，先是王凤以“大司马大将军领尚书事”的名义辅政，王凤死后又由他的弟弟王音自代，这时成帝已经30岁，在位11年。另外王氏兄弟中有五人同日受封，有“五侯”之称：平阿侯王谭、成都侯王商、红阳侯王立、曲阳侯王根、高平侯王逢，飞扬跋扈，不可一世。即所谓“春城无处不飞花，寒食东风御柳斜。日暮汉宫传蜡烛，轻烟散入五侯家”。汉朝宫廷日暮点的蜡烛，晚上就可以在“五侯”的家中看到，可见“五侯”声势之隆。另外王太后还有一位早死的兄长王曼不曾封侯，但他却生了一个“好”儿子王莽，矫揉造作、沽名钓誉、故步自封、顽固不化。汉成帝在太后暗示下又糊里糊涂封他为新都侯，埋下他日后篡夺汉室江山的祸根。其他王家兄弟皆为列侯，其子弟辈也以卿大夫侍中诸曹“分据势官满朝廷”。作为政府百官首脑的“大司马大将军领尚书事”一职，王凤之后，依次为王音、王商、王根、王莽，几乎全为王氏垄断，基本上形成了王氏外戚把持朝政的局面。王政君一个女人，重用娘家人本不为过，但从她这里开始的西汉末的外戚专权，就是国家的大不幸了。没有金刚钻，不揽瓷器活，把国家交给一个没有能力将其打理好的女人手上，更要命的是这个女人重用了自己的一个“好侄子”——王莽，这才有了西汉和东汉的划分。

王莽——一个好“侄子”？

王政君是西汉末年的传奇女人，没有她，西汉末年的历史可能会重写。她才智平平，一生也没做过什么彰显个人魅力的事情，唯一的传奇就是寿命特别长，活了84岁，比西汉末年几个皇帝寿命的总和还要长。皇帝走马灯似地换，只有她这个太后稳如泰山。作为妻子，她没有得到丈夫的爱情；作为母亲，她没有教育好儿子；作为姑母，她给了侄子王莽太多的权力，终于勾起了王莽的野心，断送了西汉王朝的前途。

汉成帝刘骜死后，哀帝刘欣继位，宫中竟然有四个太后在明争暗斗：太皇太后王政君、皇太太后傅昭仪、皇太后赵飞燕、哀帝生母皇太后丁姬。哀帝在位七年，王政君的日子并不好过，她韬光养晦，得知哀帝刘欣驾崩的消息后，第一时间闯入皇帝寝宫，收走传国玉玺，又把她的侄子王莽召回来，任命为大司马，在皇室成员中挑挑拣拣，选中了汉平帝刘箕子，这个九岁孩童继位时什么也不懂，朝政都听王莽安排。刘箕子 12 岁时，王莽把自己 15 岁的女儿送进宫去，硬塞给刘箕子做了皇后。刘箕子一天天长大，慢慢明白事理，经常言语中流露出对王莽专权的不满，但不久就死了，有说病死的，也有说让王莽毒死的。

平帝驾崩时年仅 14 岁，皇位再次空缺。王莽又挑挑拣拣，挑选了广戚侯刘显的儿子刘婴做皇位继承人。刘婴才两岁，王莽决定自己担任“假皇帝”，代替皇帝处理朝政。王政君虽然年老昏聩，但当王莽派王舜向她索要传国玉玺时，她还是认识到了侄子的狼子野心，她斥骂道：“你们受汉家的恩惠才有今天的荣华富贵，怎么现在忘恩负义？你们想当皇帝，就自己刻个玉玺，不要用这不祥之物，我是汉家老寡妇，不定哪天就死了，我要用这个玉玺给我陪葬。”怒恨至极的她把玉玺猛力一掷，摔碎了玉玺的一角，王莽不得已用黄金补了一块儿，所以西汉以后的传国玉玺都是缺角的，号称“金镶玉”。王莽篡汉后，王政君的内心充满愧疚，虽然王莽极力讨好她，但她一点也不快乐。王莽为讨好王政君，拆掉汉元帝的宗庙，为王政君建了座生祠，称为长寿宫。建成之日，他大摆酒宴，邀请姑妈去赴宴。王政君看到她的庙堂金碧辉煌，丈夫的宗庙却被拆得七零八落，不禁潸然泪下，她说：“宗庙都有神灵庇佑，我怎么能在先帝的宗庙上面饮酒作乐！”王政君死于新莽五年（13 年），遗愿与元帝合葬。十年后，她侄子王莽被杀死，短命的新王朝覆灭，经过一番巨大的社会动荡，刘氏子孙重新掌握政权，东汉开始。

阴丽华 27

萧王何事为天子
本爱金吾与丽华

阴丽华，以美貌名垂青史。一般来说，美貌的女人很少能够贤德，阴丽华就是很难得的既美貌又贤德的一代贤后。阴丽华是东汉开国君主光武帝刘秀的第一任妻子，却是光武帝的第二任皇后，这第一和第二的区别，也正是彰显阴皇后贤德的地方。

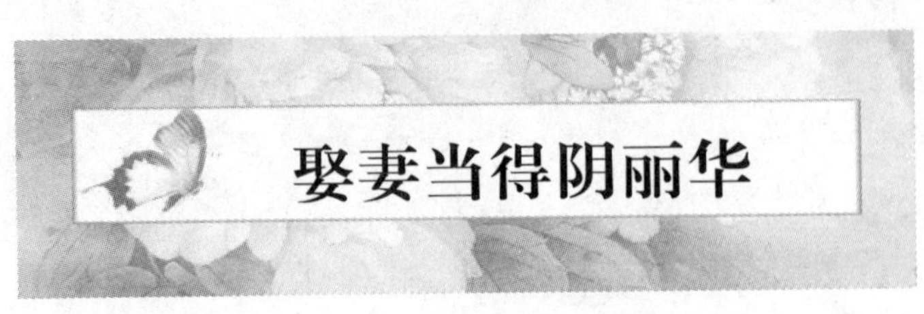

娶妻当得阴丽华

和西汉的多数皇后嫔妃不同，东汉光武帝的两位皇后都是家世显赫、背景不凡。当然，主要是因为光武帝的家庭背景并不怎么样。虽然名义上说，光武帝也是刘汉皇室后裔，但大家可以想象，汉高祖刘邦当年吸取秦亡教训，得天下后大肆分封刘姓子孙为同姓诸侯王，经过200多年的繁衍，到西汉末年，刘氏子孙早就流布天下，同样的皇室后裔，在茫茫人海中一抓一大把，更何况刘秀的先祖也没有什么显赫的来历，仅靠一个皇室后裔的身份，实在没有什么可以炫耀的地方。刘秀的远祖是西汉景帝与卑贱的宫女唐儿所生的长沙定王刘发，到了刘秀这一代，早就是一介布衣，以在家乡种田、贩粮为生，因此曹植在《汉二祖优劣论》的开篇即言："汉之二祖（高祖刘邦、世祖刘秀），俱起于布衣。"但阴丽华就不一样了，她出生在一个极为显赫的家族，是春秋名相管仲的后代。到了第七代子孙管修的时候，从齐国迁居楚国，被封为阴大夫，以后便以"阴"氏为姓。秦末汉初，阴家举族迁到了新野，是当时富甲一方的豪门大户，"田有七百余顷，舆马仆隶，比于邦君"，"邦君"就是分封的诸侯王，就是说阴家占有巨量的土地、车马和奴仆，可以同分封的诸侯王相比。这样的家世，对于布衣的刘秀来说，简直是不可企及的。功利一些来说，阴家的财富是刘秀争夺天下的绝佳后备，他娶阴丽华的动机也许并不单纯，但这也并不排除刘秀和阴丽华之间有真正的爱情。

《后汉书·光烈阴皇后本纪》记载：光武适新野，闻后美，心悦之。后至长安，见执金吾车骑甚盛，因叹曰："仕宦当作执金吾，娶妻当得阴丽华。"金吾卫是京城禁军中最帅最拉风的了，执金吾是汉代官职名称，位同九卿，京师南北军中北军的统帅，大体相当于近代的首都军区司令员一职。刘秀当太学生时之所以感慨"仕宦当作执金吾"，其实既非看重执金吾官职的大小，更非贪图其手中的兵权，只是为执金吾带兵出行时的壮观场面所震撼。刘秀后半句的主角就是阴丽华，作为一介布衣平民，刘秀是如何认识这位阴家小姐的呢？刘秀有一姐夫名叫邓晨，家住南阳新野，而邓晨与新野的名门望族阴氏有亲缘关系。借助于这层机缘，刘秀有机会接触到了这个出自名门望族的小姐。姑且不说阴家小姐背后的庞大资金来源，单单是阴家小姐的美貌就给了刘秀极为深刻的印象，以至于当他看到执金吾率军出行的盛大场面时，不禁感叹道："做官就要做有执金吾这样大排场的官，娶妻子就要娶阴丽华那样美貌的妻子。"光武皇帝金口一开，阴丽华的美貌就在历史上排了名，"娶妻当得阴丽华"从此成为男人的极致梦想。

皇帝的愧疚

男人，相对于功成名就和帝位的诱惑，娇妻美妾永远不是第一位的。更始元年六月，刘秀终于如愿娶到了娇妻阴丽华。成亲后不久，刘秀就被更始帝派往河北，只身收复河北地方势力。当时的河北地界有三王：真定王刘扬、广阳王刘接、赵缪王刘林。为了真定府的十万大军为己所用，刘秀决定迎娶真定王刘扬的外甥女郭圣通。这位郭皇后，就出身来说比阴丽华还要显赫，她的外公是汉景帝的七世孙、真定恭王刘普，是货真价实的西汉皇室后裔。就这样，继在更始元年六月于宛城迎娶了阴丽华仅仅数月之后，为了经营河北，刘秀以隆重的礼仪迎娶了他的第二位夫人。更始二年五月，刘秀发本部兵马与刘扬合兵一处，共击邯郸，不久即轻松攻破邯郸，剿灭王朗。身为刘秀第二位夫人的郭圣通在其刚刚嫁与刘秀之后就为其夫君的大业带来了极大的帮助，其后刘秀的实力大增，已经成为事实上割据河北的新军阀。公元25年，已是"跨州据土，带甲百万"的刘秀在众将拥戴下，在河北鄗城以南的千秋亭登基称帝，有刘汉宗室血统的刘秀为表汉室重兴之意，仍以"汉"为国号，史称后汉或东汉。

建武元年，郭圣通为刘秀生下了第一个皇子，就是后来的太子刘疆。阴丽华这时也被刘秀接到了洛阳，昔日的夫君已登基称帝，身边还多了一个她不曾相识的女子，而且这个女子还有了自己夫君的骨血，阴丽华的心境也是可想而知的了。没有女人能坦然接受这样的事实，史书上之所以把阴丽华称为"贤后"，就是从"立后"这件事上说的。封建帝制时代，讲究的是"帝后同体"，东汉皇朝建立之初，有帝无后，郭、阴二女均同封贵人。两位贵人中，刘秀以阴氏雅性宽仁，有"母仪之美"，欲立阴氏为后。古之女子，未有不以登后位为人生至荣，可阴氏却坚辞不受。因着郭圣通为刘秀平定河北立下了大功，且在平定河北之时郭圣通一直伴驾左右，东汉初年的功臣宿将均是从河北追随刘秀而来，只知皇帝身边有一位身世显赫的郭圣通，不知还有一位贵人阴丽华。还有很重要的一点，郭氏已经生下了皇长子刘疆，而阴氏尚无皇子。故立阴氏为后，实众心难服。所以阴丽华坚决辞让，始终不肯接受后位。建武二年六月，郭圣通被册封为皇后，其子刘疆被册封为太子。

在“立后”这件事情上，阴丽华充分地表现出了一位封建女性的贤德，这也使光武帝总觉得亏欠她。一个男人，不论是否为皇帝，如果觉得哪个女人为他牺牲了很多，对她有了愧疚之心，那么这个女人终其一生在他心中都是特别的、不可替代的，郭圣通就败在皇帝的这点儿“愧疚”之心上。建武九年，贵人阴丽华的母亲和弟弟为“群盗”所杀，刘秀甚感悲伤，下诏说：“吾微贱之时，娶于阴氏，因将兵征伐，遂各别离。幸得安全，俱脱虎口。以贵人有母仪之美，宜立为后，而固辞弗敢当，列于媵妾。朕嘉其义让，许封诸弟。未及爵士，而遭患逢祸，母子同命，愍伤于怀……”皇妃家眷遇害，皇帝下诏安抚，也在情理之中。要命的是，诏书很直白地说出了在皇帝的眼中，拥有“母仪之美”的阴丽华才是皇后的最佳人选，而郭圣通能成为皇后，完全是阴丽华“固辞”的结果。这个诏书一下，让身为皇后的郭圣通情何以堪？历代史学家对刘秀的这一纸诏书都多有批评。不过阴丽华因有“辞后”的贤行，一生更是谦德可风，相夫教子，主理后宫，不曾干预朝政，更能约束家人，使刘秀无后顾之忧，专心国事，才出现了与“文景之治”并称的“光武中兴”时代。因此大家多认为这纸诏书是光武帝处事不当，并没有把责任加在阴丽华的身上，没有让她成为另一个“红颜祸水”的代表，依然保持了她“贤后”的形象。诏书也激化了郭皇后和光武帝的矛盾，终于到了建武17年，光武帝决定废皇后郭氏，立贵人阴丽华为后。

“娶妻当得阴丽华”，刘秀的这句千古名言，激起了许多“乱世枭雄”的共鸣。大唐王朝的终结者朱温，还未发迹时有一次见宋州刺史的女儿张惠貌美，就发出了“丽华之叹”，后两人果结为连理，张惠助朱温灭唐建梁，成就了一番大业，也成为五代十国的一段佳话。清初“延陵将军”吴三桂，在其青年时代风流俊雅，对“佳丽”颇为留意，但是一直未有如意者。读史书时，看到“仕宦当作执金吾，娶妻当得阴丽华”这句时，不禁感慨：“余亦遂此愿，足矣！”

邓绥

临朝称制十六载
坐诗四海升平年

邓绥（81—121），南阳新野人，东汉和帝的皇后，著名的女政治家，乃是名门之后，她的祖父是东汉的开国功臣太傅高密侯邓禹。15岁时，邓绥入宫，22岁被封为皇后，25岁便成为了皇太后，开始临朝称制。在邓绥执政期间，东汉王朝经历了『水旱十年』的考验，面对如此艰难的局面，邓绥励精图治，并没有让王朝就此衰败；并且在此期间，她还派兵镇压了西羌之乱，平定了外患，使得本已千疮百孔、危机四伏的东汉王朝得以转危为安。不过邓绥的临朝也充满了争议，她废长立幼，把持朝政长达十六年之久，颇有专权的嫌疑。然而不管怎样，东汉王朝在邓绥的手中是一步步走向兴盛的，明朝大臣李廷机在《五字鉴》中写道：『邓太后摄政，朝野颇安宁。』因此，平心而论，邓绥是功大于过的。

不同凡响的女孩

两汉时期，太后临朝听政是很常见的事，这些太后大多独断专行，弄权祸国，最后留下乱世江山和千古的骂名。不过，这其中也不乏贤后将国家治理得井井有条，东汉汉和帝的皇后邓绥就是代表之一，她在25岁的时候临朝称制并长达16年，在她统治期间，曾是危机四伏的东汉王朝得以转危为安。

邓绥自幼聪敏可人，又生得娇柔可爱，深得家人的疼爱。《后汉书》中记载了一个小故事："后年五岁，太傅夫人爱之，自为剪发。夫人年高目冥，误伤后额，忍痛不言。左右见者怪而问之，后曰：'非不痛也，太夫人哀怜为断发，难伤老人意，故忍之耳。'"这段是讲：在她5岁的时候，一天，她的祖母要亲自为她剪发。这位太傅夫人年纪已经不小了，眼睛自然有些花，剪的时候便弄伤了邓绥的前额，可是自己丝毫没有发觉，邓绥呢，也丝毫没有表现出什么，直到祖母剪完。事后，大家看到小邓绥额头上的伤口便问她难道这伤不痛吗，邓绥回答："祖母是因为喜爱我才要亲自为我剪发，我若当时说出来，岂不是伤了老人家的心吗？这点小伤，忍一忍就过去了。"通过此事，我们对小邓绥的高情商可见一斑。她不仅仅有着高情商，还有着高智商，"六岁能《史书》，十二通《诗》、《论语》。诸兄每读经传，辄下意难问"。她在6岁的时候，便能通读史书，12岁的时候对于《诗经》、《论语》等书都已精通，而且她还经常和哥哥们一起探讨问题，她的问题时常会将饱读诗书的哥哥们难倒。随着年龄的增长，邓绥越来越超群脱俗，她的父亲邓训对于这样出众优秀的女儿很是骄傲，于是事无巨细都会告之邓绥并与她商量。

一转眼，邓绥11岁了，由于她的美貌和才华，加之家世出众，所以很轻松就入选宫中，可是就在这时，父亲邓训却过世了。邓绥一片孝心，坚持要为父亲守丧三年，于是推迟了入宫的时间。在这三年间，邓绥一丝不苟地严格遵照严苛的孝子礼生活。这孝子礼的严苛程度，我们今人难以想象，例如：在饮食上，三日内不得进食，三日后只许早晚喝稀粥，百日后至一年内只许加蔬菜清水，两周年后才能在菜内加调料。在住宿方面，出殡前，孝子要住在室外搭建的茅棚中，且这茅棚要"难蔽风雨"，棚内自然不可有床，要睡在草垫之上，头枕土块。出殡后，可以睡觉时有席子枕头，两周年后才能回到室内，但仍不可睡在正经的床铺上。如此严酷的守丧，能完全办到的人实在不多，可是邓绥这个只有十一岁的少女却坚持着完成了，三年丧满，她已经憔悴到连亲友都认不出了。

一转眼，宫中又开始选秀了，邓绥在年龄范围内，所以这次依然要参选。据说在此期间，邓绥做了一个很“意味深长”的梦，她梦见自己用手扶着天，还抬头吮吸了天上的钟乳。这个梦立刻引起了家人的注意，便询问了占梦师，结果占梦师听到后，立刻庄重而肃敬地说：“当日尧帝便梦见自己攀天而上，商汤也有过类似的梦境，如今您家的姑娘竟也做了这样的梦，她的前途实在不可限量。”

家里人听到这样的话，很是兴奋，于是又找来了相士为邓绥相面。这位相士一见邓绥，当即便连声说道：“这位小姐乃是帝王之相啊，将会主理天下！”邓家人听了都喜笑颜开，邓绥的叔叔邓陔更是说了其一件旧事：“当年哥哥邓训曾奉命修石臼河，因见到河工着实辛苦，便向皇帝上奏，请求停工，皇帝准奏，也因此保全了几千河工的性命。我早听人说过，救千人命，子孙便可封侯，这话果然不错！”邓陔这一开口，家里人便七嘴八舌地说得热闹：“当年太傅公便说过，他虽然为百万军士的将领，但从未在战事中妄杀一人，为子孙积下福德，后世定会有大福之人。”

于是，邓绥的身上就肩负起了全家人的期望，大家对于她的入宫全都充满了期待，充满了信心。

无意苦争春

16岁的邓绥就这样带着全家人的希望进入了汉宫之中。这一年她已经出落得国色天香，《后汉书》中对于她的容貌是这样描绘的：“后长七尺二寸，姿颜姝丽，绝异于众，左右皆惊。”根据记载，她的身高是七尺二寸，按照现在的计量方法，大约在168～170cm之间，这在古代是很高挑的身材了。她的姿态优美典雅，容貌俏丽夺目，汉和帝周围的侍从见到邓绥之后，都惊讶世上竟能有这样的美人，莫不是天上的仙子吧。

此时的汉和帝也不过19岁，见到这样举世无双的女子立刻就意乱情迷了。不过他此时已经有了阴皇后，只好将邓绥册封为仅次于皇后的贵人。尽管已经不能给邓绥皇后的名分，但汉和帝却将自己的满腔爱意都给了她。在与邓绥的生活中，汉和帝不断地有着惊喜，她的美丽，她的博学，她的柔顺，她的明理，她的聪慧……总之，她的一切一切都是那么美好。

本来得宠的阴皇后在邓绥入宫后便很难见到皇帝了，这让她大为光火。是自己丈夫移情别恋吗？不是。一定是邓绥狐媚惑主，皇帝才会这样整日与她厮混！如此的想法占据了阴皇后的心，她怎么能容忍邓绥这样的狐媚如此猖狂。邓绥就这样被迫卷入了后宫的争宠之中。面对皇后的刻薄和故意刁难，邓绥采取的态度是恭谨敬重，她兢兢业业地侍奉着阴皇后，生怕出了一丝差错。对于其他的妃嫔，邓绥更是友爱谦和，就连对待下人也从未声急色厉，总而言之，在后宫之中，大概只有一个阴皇后不喜欢邓绥。

可是，邓绥越是讨人喜欢，阴皇后就越是恨她。本来皇帝专宠她就已经很让人生气了，如今连后宫的妃子们也都这般喜欢她，这是什么道理？阴皇后越想越气，只能加大自己对邓绥的打压力度。邓绥则为了缓解和阴皇后的矛盾，开始装起病来，即便如此，汉和帝仍对她宠爱有加。邓绥为了让皇帝不再专宠自己，又向汉和帝进献美人，这一举动让汉和帝感动之余深觉邓绥有着母仪天下的风范。

“每有宴会，诸姬贵人竞自修整，簪珥光采，袿裳鲜明，而后独着素，装服无饰。其衣有与阴后同色者，即时解易。若并时进见，则不敢正坐离立，行则偻身自卑。帝每有所问，常逡巡后对，不敢先阴后言。”《后汉书》中的这段文字，足以表现出邓绥的谦卑。宫中每有宴会，嫔妃们都会竭尽所能地妆扮自己，邓绥却恰恰相反。如果她的衣服和皇后的同色，当场便会换掉。只要是和皇后同时出现，邓绥都会刻意掩饰自己修长的身材，毕恭毕敬地跟在皇后身边，绝不肯多说一句话，多做一个动作。汉和帝同后妃们聊天，她也尽量不说什么，定是要等到皇后说完，她才诺诺称是。这份楚楚可怜让汉和帝看了又爱又怜，心中总是涌起无限爱意。只是可怜了阴皇后，她明明知道这些都是邓绥故意为之，不然她为何要向皇帝进献美人，却不肯劝说皇帝来皇后宫中？她对于自己的恭谨简直到了“过分”的程度，可是偏偏这种“过分”大家全都买账，尤其是汉和帝。在众人眼中，邓绥之所以如此这般，还不是因为皇后的打压？身为皇帝最宠爱的女人，已经谦卑到这样的地步，皇后还不满足，真是让人心寒。

在和皇后的宫斗中，邓绥就这样平静如水地一直站着上风，而两人的最终对决也终于来了。公元 101 年，和帝忽患重病，甚至到了病危的程度。阴皇后听后，却忽然高兴起来，她觉得自己反击的机会终于到了，于是就对自己的亲信说道：“如今太子尚幼，我为皇后，他日一切自然都会归我掌控。等我大权在握，定要向那姓邓的讨回公道，再不能让邓家有一人活着!”令阴皇后万万没想到的是，这话说出来，就已经传到了邓绥的耳中。于是邓绥便在自己的宫中，当着众多宫女侍从失声痛哭，她委屈地哭诉道：“我竭诚尽心以事皇后，竟不为所祐，而当获罪于天。妇人虽无从死之义，然周公身请武王之命，越姬心誓必死之分，上以报帝之恩，中以解宗族之祸，下不令阴氏有人豕之讥。”这段话的意思是：多年来我尽心竭力地侍奉皇后，可是如今却落得如此下场。我决定要效法古圣先贤，向上天祈求成为夫君替身，一可以报答皇上多年的恩宠，二来也免于家族因我获罪，说完她便要当众喝下毒药。宫女侍从们吓得连忙上去阻止，其中一个机灵的宫女便假说刚刚皇帝宫中的人出来传信说，皇帝已经转危为安了，邓绥一听方才不再闹了。

结果这个小宫女说的还真成了事实，和帝不久后真的痊愈了。而阴皇后则因为被人告发说她与外祖母欲行巫蛊之事惹得和帝大怒，被废后囚禁冷宫，之后没过多久便死去了。

阴皇后被废不到百日，和帝就册封了邓绥为皇后，邓绥几经推辞，难却皇帝的盛情，在 21 岁时成为了皇后。

邓绥在后宫的争斗中表现出的高智商、高情商，让她避免了很多正面的冲突，可谓名利双收!

临朝称制的女政治家

邓绥在成为了皇后之后，表现确实可圈可点，称得上是一个好皇后。在此之前，地方上都会向后宫进献各种珍宝，这些珍宝自然是从百姓手中搜刮而来，邓绥当上了皇后便立刻将这项陋习取消了。和帝想为邓绥的亲人加官晋爵，但是她都婉言谢绝，所以在和帝时期，邓家并无王侯。

就在邓绥做皇后的第三年，也就是公元 105 年，和帝刘肇死在了章德前殿，只有 26 岁，而 24 岁的邓绥则成为了太后。不过，要想成为太后，首先要有皇太子，可是在这汉宫之中，并没有一个皇子，是和帝真的没有儿子吗?并不是。和帝曾有过十余名皇子，只是这些皇子全都夭折了，最后连和帝都几近崩溃，只好将刚刚出生的皇子抱出宫外，养在民间。如今和帝过世，邓绥便立刻派人从民间接回皇子以继皇位。

回来的皇子一个是8岁的刘胜，一个是刚满百日的刘隆。按理说刘胜应该是皇帝的不二人选，不过邓绥心中却有着自己的想法，这刘胜已经8岁了，就算收做义子，也不可能与自己同心，倒不如这个未满百岁的婴孩，他还懵懂无知，若是收为义子定能与自己同心同德。于是邓绥便以刘胜有天生的"痼疾"、不适宜做皇帝为由，立刘隆为帝。

小小的刘隆成为了皇帝之后，邓绥这个皇太后顺理成章地开始了其临朝摄政的生活。尽管邓绥在立帝一事上私心很明显，但临朝期间她是非常勤政爱民的。105年的六月，天降大雨，东汉疆域三十几个郡县都遭受了水灾，为了应对天灾，邓绥即刻命令削减官员的薪俸用度，还下令除了用于供奉皇家寺庙陵寝之外，不得用精米白麦，她还以身作则，每日只食一次肉食。这次的开源节流为汉宫省下极大的一笔费用用以赈灾。同月，她又遣散了皇宫中的一些宫人，赦免了一批被贬为奴婢的皇族成员，这是对于皇宫的整治。对于地方，她也下了一道敕令训斥他们粉饰太平、报喜不报忧等求取前途之举。

邓绥还颇会审案推理。"宫中亡大珠一箧，太后念，欲考问，必有不辜。乃亲阅宫人，观察颜色，实时首服。又和帝幸人吉成，御者共枉吉成以巫蛊事，遂下掖庭考讯，辞证明白。太后以先帝左右，待之有恩，平日尚无恶言，今反若此，不合人情，更自呼见实核，果御者所为。莫不叹服，以为圣明。"这件记载在《后汉书》中的事是说，在和帝刚刚过世的时候，宫中丢失了一箧大珍珠，邓绥并没有采取逼问的方式，而是将所有有嫌疑的宫人都召至面前讯问，通过她细致的观察和推理，将这件悬案轻松解决了。邓绥还曾经到洛阳寺勘察是否存有冤假错案，一个死囚在临去时想要开口说话的表情瞬间就被她捕捉到，让她觉得这个人定有冤屈，经过追查，这个死囚果然是被屈打成招的。

公元106年九月，小皇帝刘隆夭折了，他的实际年龄还不满周岁，这个可怜的孩子成为了中国历史上登基年龄最小、寿命也最短的小皇帝。刘隆死后，文武百官都倾向于让刘胜继位，可是邓绥早有准备，她和哥哥将清河孝王刘庆的儿子刘祜秘密接入了宫中。第二日确立新皇的时候，满朝文武都以为刘胜会出现在大殿之上，却没想到见到的竟然是刘祜，也就是汉安帝。事已至此，大家只好跪拜这个忽然冒出来的皇帝。满朝百官终究还是没能斗得过这个年轻的皇太后，说到底他们还是太小瞧了这个女人。

汉安帝成年之后，很多大臣曾试着劝说邓绥归政于皇帝，但都遭到了邓绥的严惩，久而久之，再也没人敢站出来为皇帝讨回政权了。在不断的斗争中，邓绥一直临朝称制了十六年，一方面，她实在是眷恋着权力、地位；另一方面，汉安帝刘祜也确实算不得是个好皇帝。在这十六年中，天灾人祸、内忧外患几乎没有断过，邓绥凭借着自己的智慧与手段一次次让东汉王朝渡过了难关。

公元 121 年，邓绥身染重病，只有 40 岁的她很快就离开了人世。她一手扶植的汉安帝有了种被释放的感觉，立刻开始了改朝换代的清理工作，邓绥死后仅半个月，安帝便对自己的父母进行了追封，对邓绥的家人进行了清理，邓家几乎覆灭。而安帝在没有了约束后，开始放纵堕落，邓绥费尽心力才振兴起来的东汉王朝就在这样的昏君手中走上了下坡路。

貂蝉 29

三春桃杏不着花 拜月良宵暗月华

『三国杀』是近年来一款风靡全国的游戏，在这个游戏中有一个女人，她的技能叫『离间』，可以让场上的任意两名男性角色为她决斗，这个美女就是貂蝉。之所以有这项技能，就是因为历史上貂蝉的出现总是伴着无数男人的杀戮和争夺，貂蝉有让男人趋之若鹜、为她决斗的魅力，是36计中美人计的典范。这个女人，还是中国四大美女中的第三个『闭月』。那历史上的貂蝉又是什么样的呢？

美人计和连环计

貂蝉的大名，在中国可谓妇孺皆知，实际上却可能是个虚构的人物。从罗贯中的《三国演义》来看，可以说三国风云正是从这个美女身上开始的，她拉开了三国鼎立、群雄逐鹿的帷幕。这么一个左右历史的重要人物，在陈寿的《三国志》中却踪迹全无，正史中根本没有关于貂蝉的记载，那么多栩栩如生的故事，都在野史和传记中流传。这个人物历史上也许根本就没有存在过，不过这并不妨碍历史给她虚构出一个完整的出身和经历等。

貂蝉的名字其实应该是一种官称。“貂蝉”本指汉代皇帝的侍从官员帽上的装饰物，后来也用来借指达官贵人。“貂”和“蝉”是古代王公显宦冠上的两种饰物，汉代人认为“貂”和“蝉”都是美好的事物，所以常用来作为名字。据民间传说，多认为貂蝉是东汉末年司徒王允的义女，长得国色天香，有倾国倾城之貌，见东汉王朝被奸臣董卓操纵，于月下焚香祷告上天，愿为主人担忧。王允眼看董卓将篡夺东汉王朝，设下连环计。王允先把貂蝉暗地里许给吕布，再明把貂蝉献给董卓。吕布英雄年少，董卓老奸巨猾。为了拉拢吕布，董卓收他为义子。从此以后，貂蝉周旋于此二人之间，送吕布于秋波，报董卓于妩媚，充分利用自身的优势，把美人计的作用发挥到了极致，令董卓和吕布为了她父子反目成仇。貂蝉是以男性为人物主体的《三国演义》中，出场的少数几位女子中最为光彩夺目的女性形象。可以这样说，正是由于貂蝉的出现，才有了司徒王允巧施连环计的佳话，才有了吕奉先大闹凤仪亭的风波，才有了凶横无忌权倾一时的董卓宫门前的被戮，才有了儿女情长武功盖世吕布的白门楼上的殒命。貂蝉形象存在的意义就在于，在这个清一色男人争霸的世界里，成功地显示出了一个绝色女子的胆量与智慧，正是这种非凡胆量的展示与高度智慧的运用，加速了汉末战乱时代的结束，促成了一代雄才曹操、刘备、孙权等人的崛起，从而使已经风雨飘摇的汉室江山得以延续。

貂蝉拜月

貂蝉留给历史的剪影就是“貂蝉拜月”，和“西施浣纱”、“昭君出塞”、“文君当垆”、“贵妃醉酒”、“红拂夜奔”等成就了美女的经典瞬间。这个瞬间发生在东汉末年，董卓残暴，司徒王允一直在想办法除掉董卓，可惜董卓有个很彪悍的义子吕布。一天下朝回到家中，已经很晚了，王允站在院中思考除掉董卓的方法。他知道要除董卓就必须先离间其和吕布的关系，忽然听到在花园的另一端也有人在暗暗地叹息，他悄悄走过去，发现是义女貂蝉，就问貂蝉：“你有什么伤心事，何竟于深夜在此长叹，能不能告诉我?”貂蝉先是讲了王允如何收养了她，如何让她过上幸福的生活，自己如何希望能够感恩图报。然后话锋一转，讲到她最近总见到王允愁眉不展，特别是今晚更是坐立不安，料想一定有什么重大的事情十分棘手，看到王允痛苦，不禁长叹。接着她表示，只要王允有用得着她的地方，她一定万死不辞。王允静静地听着，静静地看着。这时正更漏三下，夜月正圆，料峭春寒中，花影婆娑下，朦胧的光影，美丽的人儿在絮絮说来，这简直就是一幅空灵秀逸的图画。王允计上心来，这才有了后来的美人计和连环计，貂蝉以自己孱弱的肩膀扛起了大汉风雨飘摇的江山社稷。事成后，据说貂蝉在花园里祈祷拜月，正巧此时有一片彩云飘过来遮住了月光，王允看到后就说：“貂蝉的美色使得月亮都躲到云后面去了。”这也就是后人传说貂蝉有“闭月”之容的来历。

貂蝉的结局

作为一个虚构的人物，一个随着历史逐渐鲜活的人物，不同时代、不同作品对她的结局也有不同的版本，大致可以分为两大系列：惨死和善终。

“惨死系列”至少包含了四种不同的版本。第一种是昆剧《斩貂》细述吕布在白门楼被曹操斩首，其妻貂蝉被张飞转送给了关羽，但关羽拒绝接纳，怕其水性杨花、朝三暮四，难免为他人所玷污，只有一死才能保全其名节，于是乘夜传唤貂蝉入帐，拔剑痛斩美人于灯下。第二种是杂剧《关公月下斩貂蝉》，是说曹操欲以美色迷惑关羽，使其为自己效力，遣貂蝉前去引诱。貂蝉使出浑身解数，上下挑逗，关羽却心如磐石，为了自己不受魅惑，杀死了貂蝉。第三种出自明剧《关公与貂蝉》，剧中的貂蝉向关羽痛说内心冤屈，详述其施展美人计为汉室除害的经历，赢得关羽的爱慕，但关羽决计为复兴汉室献身，貂蝉只好怀着满腔柔情自刎，以死来验证自身的政治贞操。第四种陈述貂蝉在怜香惜玉的关羽庇护下逃走，削发为尼。曹操派人追捕，为使桃园三兄弟不再重蹈自相残杀的覆辙，貂蝉毅然触剑身亡，一缕幽怨的香魂，追随国家大义而去。

“善终系列”也有四个核心版本。第一种认为貂蝉本是曹操送给董卓用来迷惑君主的一名美女，后来成了董卓的侍婢，并挑拨吕布杀死了董卓，在“长安兵变”吕布败走后貂蝉又落入了李傕之手，再次挑拨李傕与郭汜自相残杀，在李傕被曹操击败后貂蝉最终回到了曹操身边。第二种是貂蝉出家为尼，以佚名方式写下杂剧《锦云堂暗定连环计》，向世人言明自己的政治贡献，最后在尼姑庵里寿终正寝。第三种则宣称关羽不恋女色，护送貂蝉回到其故乡，而貂蝉则一直守节未嫁，终于熬成了一个贞烈老妪，被乡人建庙祭奠。第四种称貂蝉被关羽纳为小妾，并送往成都定居，本想在功成名就后慢慢享用，不料自己兵败身死，可怜的貂蝉从此流落蜀中，成了寂寞无主的村妇。在央视《三国》中，貂蝉（陈红饰）在吕布杀死董卓后选择自杀结束了自己的一生；而在高希希版《三国》中，貂蝉嫁给吕布，吕布兵败而死，貂蝉被曹操幽禁白门楼，在曹操逼迫下用七星刀自裁。

在种种结局中，貂蝉和关羽的关系最为扑朔迷离，也最为人津津乐道，有很多人在试图解析貂蝉和关羽的关系。但历史总归是历史，是已经发生了的事情，现在人的还原也只是用现代人的观点在解读历史，总不会是完全符合当时时代的。所以诸多关于貂蝉结局的版本，大家听听就好，这个谜一样的女人，相信不同人对她会有不同的理解。

孙尚香 30

红妆爱武东吴女
国色天香向蜀邦

明代罗贯中的章回体小说《三国演义》第五十五回：『周郎妙计安天下，赔了夫人又折兵。』说的是三国时期，东吴大都督周瑜想用计扣留蜀汉国主刘备做人质不成，反赔进了东吴大帝孙权的妹妹孙夫人，得不偿失，即俗语所说的『偷鸡不成蚀把米』。这里的孙夫人，就是我们要说的女主角——孙尚香。

孙氏兄妹感情融洽还是亲情冷漠？

孙夫人，三国时期东南吴郡富春（今浙江省富阳县）人，东吴郡主，孙坚的女儿，孙权同父异母的妹妹，她还有一个更重要的称号——蜀汉刘备的续弦夫人，就是这个称号，引出了一段三国争霸的故事。

孙夫人虽然是《三国演义》中为数不多的女性角色之一，但也是确有其人的。《三国志·蜀书》记载："初，孙权以妹妻先主，妹才捷刚猛，有诸兄之风，侍婢百馀人，皆亲执刀侍立，先主每入，衷心常凛凛。"刘备每次进入内房时，都感到心里惴惴不安，这先主刘备的胆子看起来实在不大啊！但《三国志》只提到有孙夫人，具体叫什么名字并没有提到。小说《三国演义》中有提到孙坚之女名孙仁，但裴松之在给《三国志》作注时曾提到，"孙仁"是孙坚庶子孙朗的别名，也就是说，孙仁其实是一位男子。至于"孙尚香"这个名字，据说最早是在戏剧《甘露寺》（又名龙凤呈祥）和《别宫·祭江》中出现，之所以叫"孙尚香"，也许是比泛泛地叫"孙夫人"更能突出人物，也更能表现出孙夫人除了飒爽英姿外，还有着女性的柔媚。

三国初期，刘备曾在诸葛亮的帮助下向东吴暂借荆州，谁知荆州军事地位重要，这个"暂借"就成了"肉包子打狗，一去不回"了。刘备成了荆州牧后，东吴孙权天天想着什么时候把荆州要回来，刚好赶上刘备丧妻，东吴大都督周瑜就向孙权献计。在周瑜的计划中，孙尚香只是作为引诱刘备来到东吴，并把刘备困在东吴不得归的一个筹码。孙尚香郡主的身份恰巧增加了这个筹码的重量，因为不是孙权的妹妹，分量就不够，这就把孙权唯一的妹妹——孙尚香绑在了战争阴谋的船上，不得不嫁了。这里，从没有人问过作为要嫁人的孙尚香是怎么想的。可见，孙夫人在江东的地位并不怎么样。周瑜根本就没有将这位郡主看得太重要，在他眼中孙小妹只是可以让他们夺回荆州的工具。而孙权呢，在刚看到周瑜的文书之时，还很是错愕地说："你好糊涂，这等文书，要它何用。"但是在听说周瑜能够将荆州夺回之后，立即点头暗喜，并差人去荆州商议联姻的事情，由此可见荆州的地位远远比他那个异母妹妹的地位要高得多。孙权对他这个异母妹妹并没有多少关心，他们想的都是如何用一个女子的幸福来换取荆州。再后来，嫁了妹妹的孙权发现不但刘备要回荆州，附带的孙夫人也要回荆州时："权大怒，掣所佩之剑，唤蒋钦、周泰听令，曰：'汝二人将这口剑去取吾妹并刘备头来！违令者立斩！'"为了刘备，孙权甚至可以不惜自己妹妹的性命，让手下人可以拿剑取她的头。毕竟荆州才是孙权真正关心的，妹妹的幸福可以牺牲，性命也可以不要，但是荆州是绝对不能让别人夺走的。虽然《三国演义》一直在努力地告诉我们孙权为了荆州连自己最疼爱的小妹妹都舍了出去，以此突出荆州的地位重要，突出战争和权谋，但是为了荆州可以舍了妹妹，可见这个妹妹也没多重要。毕竟孙权和孙尚香不是同父同母，一个异母妹妹，在过去大家族兄妹繁多的情况下，舍弃一两个也不是什么值得探讨的大问题。所以，非要说孙氏兄妹关系有多好多好，真的就不符历史了。

孙小妹亲吴还是亲汉？

《三国演义》描写刘备和孙小妹完婚时，（刘备）走进新房："灯光之下，但见枪刀簇满；侍婢皆佩剑悬刀，立于两傍。唬得玄德魂不附体。正是：惊看侍女横刀立，疑是东吴设伏兵。"我们的新娘子还没有出场，手下的一帮丫头就已经把刘备吓得魂不附体。刘备在别人的地盘上，"人为刀俎，我为鱼肉"，害怕也是正常的。然后有管家婆解释道："贵人休得惊惧：夫人自幼好观武事，居常令侍婢击剑为乐，故尔如此。"玄德曰："非夫人所观之事，吾甚心寒，可命暂去。"当孙夫人听到刘备惧怕刀剑之后，说出一句足以让天下男人汗颜的话："厮杀半生，尚惧兵器乎！"可见，其实在孙小妹眼中，刘备并不是她心目中的乘龙快婿。孙小妹这样飒爽英姿的女性，仰慕的只会是横刀立马、征战沙场的英雄，在她看来，刘备太懦弱，太没有英气，如果可能，她是不会选择刘备这样的人做丈夫的。但是，历史没有给孙小妹选择的机会，在母亲及兄长的安排之下，她只能毫无疑义地嫁给刘备，不论自己是否愿意。孙小妹再彪悍、再有英气，毕竟还是在中国传统文化教育下长大的小姐。儒家讲求女性从一而终，既然嫁了，就要爱自己的丈夫、疼惜自己的丈夫、一心为自己的丈夫谋划，以夫家为天。因此，认命嫁人后的孙小妹，也就是今后的孙夫人，在听到丈夫竟然被自己侍婢的刀剑吓到时，"命尽撤去，令侍婢解剑伏侍"。何等的温婉！何等的柔媚！

温顺的孙小妹，却并不能改变她作为谈判“筹码”的地位。她不止对于东吴集团是可有可无的牺牲品，对于蜀汉集团的人来说，她也同样只是一个筹码。当诸葛亮识破了周瑜的美人计之后，说：“略用小谋，使周瑜半筹莫展；吴侯之妹，又属主公；荆州之地，万无一失。”在诸葛亮的眼中，孙夫人就是一件物品，说能有就有的，对孙夫人本不用什么尊敬的态度。赵云对刘备可谓忠心耿耿，对刘备的前两位夫人也是极为尊敬的。为了糜夫人赵云可以不惜自己的安危，纵是葬身曹营也要保卫夫人的安全。然而，同样是夫人，孙夫人却遭到截然不同的待遇！当得知孙夫人要带阿斗回东吴时，（赵）云插剑声喏曰：“主母欲何往？何故不令军师知会？”在夫人喝侍婢向前揪打时，赵云就怀中夺了阿斗，抱出船头，赵云在蜀汉将领中算是最知礼的，竟敢在自己的主母面前做出这样僭越的事情，足以看出他并没怎么将孙夫人放在尊敬的地位。等到夺了少主阿斗后，孙夫人以死相逼要回江东，赵云和张飞也并没有死命拦截。可见，在蜀汉集团将领的心目中，这个主母也是可有可无的，根本没办法和糜夫人、甘夫人相提并论。

孙小妹是不幸的，也是矛盾的。虽然东吴和蜀汉都并不怎么看重自己，但一边是自己的母邦，另一边是自己的夫君，如何权衡，委实难以抉择。在刘备差点儿回不来荆州时，孙夫人说：“吾兄既不以我为亲骨肉，我有何面目重相见乎！”帮着刘备逃出了东吴；而当吴国让她带阿斗回东吴时，她虽然能猜到东吴的用心，却仍然决定带阿斗回东吴，这时她心里的天平又偏向了自己的娘家。但这种行为在蜀汉将领看来，就是一种背叛，因此这次东归，她就再也没有回到刘备身边。那么，她的心到底是偏向吴国还是蜀国？这估计她自己也弄不明白吧。男人争霸的战争，造就了一个命运多舛的孙尚香，一个乱世中自强却不能自主的灵魂。

甄洛

灿似芙蓉洛水中　翩翩然形若惊鸿

『其形也，翩若惊鸿，婉若游龙，荣曜秋菊，华茂春松。仿佛兮若轻云之蔽月，飘飖兮若流风之回雪……秾纤得衷，修短合度，肩若削成，腰如约素……明眸善睐，靥辅承权，瑰姿艳逸，仪静体闲……体迅飞凫，飘忽若神。凌波微步，罗袜生尘……』用这么多优美的词汇来描述一位梦中的女神，也只有浪漫主义文学家曹植做得到。这样的美女，也只有《天龙八部》中段誉的『神仙姐姐』当得起，而金庸在《天龙八部》中对这位神仙姐姐的描述，甚至她的经典武功『凌波微步』，都是脱胎于曹植的这篇流传千古的《洛神赋》。曹植为什么要写《洛神赋》？又是怎么样的美女，才能让这位才高八斗、学富五车、七步成诗的才子迷恋至此？有人说《洛神赋》的原型是魏文帝曹丕的妃子、三国美女甄洛，但也有人说不是，那甄洛又是个怎样的人物呢？

甄洛和曹丕

历史上的甄洛是魏文帝曹丕的妃子，三国中山无极（今河北省定远县）人，汉朝宰相甄邯的后裔，上蔡令甄逸的小女儿，魏明帝曹叡的生母，魏明帝继位后，追封甄洛为“文昭皇后”。

甄洛是三国时期最著名的美女，“江南有二乔，河北甄宓俏”。可见甄洛是和大、小乔并列的三国三大美女之一。据说她体态秀美、容貌艳丽、吐气如兰、柔美无双，不仅是位美女，还是位才女，懂诗文、能做赋，还写的一手好字。甄洛3岁丧父，家中有三位哥哥和四位姐姐，她是排行最小的妹妹。九岁时因为喜读书写字，被哥哥笑称她将来要当个“女博士”。甄洛长大以后，美名远播，河北袁绍听说后，替儿子求亲，遂让她与次子袁熙结婚，从此成为袁家妇。婚后袁熙北上幽州，留她在邺都（今河北省临漳县）侍奉家母。公元204年，即汉献帝建安九年，曹操举兵攻下邺都。曹丕听说袁熙的媳妇长得很美丽，遂率军众到袁府，只见堂上坐着一位年纪较大的妇人，旁边有一位年轻女子惶恐地伏在妇人的膝上，曹丕说曹丞相（曹操）有命，保护袁家妇女，请大家不必担心惊惶。年长的妇女就是袁绍的妻子刘夫人，刘夫人听了曹丕的话后，稍为宽心，扶起甄洛与曹丕相见，曹丕一看果然艳丽绝伦，称赞不已。曹操知道了，便把甄洛许给曹丕为妻，婚后甄洛生下了儿子曹叡和女儿东卿公主，曹操和卞皇后就更加喜欢甄氏了。公元220年，曹丕即位为魏文帝，准备册立皇后，这时能够与甄洛争夺后位的只有郭女王。郭女王是郭永的女儿，长得也很漂亮，而且比甄洛年轻，就是没有生下儿子。于是，郭女王利用曹叡不是足月生下来的，诬称甄氏怀孕二月才与曹丕结婚，曹叡是否为曹家的骨肉很值得怀疑。曹丕以此事询问甄氏，甄洛对曹丕宠爱新欢郭氏和李贵人、阴贵人等本已十分不满，又听说此事是郭氏从中挑拨，不禁怒火中烧，斥责曹丕对自己亲生骨肉无端怀疑，有损曹门家风。曹丕愤而于黄初二年赐甄洛自尽，立郭氏为皇后。直到黄初七年，曹叡即位为魏明帝，才为他的生母平冤昭雪，追谥“文昭皇后”。

上边的故事只涉及曹丕、郭皇后和甄洛，是一般的后宫争宠戏码，对于看多了这种故事的人来说，能吸引眼球的噱头不多。所以，古人早就有了更鸡血的版本，就是“甄洛和三曹轶事”。故事的开头一样，结局也一样，不同的只是过程。据说曹操攻破邺都时，也早就垂涎甄洛的美貌，所以才下令不许伤害袁家妇孺。只是曹操作为军事总指挥，战后有许多善后事情要处理，就给了儿子曹丕可乘之机，等曹操见到甄氏时，曹丕已经向父亲请求娶甄氏为妻。曹操毕竟一代枭雄，实在不好意思跟儿子抢媳妇儿，这才允了这场婚事。又据说，当时曹植也想表达这种意思，或者已经表达出来了，但都没有曹丕手脚快，捷足先登抱得美人归。曹植饮恨，辗转反侧不能忘怀，这才写下了流传千古的《洛神赋》。

宓妃和曹植

甄洛是真实的，宓妃只是曹植虚构出来的洛水女神，但曹植虚构的宓妃的原型，大家多认为脱胎于甄洛。对于爱情故事，大多数人都喜欢风流才子和貌美佳人，古今依然。如果这个爱情故事恰巧又是以悲剧结尾的，那么大多都能流传千古，妇孺皆知。因为喜剧容易让人遗忘，而悲剧则让人印象深刻，正如鲁迅先生说的：“悲剧是把美好的事物撕碎了给人看。”因其美好让人喜欢，因破坏了这种美好，就更容易给人留下深刻的印象，梁山伯和祝英台如此，白素贞和许仙如此，卓文君和司马相如如此，曹植和甄洛亦如此。

曹植天赋异禀，博闻强记，10 岁左右便能撰写诗赋，颇得曹操及其幕僚的赞赏。据说当时曹操正醉心于他的霸业，曹丕也授有官职，而曹植则因年纪尚小，又生性不喜争战，遂得以与甄妃朝夕相处，进而生出一段情意来。曹操死后，曹丕于汉献帝二十六年（220 年）登上帝位，定都洛阳，是为魏文帝。甄氏被封为妃，后又因为郭皇后构陷，被残害致死。甄洛死的那年，曹植到洛阳朝见哥哥，太子曹叡陪皇叔吃饭。曹植看着侄子，想起甄后之死，心中酸楚无比。饭后，曹丕遂将甄后的遗物玉镂金带枕送给了曹植。曹植睹物思人，在返回封地时，夜宿舟中，恍惚之间，遥见甄妃凌波御风而来，曹植一惊而醒，原来是南柯一梦。回到鄄城，曹植脑海里还在翻腾着与甄后洛水相遇的情景，于是文思激荡，写了一篇《感甄赋》。魏明帝曹叡继位后，为避母名讳，遂改为《洛神赋》。

古老相传并不一定就是历史真实，早在《洛神赋》写成后，就有很多人对这段凄婉的爱情表示了异议，大致可以归为以下几点：

1. 年龄不对。娶甄氏时曹丕18岁，甄氏23岁，而曹植仅13岁。对于一个比自己年长十岁的已婚女子，曹植不太可能有过多的想法，这是其一。其二，曹丕与曹植兄弟之间因为政治的斗争，本来就很紧张，《感甄赋》若是为甄氏而写，岂不是色胆包天，不怕掉脑袋吗？

2. 不符合伦常。图谋兄妻，在儒家观点看来是“禽兽之行”，“其有污其兄之妻而其兄晏然，污其兄子（指明帝）之母而兄子晏然，况身为帝王者乎”？从曹植的为人看，虽也有行为放任、不拘礼法，但绝不会做出类叔嫂私通等有违伦理的事来。

3. 流传时间不对。曹植和甄洛这段叔嫂情的传说，最早出自唐代李善注引《记》，此前400多年并无此说。而李善在《记》中说的更是文帝曹丕向曹植展示甄后之枕，并把此枕赐给曹植。估计世界上还没有这么大方的男人吧，何况曹丕还是帝王。这种近似于戴绿帽子的事情，绝对是他不可容忍的。

4. 张冠李戴。《感甄赋》确有其文，这种广泛流传的好文章也不是谁都编得出来的。但是“甄”并不是甄后之“甄”，而是鄄城之“鄄”，在古文通假字中，“鄄”与“甄”相通。曹植在写这篇赋的前一年，政治失败，被任命为鄄城王，题名“感甄”实际是曹植在感伤身为鄄城王的自己。

5. 对象不对。《感甄赋》一文，曹植在文中提到“长寄心于君王”，序中也已表明“感宋玉对楚王神女之事，遂作斯赋”，是有感于宋玉的《神女赋》、《高唐赋》两篇赋而作。宋玉借《神女赋》、《高唐赋》向楚王表明臣子之心，或许这里曹植也是借此向魏文帝曹丕表明自己的态度。

虽然曹植和甄洛的故事真实性有待考究，但这只是历史学家对历史的严谨，并不妨碍《洛神赋》的艺术成就，也不妨碍这段凄美爱情故事的流传，更不妨碍老百姓茶余饭后来津津乐道这些有的没有的帝王家世，真真假假，谁又说得准呢？

32

贾南风

一朝独揽皇权柄 牝鸡无晨却主晨

贾南风，历史上绝对出名的女人。她之所以这么有名，一是丑，二是黑，三是无才无德，四是淫乱！历史上以丑出名的女人也有很多，黄帝的老婆嫫母、齐宣王的王后钟无盐、诸葛亮的老婆黄月英等。不同的是，跟贾南风相比，她们只是丑，但很有才，基本都比自己的老公有才，是历史上的正面人物。而贾南风则不然，她不但丑，还没才，女子无才也不可怕，但无才还妒忌，拿了大权后又祸乱后宫，这就令人发指了。话说晋武帝司马炎开国，大封同姓宗室，委以军政实权，埋下了皇室厮杀纷争的祸根。在这一时代背景下，司马炎的儿媳——惠帝皇后贾南风的出场，不仅引爆了这一隐患，由于她的推波助澜，还酿成了长达16年之久的『八王之乱』，刚刚归于一统的王朝重又陷于分裂混乱的局面，西晋也成为一个短命王朝。这就是贾南风，晋惠帝司马衷的第一个皇后，一个搅乱了整个西晋王朝的女人。

司马衷的娶妻风波

要说贾南风，一定要先说说晋惠帝司马衷。据历史记载，司马衷是个傻子、白痴，到底有多傻，他好歹是皇帝，晋书还是要给他留点儿面子的，因此并没有明确说明，不过有一件事情可以证明，就是他刚刚做了皇帝时，天下饥荒，饿殍遍野。司马衷对百姓饿死很不明白，曾问大臣："百姓挨饿，何不食肉糜（吃肉粥）?"这样的事情，也只能说明太子不懂民间疾苦。但晋惠帝是不是傻子并不重要，重要的是他娶了一个比他彪悍太多的皇后，所有好的坏的风头都让他老婆出了，他也就没什么好记述的了。

司马衷娶贾南风时，也经历了许多波折，或者应该说，贾南风能够嫁给惠帝当太子妃，有很大的偶然性和戏剧性。晋武帝司马炎当初要给儿子娶妻时，有两个候选人，贾充家的女儿和卫瓘家的女儿。武帝对贾充女儿的情况很清楚，他倾向于给太子娶大臣卫瓘的女儿，但皇后杨艳受到贾家人的蛊惑，更希望太子能娶贾家的女儿。武帝为此曾经专门对皇后杨艳说："卫氏之女与贾氏之女，实在是泾渭有别，你难道不知道？贾家夫人天生好妒，又生子不多，贾家的姑娘个个长得又黑又丑不说，且个个身材短小，若是娶来会影响我司马家的后代；卫家夫人天性贤惠而又儿孙满堂，卫家姑娘长得白皙漂亮不说，还个个身材修长。卫家女有五个优点，贾家女有五个缺点，你说该选谁?"但杨皇后早就听贾充亲信和郭槐等人给她吹风，说贾女如何如何贤德，便固执己见，称贾充之女"姿德淑茂"，是太子妃的最佳人选。

政治内幕，本来也没什么公平可言。虽然卫家的女儿各方面条件都比贾家的女儿好了太多，但保不住贾充一党各种游说，使得皇后和朝中大臣都认为应该娶贾家的女儿，晋武帝司马炎不得不妥协，最终决定为儿子娶贾家妇。如果放在今天的职场海选中，卫家女儿输得实在有些冤枉和不甘，但倒也输得明明白白，谁让自家的后台没竞争对手的硬呢？反过来说，这么一个白痴老公，不要也罢。波折的是，贾家女儿不等于贾南风，迎娶之初，本来是要选贾充年方 12 岁的女儿贾午入宫，可笑的是，贾家的姑娘果然身材矮小，连结婚的礼服也穿不起来。无奈，只得换了贾午的姐姐贾南风。这年她 15 岁，比太子大两岁。就这样，贾南风阴差阳错成了皇太子妃。

恩将仇报的贾南风

贾南风能当上太子妃，多是皇后杨艳的功劳。泰始十年（274 年），杨皇后一病不起，临死之前为了保住杨家外戚和儿子司马衷的太子之位，央求皇上娶她的堂妹杨芷。武帝答应了她的要求，将杨芷选入宫中立为皇后，保住了太子之位，也就保住了贾南风的太子妃之位。可以说，两任杨皇后对太子妃贾南风都是有恩的。一次武帝认为贾南风专横妒忌，很想废了她，是皇后杨芷说："贾充是晋朝的元勋、开国功臣，他的后世子孙都应得到宽宥。贾南风是他的亲生女，陛下岂可忘了贾家的功德？贾氏生性妒忌，固然可恨，但若因此废了她，外面的人会说咱们对功臣子弟太薄情。"事后，皇后杨芷出于好心几次严厉警告贾南风，要她注意自己的举止。贾南风不明白皇后是在暗中帮助自己，相反，她觉得皇后是故意在皇帝面前搬弄是非，对付自己。所以，她对皇后不仅没有丝毫的感激之情，反倒越来越怨恨皇后。

太熙元年（290 年），武帝司马炎病死。太子司马衷登基即位，贾南风顺理成章地被立为皇后，杨芷被立为皇太后。惠帝即位之初，贾南风虽然很想参与朝政，但朝廷大权被皇太后杨芷的父亲、太傅杨骏一手垄断，杨骏畏惮贾南风的妒狠难制，对她严加防范，使贾南风并没能掌握实权。对于太傅杨骏与皇太后一手遮天，贾南风早已心怀不满，天天想着如何打击杨氏，自己掌权。永平元年（291 年）三月八日夜间，贾南风骗得惠帝下了一道诏书，说杨骏谋反，派楚王玮等率兵包围了杨府，从此拉开了西晋历史上"八王之乱"的序幕。贾南风杀死杨骏后并未罢休，她还要除去皇太后杨芷，清理内宫，便污蔑杨太后与杨骏同谋作乱，将她囚禁到永宁宫。杨芷最终饿死在金墉城中，杨氏三族全被灭绝。在自己的太子妃之路上，杨氏姐妹对贾南风的帮助颇多，但贾氏不但不感激，还认为杨氏是自己权力路上的绊脚石，是一定要踢开的。惠帝永康元年（300 年），赵王司马伦同样矫诏入宫，用"金屑酒"赐死了贾南风，因果循环报应不爽，贾氏也没能善终。

俊男杀手

惠帝司马衷是个白痴，武帝司马炎担心他成年后不懂房事，还专门派自己多次临幸的宫女谢玖与太子同房，让她调教太子男女之事，直到谢玖怀孕才放心。就是这样一个男人，贾南风还不放心，坚决不允许宫中其他女人接近太子、得到宠幸。贾南风妒忌成性，而且越来越酷虐凶暴，看着谁不顺眼，就亲自拿刀将其杀死，尤其对偶尔受到太子御幸的妃妾，更是毫不留情。一次，贾南风听说司马衷的一个妃妾怀了孕，便手持画戟，猛击那个妃子的腹部，生生地打得胎儿流产坠地，血肉模糊，惨不忍睹。晋武帝知晓后十分恼怒，差点儿为此事废了她。

公公司马炎死后，司马衷痴傻也管不了自己，贾南风在生活上也就越来越荒淫放荡。本来她早就与可以自由出入宫掖的官员如太医令程据等人淫乱，自从大权在握，更是毫无顾忌，大肆搜罗男宠供其淫乐，搞得朝野上下沸沸扬扬。她手下有批人专门给她到处物色健美的少年，秘密送到宫中。

据说，洛阳城南住着一位小吏，长得相貌堂堂、英俊潇洒，忽然有一天，他穿着极其华丽的衣服值勤，大家见了，都怀疑衣服是他偷来的。长官也心有疑虑，让他当众说个明白。这小吏为了洗刷自己，就说出了一个故事：我一次在路上遇到一个老太婆，她说家里有得重病之人，巫师讲应找家住城南的少年来驱邪消灾，想暂时让我走一趟，事后必有重谢，于是我就答应了。上了车，她放下帷布，将我装在一个大竹木箱中。走了十余里，过了六七道门，才把我从箱中放出来。我抬头一看，眼前琼楼玉宇、富丽堂皇，甚是气派。我就问："这是到了哪儿?"有人告诉我"是天上"，接着就让我洗了热水澡，那水中香气袭人，以前从未享受过。刚洗完，就有人送来了漂亮的衣物，还端来了美味佳肴。待酒足饭饱，忽见一个女子，看上去三十五六岁的样子，身材矮小，脸色青黑，眉后还有一块小疵。她留我住了几晚，与她同床共枕，极尽欢宴。临走从她那儿出来时，赠给了我这些东西。众人听他讲完，都明白了这女子就是皇后贾南风，谁也不敢招惹此事，便都讪笑着离去了。贾后当权时，经常发生俊美男子失踪的事，都是被贾南风弄到宫中，供其淫乐后，被秘密杀死埋掉了。唯有这个城南小吏，因为不但长得端丽，而且生性乖巧，能说会道，很得贾南风怜爱，这样他才捡了一条命，活着出来。贾南风真可谓“俊男杀手”了，生在那个时代的男子，何其不幸啊！

《晋书》中对皇后贾南风的盖棺定论是：“南风肆狡，扇祸稽天。初践椒宫，逞枭心于长乐；方观梓树，颁鸩羽于离明。褒后灭周，方之盖小。妺妃倾夏，曾何足喻！中原陷于鸣镝，其兆彰于此焉。”贾南风擅权十年，左右皇帝，国由她而丧，身由己而败，乱国毒妇，史留恶名。一个贾南风，差不多可以叙述半部西晋史。

潘玉儿

三寸金莲千古美 明珠白玉满宫飞

潘玉儿（？—501），籍贯、家世都不详，只知道是南朝齐东昏侯萧宝卷的贵妃。南京城号称『六朝金粉』，六朝指的就是三国东吴的建业城、东晋建康城，还有南朝宋、齐、梁、陈四个朝代的建康城。『六朝金粉』伴随的是『六朝粉黛』，伴着秦淮河里柔媚的歌声纸醉金迷，这就是南朝留给后人的印象。『六朝粉黛』是由无数江南美女充实、生动起来的，这里有东吴的大乔、小乔，也有南朝齐东昏侯『步步生莲』的潘玉儿和陈后主『隔江犹唱后庭花』的张丽华。后边这两位在历史上都没有什么好名声，末代皇上的末代宠妃总是加速王朝灭亡的催化剂，潘玉儿和张丽华也不例外。

步步生莲

齐政权是南朝四国中存在时间最短的，享国仅24年。齐高祖萧道成，深沉有大量，博学能文，性情清俭，曾说：“使我治天下十年，当使黄金与土同价。”可惜他只当了四年皇帝便崩逝了，太子萧赜继位为齐武帝，留心吏治，政绩突出，形成了一个小康的安定局面，史称“永明之治”。可惜好景不长，齐武帝享国五年后，政权更迭频繁，直至萧宝卷继位成了少帝，少帝在位前后仅三年，荒淫无道。宣德太后依照汉海昏侯旧事，追封少帝为东昏侯。

萧宝卷继位时，年仅16岁，一个正处在叛逆期的少年，不喜欢朝中严肃认真的大臣，只喜欢跟后宫的太监以及自己的带刀侍卫们玩耍，没日没夜地在后堂骑马，还让身边的太监、娼妓鼓乐玩乐。每天都是五更（凌晨3～5点）睡觉，上午才起床。三四更（夜里11点到凌晨3点）锣鼓喧天地外出，仪仗煊赫，外出的地点也不固定，走到哪儿算哪儿，根本不管是否惊扰了百姓。朝廷的奏折动辄十几天都不看，大臣递上去的奏折基本都不知所踪，这样的皇上，任谁遇上都是件头疼的事情。这样的皇上当然喜欢后宫美女越多越好，所以萧宝卷继位后，狎匿群小、荒嬉无度，后宫佳丽多达万人。在这近万人的红粉大军中，他却特别宠爱潘玉儿，形影不离地天天和她腻在一起。潘玉儿皮肤美，萧宝卷就叫她“玉儿”或者“玉奴”。潘妃更有一双妙足。一次后宫起火后，萧宝卷新修了仙华、神仙、玉寿等殿，其中在玉寿殿中，壁嵌金珠，地铺白玉，又专门凿地为莲花，饰以金粉，用粉红色美玉装饰，让潘妃赤裸脚踝在上面姗娜而行，婀娜多姿，萧宝卷眯起双眼，恍惚看到一个绰约的仙女，香风过处，遍地莲花绽放，因而大发感叹“仙子下凡，步步生莲”，“步步金莲”就是从这里来的。中国过去文人士大夫有一项近乎变态的嗜好，就是喜欢所谓“三寸金莲”，看一个女人就以她的脚来评定，只要脚能做到小、尖、软、巧，就是绝对的美女，这一病态的审美使妇女饱尝痛苦。缠足的陋习开始于五代，也有人说五代令女性缠足，是为了让她们“出不了大门、走不得远路”，避免再次出现唐朝女性多干预朝政的局面。不管怎么说，五代以后的女性“三寸金莲”多是缠出来的，但“金莲”的最早原型潘玉儿则应该是天足。潘玉儿以一双白皙小巧、柔弱无骨、状似春笋般的美足而名传千古，是真正的“纤纤玉足”。

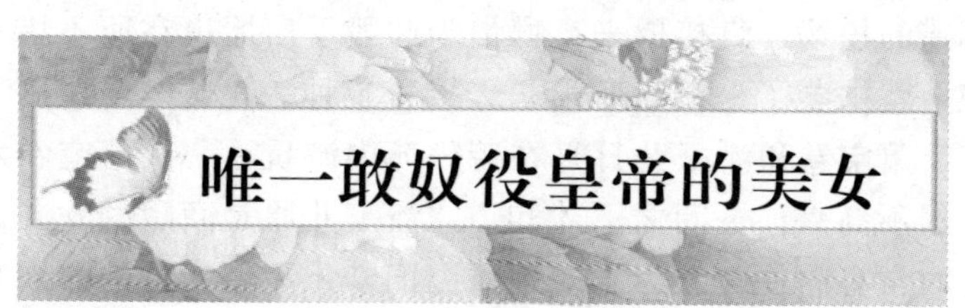

唯一敢奴役皇帝的美女

看《鹿鼎记》时，觉得建宁公主自降身段伺候“韦爵爷”，是有些变态的自虐倾向，但是真正“自虐”的还要属咱们这位东昏侯萧宝卷了。潘玉儿因为一双玉足被萧宝卷喜爱，萧宝卷得空便握住她的足踝，反复揉捏，把玩不已，甚至情动时吻之啮之，偶尔咬痛了潘玉儿的足趾，潘玉儿便毫不客气地用杖怒击其背，萧宝卷反而越觉刺激，果然是有“自虐”倾向。

不仅如此，萧宝卷为了讨好潘玉儿，拜潘玉儿为贵妃，在内廷之中，以潘玉儿为主子，自认奴仆，小心翼翼地来侍候他的“太上皇妃”，端茶送水、捏脚捶背都做得心甘情愿。每当外出，总使潘玉儿坐卧轿中，自己则骑马相随，朝臣们以为不成体统，萧宝卷却始终习以为常。潘妃的衣服选用的都是奢侈的材料和配饰，她嫌弃皇家主衣库的衣服太旧，全部淘汰，重新从民间花高价钱买衣服及各种金银珠宝，比如一只琥珀钏，市价高达170万钱。萧宝卷为了满足潘玉儿对金银珠宝的需要，下令京城里的所有酒家上缴国税的租金都必须折换成黄金，以为潘妃给饰物上“涂金”之用，更下令扬州、南徐二州的赋税都用于“太上皇妃”的服装费。真正到了“太上皇妃”需要什么，萧宝卷就提供什么，完全不打折扣，事事以“太上皇妃”的需要为己任，根本不记得自己才是天下正主。自虐虽然是萧宝卷自己的事情，但让全天下人为他的自虐埋单，也难怪他要当亡国之君了。

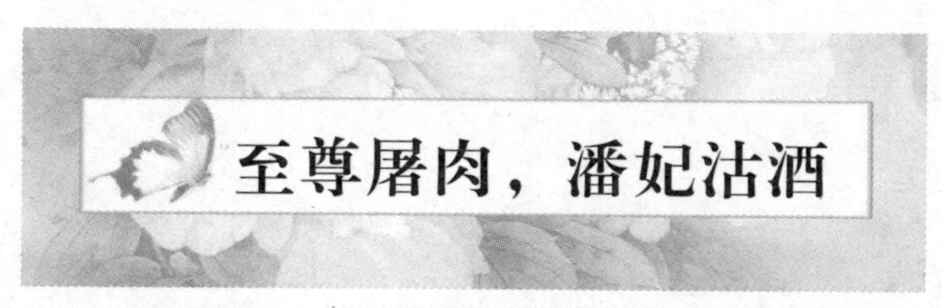

至尊屠肉，潘妃沽酒

萧宝卷做的最不成体统而又莫名其妙的事，要算在宫苑之中设立集市了。

永元三年（501年）夏，萧宝卷在阅武堂内建了芳乐苑，苑内山石都涂以五彩，临水建“紫阁”，阁内画了大量的男女春宫图画。苑内大肆种植好树美竹，因为是盛夏，植物种下几日后就枯萎死亡了。萧宝卷就命人从民间征用，但凡看到不错的植物，直接取来，哪怕为此毁了房屋也在所不惜。早晨栽下的名木，晚上就枯萎了，铲除后第二天接着栽种，就这样恶性循环，使老百姓苦不堪言。萧宝卷和潘玉儿日日在芳乐苑内游玩，一次萧宝卷发现潘玉儿情绪低落，很不高兴，一问之下才知道，潘玉儿原是商贩的女儿，对于市衢买卖之事，时常心向往之。为了使她重温旧梦，萧宝卷特地命人在芳乐苑中搭建了一条小型街道，仿照民间市集模样，由宫人分别设置日用杂货及酒肉等店铺，所有六宫的日常用品都在此处购买，潘玉儿担任“市令”，萧宝卷自任“市魁”，如果发现市场里有人不守规矩或发生争执，就由“市魁”派人拘束，听候“市令”发落，具体再由“市魁”执行，居然进行得有模有样。但这毕竟是十分荒唐的事情，宫人们不胜其苦，大臣们更是群情哗然，百姓为此编了首民间小调：“阅武堂，种杨柳，至尊屠肉，潘妃沽酒。”这样在宫苑之内仿照民间集市以供后妃玩乐的事情，清朝的皇帝也做过，颐和园的苏州街、功用和萧宝卷的商品街就差不多。好在清朝皇帝并没有因此亡了国，苏州街也就不是什么大错了，还是今天颐和园的一处著名旅游景点。但萧宝卷因此亡了江山社稷，这就是他荒淫无道的一大证据。

南齐亡后，梁武帝将潘玉儿赐给了有功的将军田安启，田将军不解风情，潘玉儿最终自缢，结束了她荒唐无比的一生。潘玉儿的极品是以她丈夫萧宝卷的极品为前提的，没有萧宝卷这未成年的荒唐皇帝的纵容，就不可能有潘玉儿的穷奢极欲。无论如何，在萧宝卷死后，潘玉儿自杀身亡。“玉奴终不负东昏”，苏东坡此语也算是给了潘玉儿一个正面评价。

张丽华

34

可怜玉树后庭花 唱罢秋风泣落崖

张丽华（560—589），南朝陈后主陈叔宝的贵妃。据《南史·后妃传》记载，张丽华出身寒门，是普通的兵家女，父亲和兄长还曾经以织卖草席为业，维持生计。陈宣帝太建元年（569年），在陈后主还是太子时，张丽华应召入宫，被派去服侍当时很受宠的龚良娣。陈后主在江南富庶之地，『生于深宫之中，长于妇人之手』，即位之后耽于诗酒，专喜声色犬马，标准的纨绔子弟，富二代加官二代。据说龚良娣生得花容月貌，堪称绝色，后主曾对她说：『古称王昭君、西施长得美丽，以我来看，爱妃你比她们美。』

张丽华入宫时年仅十岁，有一天被后主偶然遇见，后主大惊，端视良久，对龚妃说：『此国色也。卿何藏此佳丽，而不令我见？』龚妃那个后悔啊，不得不说：『妾谓殿下此时见之，犹嫌其早。』后主问何故，她说：『她年纪尚幼，恐微葩嫩蕊，不足以受殿下采折。』后主微笑，心里虽很怜爱，却也实是知其年纪幼小。谁知张丽华年虽幼小，但天性聪明，吹弹歌舞，一见便会；诗词歌赋，过目即晓。随着年龄的增长，越发出落得轻盈婀娜，进止闲雅，姿容艳丽，每一回眸，光彩照映左右，把陈后主给迷得更是在温柔乡里再也出不来了。

张丽华的头发

张丽华留给历史的背影，最著名的就是那一头柔顺的长发。“张贵妃发长七尺，鬒黑如漆，其光可鉴。”这是《南史》的描述。现在的一米是三尺，张丽华发长七尺，折算下来就是2.3米左右的长度，按照古人的身高，她的头发要比身高长得多了。即便古人的七尺和今天的七尺换算不一样，但我们常听说起“堂堂七尺男儿”，可见“七尺”应该是古代男性的常规身高了，像关羽、周瑜、诸葛亮等身高九尺，在古代绝对是高个子的。女性天生比男性身量矮小，张丽华作为陈后主的宠妃，估计不可能长成男人一样的身高，加上江南女子本就以娇小可爱见长，所以归结下来说，张丽华果然长了一头比自己身高还长得多的头发。能够记载于史册，可见她的一头长发是所有人都羡慕的，当然这也是她精心打理的结果，不然不可能柔顺、漆黑，还光亮照人。

祸国的《后庭花》

《后庭花》是一曲词牌名，最早的出处就是陈后主为张丽华所做的《玉树后庭花》：“丽宇芳林对高阁，新装艳质本倾城；映户凝娇乍不进，出帷含态笑相迎。妖姬脸似花含露，玉树流光照后庭；花开花落不长久，落红满地归寂中！”因为诗中有“玉树照后庭，花开不长久”的哀怨意思，加之此后不久陈国就在后主手中亡国了，这首诗也就被认为是亡国之音、不祥之兆。

中国史书历来喜欢把亡国的责任压到一个小女子的身上，陈后主和张丽华也是如此。陈后主叔宝，小字黄奴，他即帝位的时候，北朝的隋文帝杨坚正大举任贤纳谏，减轻赋税，整饬军备，消除奢靡之风，随时准备攻略江南富饶之地。而陈后主竟然奢侈荒淫无度，臣民也流于逸乐，给了隋朝以可乘之机。张丽华只是一个女人，一个聪明伶俐却没有大是大非、国家大义概念的女人。她确是艺貌双佳，更难得的是还很聪明，能言善辩，鉴貌辨色，记忆特别好。当时百官的启奏都由宦官蔡脱儿、李善度两人初步处理后再送进来，有时连蔡、李两人都忘记了内容，张丽华却能逐条裁答，无一遗漏。所谓“人间有一言一事，辄先知之”。她起初只执掌内事，后来开始干预外政。陈叔宝宠爱贵妃张丽华，“耽荒为长夜之饮，嬖宠同艳妻之孽”，到了国家大事也“置张贵妃于膝上共决之”的地步。后宫家属犯法，只要向张丽华乞求，无不代为开脱。王公大臣如不听从内旨，也只由张丽华一句话，便即疏斥。因此江东小朝廷，不知有陈叔宝，但知有张丽华。

陈叔宝不止宠爱张丽华，还有其他嫔妃。他曾建造临春、结绮和望仙三楼阁，自己住临春阁，张贵妃住结绮阁，龚贵嫔和孔贵嫔合住望仙阁。这三座楼阁，都用架空的平道相通，可以直接往来，陈后主每次召宾客与贵妃在一起游乐、饮酒，就叫来各个贵人以及有才学的宫女和狎客在一起作诗，互相赠答。再从中选出特别艳丽的诗作，当作歌曲的词，再配上新的曲调，挑选一千多名长得漂亮的宫女，命令她们学唱。学会后，再分队轮流演唱。陈后主用这样的形式来享乐，他编的新曲子有《玉树后庭花》、《临春乐》等，其歌词大概的意思，都是称颂张贵妃和孔贵嫔姿色美丽的。由于陈后主昏淫无道，使张贵妃与孔贵嫔的权势很大，气焰威逼朝廷。朝廷中文官武将，也不得不顺从她们的意向。而那些宦官以及靠阿谀奉承度日之人，更是内外勾结，公开行贿受贿，奖赏与处罚也没有什么标准，结果国家的政纪、法纪全乱套了。

胭脂井

隋文帝处心积虑地要灭掉陈朝，完成统一，当陈后主听说后，竟然认为“王气在此，役何为者耶”？手下大臣孔范也附和道：“长江天险，限隔南北，今日虏军，岂能飞渡耶？”君臣居然大事化小，无视隋文帝的勃勃雄心。公元589年，隋朝大军攻打建康，陈国朝廷一片惊慌失措，闹哄哄间陈后主不理会群臣的看法，只说：“非唯朕无德，亦是江南衣冠道尽，吾自有计，卿等不必多言！”大家听他说“吾自有计”，立即作鸟兽散。隋朝大将韩擒虎首先攻下朱雀门，本期望攻入宫中，抓住皇帝，立一头功，想不到宫殿中空空如也，鬼影也没有一个，陈后主不知去向，韩擒虎当即下令搜查。后宫佳丽都已列在景阳殿前听候发落，还不见张丽华与孔贵嫔。韩擒虎差一点把官苑掀翻过来，最后只剩下后花园中的一口枯井了，一群士兵趴在井口大呼小叫，但井中寂然无声。士兵中有人建议用大石头投入井中，这时井中忽然传来讨饶的声音。于是用粗绳系一箩筐坠入井中，众人合力牵拉，觉得十分沉重，大家首先以为皇帝的龙体确实不同凡体，等到拉上一看，才发现陈后主、张丽华、孔贵嫔三人，紧紧地抱在一起坐在箩筐中，士兵们一见欢声大笑。据传由于井口太小，三人一齐挤上，张丽华的胭脂被擦在井口，从此，这口井被叫做“胭脂井”，但也有人不齿于陈后主与张丽华、孔贵嫔的行为，把它叫做“耻辱井”。张丽华最终被晋王杨广斩杀在青溪中桥，年仅30岁。

倘若陈后主能够及早防备，隋军不见得就能轻而易举地渡过长江天堑；如果守城军士十万人能够齐心协力，隋军又焉能不战而屈人之兵；假使城破之时陈后主能够奋其勇毅，登高一呼，未尝不可以收取军心，重整旗鼓，拼掉韩擒虎的区区五百人马。无奈陈后主只是一个脂粉堆中出色当行的风云人物，一旦到了与敌人拼战的时候，简直就是一个胆小如鼠的窝囊废，自以为得计地投匿胭脂井中，不啻是死路一条，徒然给后人留下笑柄。陈后主的亡国，跟他自身有很大关系，张丽华等的存在只是加速了亡国的过程，这个“亡国”罪名二者都有份儿，不能单单说张丽华是亡国的“后庭花”。

唐朝大诗人杜牧有《泊秦淮》：“烟笼寒水月笼沙，夜泊秦淮近酒家。商女不知亡国恨，隔江犹唱后庭花。”随着诗作的广泛传唱，张丽华这朵“后庭花”就广为人知，并被永远地刻上了“亡国”的记号，飘荡在秦淮河的桨声灯影里，千年不散。

35 文明太后

云中北顾是方山
永固名陵闲玉颜

文成文明皇后冯氏，也就是北魏著名的冯太后，生于公元442年，薨于公元490年，享年49岁。冯皇后祖籍长乐信都（今河北省冀县），父亲冯朗为秦雍二州刺史、西城郡公。冯氏是北燕国君冯弘的孙女、太武帝拓跋焘昭仪冯氏的侄女。从冯家家谱来看，冯家算是当地王族，地道的汉族人。不过据《魏书》记载，冯氏母亲为乐浪王氏。冯弘曾经逃难到高丽，王氏就是冯朗在高丽时娶的。乐浪郡是西汉武帝开拓东北时建立的，郡治大概在今天的朝鲜半岛平壤大同江的南岸。在十六国时期，『五胡乱华』的大背景下，许多边塞胡人内迁，成为『汉化』很深的少数民族，同时边塞地区的汉人由于和胡人长期杂居，很多也受到了胡人风俗习惯的影响，『胡化』现象也处处存在。冯太后虽然父亲是河北人，母亲是朝鲜半岛人，自己却是出生在汉文化圈的中心地区——长安，嫁给了北魏文成帝拓跋浚，成功引领了北魏朝廷的汉化。魏孝文帝的『太和改制』，冯太后居功至伟。

坎坷的前半生

据说冯太后出生时，室内有奇特的神光，经久不散。可惜即便有神光出现，也没能给冯太后一个安稳的童年。父亲冯朗在北魏时因罪被杀，冯氏以罪犯家属身份进入宫中为婢。不幸中的万幸，姑母冯氏是太武帝拓跋焘的昭仪，在姑母的照拂下，小冯氏并没有受到太恶劣的待遇。慢慢长大成人的冯氏天资聪颖，又勤奋好学，说话文雅大方，做事干脆利落，深受拓跋浚的喜爱。北魏正平二年（452 年）三月，中常侍宗爱谋杀了太武帝，先立了南安王拓跋余为帝，旋即又杀害了拓跋余。几经波折，宗室拓跋浚继位，是为北魏高宗文成皇帝，冯氏被立为贵人，时年 11 岁。几个月中，朝廷上政治风云变幻，令人眼花缭乱，残酷的宫廷斗争，联系父祖以前大起大落的经历，使冯贵人深为触动。太安二年（456 年）正月，14 岁的冯氏被文成帝立为中宫皇后。冯氏几年间从宫中婢女一跃成为天下国母，不啻是天壤之别。但早谙世事的她，并无多少骄矜之色，只是勤劳地操持宫中事务，并不时关注着国事。冯后与文成帝的后宫生活是美满和谐的，然而，天不作美，冯后做皇后尚不到十年，和平六年（465 年）五月，被誉为“有君人之度”的文成帝竟英年早逝，崩于平城皇宫的太华殿，年仅 26 岁，这对冯后而言不啻为晴天一声惊雷。按照北魏的旧俗制度，文成帝驾崩后三日，宫中要焚烧文成帝生前的御衣器物等，这种葬俗至今在中国北方的一些乡村仍有遗存，谓之“烧三”，朝中百官和后宫嫔妃一起亲临现场哭泣哀吊。当火光燃起，悲哀不已的冯后仿佛又看到仪表堂堂的文成帝依稀再现在她的眼前，突然，她高声悲叫着扑向熊熊燃烧的大火。周围的人都被她的举动惊呆了，待回过神来，急忙冲上去从烈火中救出冯后。幸亏及时，冯后才未被烧死，但烟熏火烤，她早已不省人事。过了很久，她慢慢地睁开眼睛，突然间似乎对生死之事顿悟了。

两次临朝称制

和平六年（465年）五月，年仅12岁的皇太子拓跋弘即位，是为献文帝，冯后被尊为皇太后。孤儿寡母的北魏朝廷面临严重的危机，关键时刻，冯太后表现出果敢善断的政治才干，平定乙浑之乱，稳定政治局势，接着宣布由自己临朝称制，掌控朝政大权。这是冯太后第一次临朝称制，她凭借多年宫中生活的阅历和非凡的胆识，稳定了北魏动荡的政局。可是献文帝和冯太后对政治和经济改革的问题有着不一样的看法，冯太后决定还政给献文帝，专心抚养皇孙拓跋宏。献文帝亲政以后，贬斥了不少冯太后宠重与信任的人，并试图重用提拔一些对冯太后不满的人，以结成自己的心腹。一开始，冯太后对献文帝的所作所为虽然感到心中不快，但也没有立即发作。问题出在冯太后的男宠李弈身上。北魏拓跋氏迁都洛阳前在婚姻关系上尚保留着许多原始婚姻的形态与遗风，男女之防不甚讲究，贞节观念更是淡薄。李弈是官宦子弟，长得仪表堂堂、风流倜傥，兼之多才多艺，善解人意，因而深得冯太后宠爱，经常入侍宫中。献文帝看不过去，找人诬陷李弈兄弟，并借机下令将他们打入死牢，最终在冬天杀害。据《北史·后妃传》载，献文帝诛李弈，"太后不得意"。"显祖暴崩，时言太后为之也。"年轻的献文帝暴猝，当时就有人说是被冯太后毒死的。如果想看鸡血的风流艳史，可以说冯太后是为了自己的情人杀死了自己的儿子，虽然不是自己亲生的。但纵观冯太后一生，其政治手腕强悍，对国家政事有着敏锐的洞察力，这样理性的人，是不可能因为一个人而荒废了国家大政的。所以她和献文帝之间的矛盾，更多的解释应该还是对政治改革的不同见解，是政治斗争的一部分。

公元471年，太子拓跋宏即位，即是历史上著名的孝文帝。拓跋宏登基时年仅5岁，冯太后被尊为太皇太后，再度临朝听政，成为北魏的政治核心。这是冯太后的第二次临朝称制，此时的冯太后已年过而立，无论才识、气度还是政治经验，都更加成熟了，在她的领导下，北魏朝廷开始了"太和改制"。太和，是孝文帝的年号，历史上把这一时期的一系列改革称为"太和改制"。由于旧史的记载，人们往往在习惯上把这一功劳归于孝文帝，甚至径直称为"孝文帝改革"，而忽视了冯太后的实际作用。其实，在太和十四年

(490 年) 之前，冯太后一直临朝听政，作为北魏的实际执政者，她是“太和改制”真正的主持人。冯太后采取的这些重大改革措施，对于促进北魏由鲜卑族落后的生产方式向汉族先进的封建生产方式的过渡即封建化，起到了推动作用。此外，为了使鲜卑族逐渐适应汉族人民的生活方式和礼仪制度，冯太后大兴教育，尊崇儒法，禁断卜筮、谶纬之学，从而开始了鲜卑族的汉化过程。这一点，又为后来孝文帝迁都洛阳、推行大规模的汉化措施打下了基础，清除了障碍。

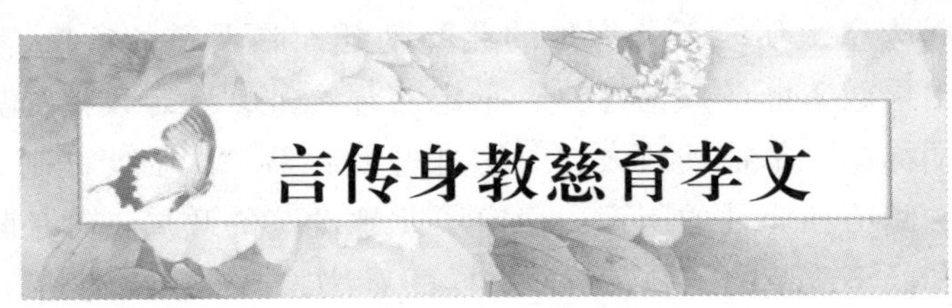

言传身教慈育孝文

冯太后在进行全面改革的实践中，并没有把孝文帝排斥在外，相反，她倒是尽可能让孝文帝参与，以便使他得到锻炼。正是由于冯太后的悉心培养，孝文帝才真正成熟起来，而且能够继承冯太后的改革事业，把“太和改制”推向高潮，这恰恰也是冯太后作为一位杰出政治家的成功之处。

孝文帝聪慧敏锐，对祖母太皇太后孝顺有加，在很小的时候，虽然冯太后有时对他严厉，他也没有丝毫的怨言与不满。冯太后也以一个慈祥祖母的身份培养、训导这位雅有至性的皇孙。长大后的孝文帝对祖母产生了深深的敬佩与仰赖，并逐渐成为冯太后得意的事业继承人。由于冯太后的亲自教育与监督，孝文帝手不释卷，刻苦读书，日复一日，孜孜以求，不仅对儒家经典的精奥谙熟于心，而且史传百家也无不涉猎，成了一位颇有才学的皇帝。冯太后在日常琐事上仁慈和善，一次她身体不舒服，服用庵闾子（一种中草药），主事的厨子却稀里糊涂地端上一碗米粥，由于粗心，他居然没有发现粥中竟有一支数寸长的蝘蜓（类似壁虎的爬行动物，俗称石龙子）。冯太后正要张嘴吃时，用汤匙轻轻一搅挑了出来。在一旁侍奉太后的孝文帝见此情状，很是恼火，狠狠地将那厨子大骂了一通，并准备处以严刑。冯太后却笑着摆摆手，把早已吓得体如筛糠的厨子释放了。孝文帝对此感触很深，很多年后也没有忘记。到他亲政后，也发生过类似的事情。一次是厨师在进食时不慎将热汤洒了，烫伤了孝文帝的手；另一次是他在吃饭时，也发现碗中有飞虫之类的东西。孝文帝既没有对厨师发火，也没有怪罪于人，只是和冯太后当年一样，一笑了之。

太和十四年（490 年）九月，49 岁的冯太后死于平城皇宫的太和殿，谥号文明太皇太后，葬永固陵。她临终时，曾降遗旨，并书之金册，安排了自己的后事。遗旨说：她死后，逾月即行安葬。山陵之制，务行俭约，其幽房设施、棺椁修造，不必劳费。陵内不设明器，至于素帐、缦茵、瓷瓦之物，亦皆不置。冯太后的死使孝文帝痛不欲生，五日内滴水未进，毁慕哀悼。对太后的陵墓规格，尽管高闾、游明根等鸿儒重臣多方要求按太后金册遗旨办，孝文帝仍坚持将坟陵拓宽 60 步，实际上这是对国君的葬礼规格。

冯太后和孝文帝，祖孙二人相互扶携，为北魏王朝发展壮大打下了良好的基础。这样的“祖孙配”，历史上能让我们熟记的还有清朝的孝庄皇太后和康熙皇帝。同样的祖孙和睦，同样的母子关系不合（孝庄皇太后和顺治皇帝的关系也不是很好），同样的少数民族政权，同样处于少数民族汉化的初期，同样的杰出，同样的贡献，历史真是惊人的相似。文明皇太后，虽然私生活让后代封建史学家诟病，但她的政治理想，她对北魏朝廷的贡献，是有目共睹的。

冯小怜 36

小怜玉体横陈夜 已报周师入晋阳

冯小怜（？—581），北齐后主高纬的淑妃，有姿色，擅琵琶，工歌舞。冯氏自幼入宫，充当后主穆皇后的贴身侍女，穆皇后宠衰，后主临幸冯氏，晋封淑妃，从此获得专宠。《隋书》说她『慧而有色』，《资治通鉴》和《北史》也说她『慧黠能弹琵琶，工歌舞』。言外之意，她不仅漂亮，而且聪慧非常。这样的冯小怜，跟我们固定印象中祸国殃民的红颜祸水并不完全相符，但『晋阳已陷休回顾，更请君王猎一围』说的也是冯小怜，聪明伶俐和娇媚荒唐，两种形象相差极大，为何会如此？冯小怜和北齐后主高纬之间到底有什么样的故事？一切都要从高氏家族的遗传基因说起。

变态的高氏家族

北齐建立国号实际是从文宣帝高洋开始的。一开始，高洋尚能励精图治，对外征战也多胜绩，但后来却沉湎酒色，凶暴异常。高洋曾砍了宠妃薛氏的脑袋，并把头颅拿到酒席上向众人展示，用她的骨头做成琵琶。更为变态的是，他有时发了感慨，边弹着用这个美女死人骨头做成的琵琶，居然还边流着眼泪唱词道："宁不知，倾城与倾国，佳人难再得啊。"高洋死后，其子高殷继位。高殷生性懦弱，很快便被他的叔叔，也就是高洋的兄弟高演抢了皇帝宝座。高演在位两年，暴病而亡，弟弟高湛继位。高湛淫色无度，逼嫂成奸，把高洋的皇后李祖娥强取为妃。李祖娥被逼怀孕，生下公主后，感觉愧对世人，羞愧不堪下杀死了女儿。高湛竟然把李氏的儿子太原王高绍德抓来说："你杀了我女儿，我就杀了你儿子。"高湛生子高纬，也就是冯小怜的丈夫、北齐后主。高纬的母亲胡太后也并不能算是个正常的人，就是她发表了那句名垂千古的名言："为后不如为妓乐。"北齐后主高纬就是在这样的家庭中长大，他的血液里流淌的是北齐高家的基因，无论是高家的哪一任皇帝，都是极尽变态疯狂之能事，而且大都活不了多久即莫名其妙地暴毙。相较起来，高纬已经是非常正常了，尤其在对冯小怜的宠幸上，更是难得的痴情种。

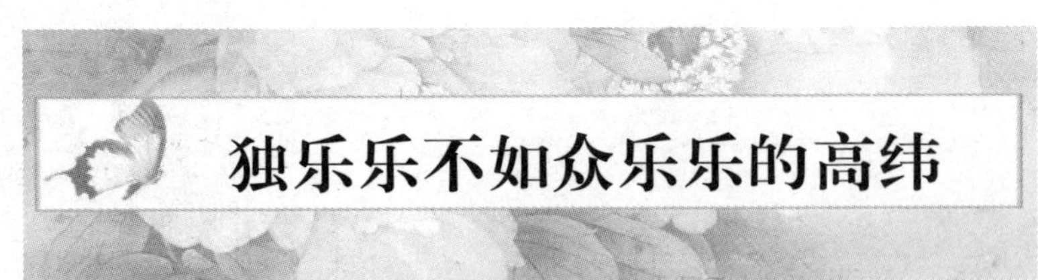

独乐乐不如众乐乐的高纬

高纬和冯小怜的缘分是从穆皇后那里开始的，冯小怜刚入宫时，是穆黄花皇后的贴身婢女。《北史》记载："（大）穆后爱衰，以五月五日进之。"冯小怜虽然出身寒微，但生得貌美如花，丽质天成，更兼之会琵琶、善歌舞，可谓色艺双全。更有比较夸张的传说，说冯小怜有一种天生的身体本钱，玉体在冬天软如一团棉花，暖似一团烈火，在夏天则坚如玉琢，凉若冰块，这让她很快便获得了齐后主独一无二的专宠。穆皇后把冯小怜献给高纬，为的是抵消齐后主对曹昭仪的宠爱，谁承想前门驱狼，后门进虎，高纬对她的宠爱非同寻常，就连与大臣们议事的时候，也常常让冯小怜腻在怀里或把她放在膝上，使议事的大臣常常羞得满脸通红，话说得语无伦次，无功而返。高纬封冯小怜淑妃，让她住在曹昭仪原本居住的隆基堂，又因为冯淑妃不喜欢隆基堂的摆设，高纬就命人全部换了新的。更夸张的是"独乐乐不如众乐乐"，北齐后主高纬最传奇之处就是，他认为像冯小怜这样可爱的人，只有他一个人来独享她的美艳风情，未免暴殄天物，如能让天下的男人都能欣赏到她的天生丽质岂不是大大的美事。于是经过一番设计与安排，让冯小怜玉体横陈在隆基堂上，以千金一观的票价，让有钱的男人都来一览秀色，这又是一次滑天下之大稽的作为，使北周武帝匿笑不已。

北周武帝率领大军攻打平阳（今山西省临汾）时，高纬和冯淑妃正在围猎。告急文书到了御前，高纬本来准备回来主持大局，可是冯小怜围猎的瘾头还没过，就央求高纬陪她再玩一会儿。高纬实在是太宠着这个淑妃娘娘了，什么军政大计都不顾了，同意陪美人儿再玩会儿。事后有人就说皇帝名字里有个"纬"字，淑妃请求"更杀一围"本就不是什么吉兆。待到高纬回朝时，平阳和晋州早已陷落。北周占领平阳后，北齐高纬居然讲出这样的话来："只要冯小怜无恙，战败又有何妨！"同年十一月，高纬率军本欲夺回晋州，北齐军队发扬"地道战"精神，挖好了地道准备攻城，将士们都准备好了，荒唐的皇帝却下诏书让攻城暂停，因为淑妃娘娘想看看地道是什么样子的。女人出门前的准备工作又太多，等冯淑妃装扮好来参观时，北周人已经发现了地道的存在，就用木头等东西堵塞了地道，从而贻误了战机，攻城因此宣告失败。就这样，高纬黑白颠倒地说此次抗击北周的军事行动中，淑妃娘娘居功至伟，并因此晋升冯淑妃为"左皇后"。两人并骑观看战局，军队东边稍有不稳，冯小怜就很害怕地说："我们要打败了。"战场上士气最重要，被她这么一吆喝，军心混乱，哪有不败的道理？

后来，高纬投降被押解到长安，求北周武帝饶了冯小怜，武帝何等英雄，说："朕视天下如脱屣，一老妪岂与公惜也！"仍把冯小怜赐还给了高纬。高纬被杀后，冯小怜被北周皇帝的弟弟代王宇文达所得，宇文达倒是很宠爱她，不过冯小怜忘不了高纬。一次弹琵琶时，因为琵琶弦断，作诗"虽蒙今日宠，犹忆昔时怜。欲知心断绝，应看胶上弦"来表达对北齐后主的思念。不久宇文达被杨坚所杀，她又做了武将李询的偏房，受尽了大妻的折磨，除了舂米、劈柴、烧饭、洗衣等吃重工作之外，还不时地遭到叱责和鞭打。冯小怜哪里经得起这样的摧残，最终被李询的母亲逼着自缢。

唐代大诗人李商隐的两首《北齐》诗，是对冯小怜一生的评价，流传广泛。其一：一笑相倾国便亡，何劳荆棘始堪伤？小怜玉体横陈夜，已报周师入晋阳。其二：巧笑知堪敌万机，倾城最在着戎衣。晋阳已陷休回顾，更请君王猎一围。北齐本来要比北周强大，但由于后主宠爱冯小怜，而使朝政紊乱，民不聊生，终至一蹶不振，而遭亡国之痛。冯小怜也从此被钉在了“亡国妖妃”的耻辱柱上，永世不得翻身。

独孤皇后

37

佳丽三千皆尘土
独掌后宫第一人

说起独孤皇后，相信大家第一反应就是隋文帝的老婆，那个传奇的、称霸后宫的独孤皇后。但是，历史上的独孤皇后有两个，而且是亲姐妹。北周的上柱国、大都督独孤信的两个女儿，一个嫁了北周明帝宇文毓，另一个嫁了当时的北周大司空、隋国公杨忠的长子杨坚，就是后来的隋文帝。这里说的就是第二个独孤皇后，隋文帝的皇后独孤伽罗，史称文献独孤皇后、文献皇后、献后。独孤皇后，生于公元553年，卒于公元602年，享年50岁。她们独孤家的血脉跟皇室相当有缘分，大独孤皇后嫁了周明帝，独孤伽罗嫁了『禅让』起家的隋文帝，他们的女儿乐平公主杨丽华又嫁了周宣帝宇文赟为后。虽然独孤伽罗的姐姐比自己先当皇后，女儿杨丽华也比自己先当皇后，但姐姐和女儿的名声都没有独孤伽罗留给历史的名声大。这个传奇的皇后，总是为后人津津乐道。

贤德为国

古代少女的婚事很少能自己做主，独孤皇后虽然是鲜卑族血统，但北周的鲜卑人已经和中原汉人没什么区别了，婚事也是“父母之命、媒妁之言”。独孤氏出身兵将世家，熟悉历史，文采斐然，又长得亭亭玉立、秀外慧中，是当时名门公子争相求婚的对象。说来好玩儿，父亲独孤信选来选去，最后因为相貌，为独孤伽罗选了杨坚为婿。杨坚长得怎么样呢？据史书记载，杨坚身材上身长下身短，眼如三角，额头宽阔，并且额头中央凸起，直贯头顶，相面的人说这是真龙天子的相貌。许是真龙天子跟凡人长得果然不一样，今天仔细想来杨坚的相貌，真正的身材不成比例，又长得一副奇奇怪怪的面相，三角眼还显得人很寡情，怎么看怎么不是好相貌。但就是这样的身材长相，因为是“真龙天子”相，独孤信就毅然决然地把小女儿独孤伽罗嫁给了杨坚。想来独孤信的算盘打得也相当精细，先把大女儿嫁给皇上，再把小女儿嫁给未来可能当皇上的人，不论时局怎么变化，独孤家都可以稳坐钓鱼台。这样的梦想最后在小女儿独孤伽罗身上实现了，可惜独孤信并没有看到，早早地死在了北周政局变幻中。

人说“嫁出去的女儿泼出去的水”，说“女生外相”，独孤伽罗也不例外。自从嫁给杨坚后，就一门心思地为丈夫谋划。公元579年，周宣帝禅位于年仅七岁的太子宇文衍，即周静帝。宣帝的皇后是杨丽华，即杨坚的亲女儿，周静帝就是杨坚的外孙。这时杨坚就以静帝年幼为由，总揽了军政大权。独孤伽罗这时也无暇考虑姐妹感情好不好，在大的利益下，一切都可以牺牲，于是她劝丈夫在关键时刻绝对不能手软，说：“现在您当皇帝已经是大势所趋了，而且已经是骑虎难下，如果不及时谋划，就是功高震主的灭门之祸，还当勉力为之。”就这样，杨坚终于于公元581年代周称帝，独孤伽罗也被立为皇后。独孤皇后并没有考虑皇后宝座的荣华富贵，而是思考要如何辅助夫君治理朝纲，竭力建设一个太平盛世。她劝谏丈夫一定要勤于政事，万不可贪图安逸、奢侈误国。她自己更是平日里生活俭朴，不好华丽。当时突厥与隋贸易，有明珠一盒，价值800万钱，幽州总管阴寿让她买下，她婉言谢绝：“如今戎狄屡次侵犯，将士征战疲劳，不如将800万奖赏有功之士为佳。”此举立刻朝野传闻，受到百官称赞。大都督崔长仁是独孤皇后的表兄，触犯国家王法，按律当处以斩刑，隋文帝看在皇后情面，有意赦免其罪。皇后进谏说："国家之事岂可顾私。"遂将崔长仁处死。隋文帝治政稍有不妥之处，她就忠心苦劝，对隋朝江山的稳定做了很多有益的事情。

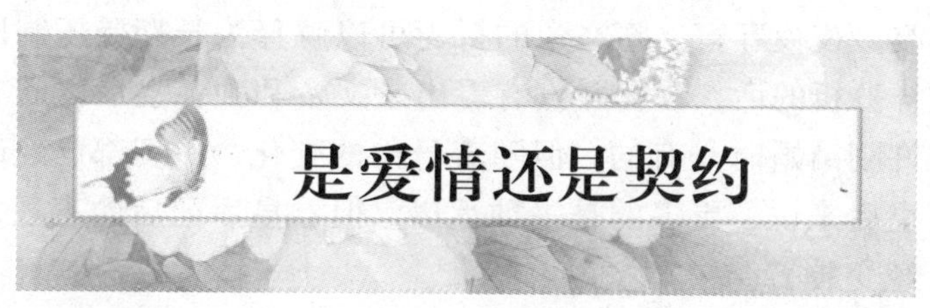

是爱情还是契约

由于唐太宗李世民的长孙皇后后来居上，独孤皇后的贤德在中国历史上并不是最出名的，但她有一项绝对是长孙皇后不如的，就是独霸后宫。有人羡慕之，说隋文帝和独孤皇后是难得的爱情传奇，更有夸张的、套用今天流行的穿越说，认为独孤皇后是穿越回去的，用现代人的聪明让隋文帝一生对她不离不弃，"一生一世一双人"，是个感人至深的爱情故事。最明显的证据就是独孤皇后在世的20多年间，二人一直过着一夫一妻的生活，后宫除了皇后，再没其他嫔妃，这在中国历代皇后是独一无二的。但事实又是怎样的呢？

首先，独孤皇后曾要求隋文帝发誓："此生永矢相爱，海枯石烂，贞情不移，誓不愿有异生之子。"文帝为此还颇为自豪地对大臣夸耀道："朕旁无姬侍，五子同母，可谓真兄弟也！岂若前代，多诸内宠。"其实，独孤皇后之所以限制文帝有同父异母之子，也是出于提防异母之子夺位争权的考虑。

其次，要保证后宫没有其他美女，独孤皇后就要亲力亲为伺候皇上的生活起居，防止意外的发生。每次文帝上朝，独孤皇后都要小心翼翼地侍候丈夫洗漱穿戴，然后与他同坐一辇，把他一直送到朝阁。皇帝上朝，自己则在殿下静静地等候，待散朝之后，又同辇返回内宫。这样的行动，她日复一日，不厌其烦地坚持着。在内宫，她对丈夫的生活起居照顾得无微不至，皇帝每餐的食谱、每日的装束等事她都亲自过问，妥善安置。每至深夜同寝的时候，她常在文帝耳旁回忆往事的情谊，细述夫妻的恩爱，用柔情蜜意来牵系住文帝的心。

最后，虽然如此，独孤皇后的柔情对于皇上来说，总有厌烦的一日。过于严厉的压制，造成了文帝的逆反心理。一次文帝曾偶遇后宫一妙龄少女尉迟氏，心血来潮，就忘了对皇后的誓言，宠幸了这个小美女。谁料想皇后知道后，就逼令尉迟氏上吊自杀了。虽然文帝并没为此和皇后闹翻，但不满意的情绪已经埋下，就等适当时机生根发芽了。这个适当时机就是独孤皇后的逝世。独孤皇后一死，隋文帝终觉得解脱了，开始尽情享受声色之娱。他封了两个宠妃，一个是“宣华夫人”陈氏，一个是“容华夫人”蔡氏。“宣华夫人”是南朝陈宫留下的美女，丰姿华容，肌肤润腻，温柔可人；“容华夫人”来自北方，风流娇媚，善解人意。两位夫人各具风韵，迷得文帝神魂颠倒，日日欢宴，夜夜春宵。隋文帝的行为可以解释为长期受压制以后的骤然反弹，但这样分析的话，看官并没有看出来文帝和独孤皇后之间有如何深厚的感情。也许刚结婚时是有的，但随着身份的变化，一切都已经改变了。隋文帝对独孤皇后来说，更多的是一种承诺，但看皇后死后的表现，他们的爱情似乎早已经变质了。

最大的失误

独孤皇后很贤德，对丈夫管制得也很厉害，充分说明了手腕的灵活。但她一生所犯最大的错误就是废了太子杨勇，改立晋王杨广为太子，就是后来的隋炀帝。独孤皇后这么一双睿智的眼睛，看得透政治、看得透人情，独独没看透杨广的演戏。事情的起因是太子杨勇和两个妃子的关系，独孤皇后为太子选定了太子妃元氏，杨勇自己却喜欢活泼乖巧的云昭训。元妃生性温婉贤淑，端庄有礼，独孤皇后很喜欢她，但杨勇却不听母亲的话，对此，独孤皇后心中大为不悦。晋王杨广却很会做戏，知道母亲不喜欢儿子宠爱偏妃，就装作一心一意的喜欢正妃萧氏，果然讨得独孤皇后欢心，她对隋文帝说：“广儿大孝，每听到我们派遣的使节到他的守地，他必定出城恭迎；每次谈到远离朝廷、父母，他都悲泣伤感；他的新婚王妃也可怜得很，广儿忙于政务根本无暇顾及她。我派使婢前去探视，王妃萧氏常常只能和她们同寝共食，哪里像勇儿与云氏，终日设宴取乐。勇儿真是亲近了小人啊！”于是，杨勇的太子地位变得岌岌可危了。

事有不凑巧，在太子妃元氏悒郁而终时，云昭训却为杨勇生下了儿子。本来元妃的死就让独孤皇后耿耿于怀，如今太子又违反了她所订下的规矩——“后庭有之，皆不育之，示无私宠”。因此，偏妃生子成了太子杨勇的罪孽，使皇后对他大为不满。三人成虎，太子杨勇又优柔寡断，没有弟弟晋王杨广的演技和心机，最终导致了开皇二十年年十月，隋文帝在独孤皇后的主张下，以太子“情溺宠爱，失于至理，仁孝无闻，昵近小人”的罪名而将他废为庶人。一个月后，又在独孤皇后的授意下，不好声色、专宠嫡妻的晋王杨广被立为太子，这就是历史上赫赫有名的隋炀帝，他登基后生生地挥霍完了文帝和独孤皇后努力多年创下的基业，导致了大隋王朝的短命，这是独孤皇后始料不及的。

太穆皇后窦氏 38

此生恨不为男子 所幸嫁得有志郎

我们在古装影视剧中常常会看到『比武招亲』的戏码，这并非空穴来风，成语『雀屏中选』说的便是这样的事，其中的男主角便是唐高祖李渊，女主角则是他的妻子——窦氏。窦氏（约569—约613），京兆平陵人，谥号为太穆皇后。窦氏为北周襄阳长公主与北周定州总管神武宫窦毅之女，是北周的皇族，自幼长在北周宫中。她聪慧异常，又果敢刚毅，言语不凡，她的舅舅曾为她的一番话而对其刮目相看。而窦氏和李渊的结合更是充满了传奇色彩，成婚后，窦氏成为了李渊的贤内助，窦氏还为李渊生下四子一女，子李建成、李世民、李元吉、李玄霸，女平阳公主，这些子女皆堪称人中龙凤。

才自精明志自高

后宫的女人们多姿多彩，有的跋扈，有的清高，有的善妒，有的贤德，还有一种便是精明志高，可以为君主分忧解难，成为其精神支柱的女人，唐高祖李渊的太穆皇后窦氏就是这样的女人。

窦氏出生于约公元569年，在《新唐书》中窦氏的描写为："后生，发垂过颈，三岁与身等。"这是说她出生便有不凡之处：胎发长过了脖颈，等到三岁的时候，头发已经长得和她的身高一样长了。

长大一点后，窦氏已经开始读《女诫》《烈女》等书目了，而且她能够一目十行，过目不忘。周武帝就很是喜欢这个小外甥女，为了能够常常看到她，于是便将其接入宫来抚养。

窦氏聪慧机敏，又在宫中长大，所以小小年纪便心思缜密异常，性格又比其他同龄的孩子成熟许多。在她不满十岁的时候，便做了一件让舅舅北周武帝刮目相看、心生佩服的事，通过这件事，武帝不再只拿窦氏当作一个可爱的小女孩来相待了。《新唐书》中记载了这件事："时突厥女为后，无宠，后密谏曰：'吾国未靖，虏且强，愿抑情抚接，以取合从，则江南、关东不吾梗。'武帝嘉纳。"这是说，当时北周武帝的皇后是和亲而来的突厥公主，武帝很不喜欢这个皇后，总担心她被突厥控制，会做出对北周有损的事来，所以并不肯亲近她。这本是后宫之中最为普通的事情，但是小窦氏看在眼中却发现了大问题，经过一番思考，她悄悄对舅舅说："中原还并不太平，外敌尤其是突厥都很强大。舅舅您既然已经接受了和亲这件事情，为什么不把这件事彻底地做好呢？您要以天下苍生的幸福为已任，安抚好突厥的公主。如果突厥成为了我们的朋友，那么江南和关东便不足为患。"武帝听了这一番话，深以为然，极力改变对待皇后的态度，并且对自己面前有着这样心思情怀的小女孩充满了佩服。

小窦氏不但聪慧机敏，更为难得的是她还是个非常有志气志向的女孩子，在她听到隋高祖杨广受禅后，气愤地说："恨我非男子，不能救舅家之祸。"这样的话从一个十几岁的女孩子口中说出，实在是让人心惊，能有这样的心气与志向的女孩子着实不多见。不过这话说出来便是祸，窦毅和襄阳公主听到了，吓得几乎魂飞魄散，如今他们一家是亡国之人，即便是小孩子这样说，也是灭族的大罪，他们赶紧掩住窦氏的口，说道：“汝勿妄言，灭吾族矣！”

他们没有想到的是，在多年后，自己的女儿协助夫君真的达成了这个心愿，即便不是男子，却也报了舅家之仇。

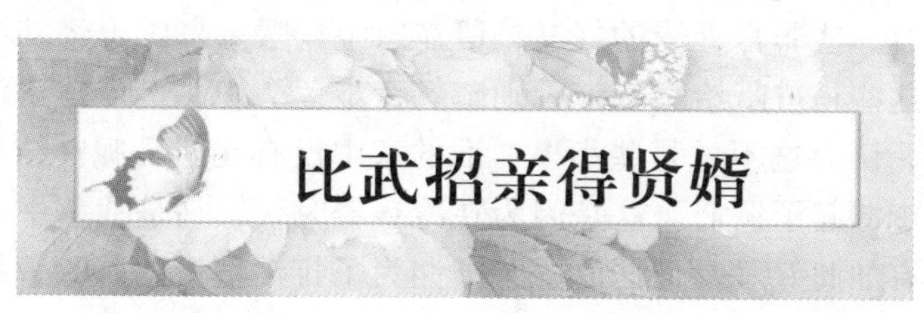

比武招亲得贤婿

待窦氏到了婚嫁的年龄，她的婚事成为了父母心中的一件大事。窦毅便常常对妻子襄阳公主说：“此女有奇相，且识不凡，何可妄与人？”这句话是说，我们的女儿有着非凡的容貌，更有着非凡的见识，怎么能轻易地就嫁给别人？于是，夫妻二人点算了一下周围的适龄公子们，不是纨绔子弟，就是膏粱少年，于是两个人将眼光放到了外界。

当时的社会，英雄辈出，豪杰不断，想要选出一个能够配得上窦氏的英雄想来也不是什么太难的事。基于这样的想法，窦毅夫妻采取了比武招亲的方式来为女儿窦氏选婿。不过，这场比武招亲并非设个擂台，你也来打，我也来战，乱成一团。窦家设置的擂台，是将一个画有两只孔雀的屏风放在擂台间，求婚者只许射出两箭，要分别射中画中孔雀的眼睛。这是很有难度的，因为屏风本就不大，画中又有两只孔雀，孔雀的眼睛就更是小之又小，能够射中的人，必定要箭术超群，且心思细腻沉稳。此擂一出，台下本想求婚的人立刻少了一半，还有几十个人觉得自己可以射中，可惜试过才知，自己的能力有限，终告挑战失败。到了最后，一个叫李渊的年轻人稳稳地射出两箭，射中了孔雀的两只眼睛。窦毅夫妻见识到李渊的箭艺，又见到李渊的为人洒脱，相貌不凡，且为世袭唐国公，简直是不二人选。就这样，李渊成功地娶到了窦氏，这便是成语“雀屏中选”的来历。

窦氏嫁给李渊之后，不仅恭谨持家，还为李渊分忧解难。李渊曾是隋炀帝的臣子，一日，隋炀帝看到李渊满脸皱纹的脸，不禁笑着称李渊是“阿婆”。李渊听了这样的叫法，心里就很不开心，回到家中也闷闷不乐，窦氏见了，便问原因，李渊又气又无奈地说明了缘由，窦氏听了便立刻笑了出来，向李渊贺喜道：“我看这根本就是吉兆，您为什么要生气呢？您是唐国公，‘唐’就是‘堂’啊，而皇上说您是‘阿婆面’那就是说您是‘堂主’啊！”

话说到这里，李渊心里的疙瘩解开了：窦氏的话说得虽然含蓄，但主旨明朗，隋炀帝的这句话成为了谶语，注定了李渊要做皇帝，取而代之。

其实我们可以看出，窦氏的这番解释委实有些牵强，完全是为了给李渊解忧，不过解忧的话能说得这么大气磅礴，窦氏也确实不简单。而事实也果如窦氏所说，李渊最终成为了中原的主宰，大唐的开国皇帝。

李渊曾有一些非常喜爱的好马，留在家中饲喂。窦氏曾经劝说李渊，希望他尽早把这些马进献给皇帝，否则隋炀帝难免会妒忌。可是李渊并没有听从窦氏的话，认为这不过是些小事，谁的家中没有几匹马呢？结果，隋炀帝知道后，对李渊起了疑心。这是因为在冷兵器时代，马是战争中非常重要的因素，家中有如此好马是何居心呢？李渊为了打消皇帝的疑心，最终将马献给了皇帝。只是这疑心已出，又岂能是几匹马就能够消除的呢？在李渊献马的时候，窦氏已经去世了，李渊回想起来窦氏曾经劝说过自己的话，后悔不已，对子女们叹息着说："想当初，你们的母亲曾经劝过我的，可惜我并没有听从她的劝说，不然何以至此啊！"

窦氏是在约公元613年时病逝的，当时只有45岁，她为李渊生下了四子一女，分别是：李建成、李世民、李元吉、李玄霸和女儿平阳公主，都是非常出色的人物。李世民自不必说，即便是在宣武门之变中失势的李建成、李元吉也并非世人所想的那般不堪，他们皆是功勋卓著、在建立大唐王朝时有着赫赫战功的出色将领。

窦氏死的时候，李渊还并未成为唐朝的皇帝，等到李渊登基之后，追封窦氏为皇后，谥号为太穆皇后。而李渊虽然亦有众多妃嫔，但在他的心中又有谁能取代得了窦氏的位置呢？那么多年的相濡以沫，那么多年的知心相伴，窦氏想必早已融入到自己的生命中，叫人如何能忘？李渊再也没有立过皇后，这也许是对窦氏最深刻的祭奠吧。

长孙皇后

39

林下何须远借问
出众风流旧有名

长孙皇后，她的声名几乎无人不知、无人不晓，但凡稍通中国史的人，估计没人不知道唐太宗李世民和他的贤后长孙氏。长孙皇后名字叫什么还真没人知道，只知道当时佛教盛行，她的小名叫做观音婢。虽然她大名叫什么几乎没人关注，但这并不妨碍人们称她为『长孙皇后』，似乎这个名称生来就是为她准备的，已经成了一个专有名词，无论再有哪个长孙氏的人为后，都不能称为『长孙皇后』，因为『长孙皇后』只有一个！长孙这个姓氏说明了她的血统，《新唐书》记载：『太宗文德顺圣皇后长孙氏，河南洛阳人。其先魏拓跋氏，后为宗室长，因号长孙。』可见，长孙皇后本就出身高贵，为鲜卑拓跋皇室后裔，父亲为大隋右骁卫将军长孙晟。公元613年，长孙氏嫁于李渊次子李世民，时年13岁，李世民15岁。这时的长孙氏虽然年幼，却知书达理、温柔贤淑、孝敬公婆、尽行妇道，全家人都称她为贤良淑德的女子。公元618年，李渊建立大唐，封次子李世民为秦王，立长孙氏为秦王妃。公元626年，李世民被立为皇太子，长孙氏遂成为太子妃。不久李渊禅位，李世民继位为唐太宗，长孙氏终成『长孙皇后』。

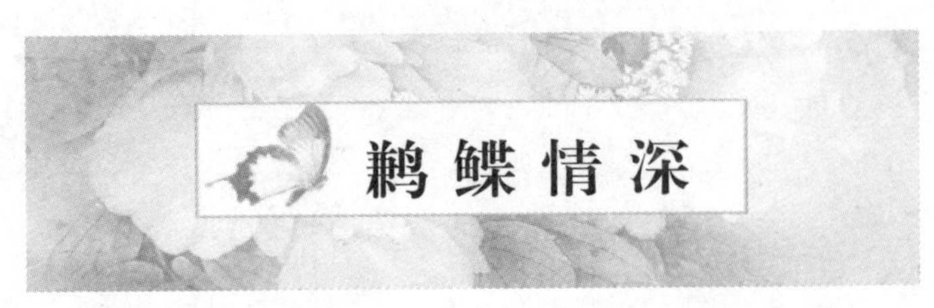

鹣鲽情深

长孙皇后的文采如何，可以从一首《春游曲》中窥得端倪：“上苑桃花朝日明，兰闺艳妾动春情。井上新桃偷面色，檐边嫩柳学身轻。花中来去看舞蝶，树上长短听啼莺。林下何须远借问，出众风流旧有名。”诗作的文采在大唐盛世的光环下并不出众，但作者在诗作中透露出的自信却无人能比。诗中描写的是一位宫妃在春日桃花盛开之时，翩翩穿行于桃柳花红中，她骄傲地认为，桃花之所以红艳是因为“偷”得了她的“面色”，嫩柳之所以翩然是“学”得了她的“腰身”；她自负地认为，无须说出名姓，世人也晓她是谁，因为她的出众风流已是远播中外，有口皆碑，这就是自信的长孙贤后。唐太宗和长孙皇后的感情，从皇后逝世后太宗的行为中可以明显看出来。唐太宗是一代圣明君主，却为长孙皇后开了许多先例，这和隋文帝及独孤皇后靠誓约得来的“爱情”形成了鲜明反差。

第一，长孙皇后病逝后，太宗依据皇后“因山为陵”的遗言，将其埋葬在九嵕山。皇后入葬元宫后，太宗在元宫外的栈道上修建了起舍，命宫人居住其中，如侍奉活人一般侍奉皇后——这种对已逝之人却供养如生的例子极其少见，几乎为太宗首创。可见在他心里，长孙皇后永远是活着的。接着太宗又在宫中建起了层观，终日眺望昭陵，这种行为是违反封建礼教传统的，所以遭到了魏征的反对，这就是太宗“望陵毁观”的故事。在男尊女卑的封建社会，太宗如此张扬地思念皇后，必然会被人诟病。其实唐太宗作为封建帝王，对此规则不可能不知，但他还是毫不避讳建层观，望昭陵，还拉着大臣一起来怀念，如果不是用情太深，情难自已，又怎么会明知故犯呢？

第二，因为对皇后思念不已，唐太宗亲自抚养了长孙皇后的幼女晋阳公主和幼子李治。为什么要留他们在身边亲自抚养，《唐会要》中是这样记载的：“晋王以文德皇后最少子，于后崩后累年，太宗怜之，不令出阁。”这同时可以在《新唐书·晋阳公主传》中得到复证。太宗亲自抚养幼子幼女的用意不言而喻，因为宠爱其母，所以亲养其子，并以子思母，借此来慰藉自己苦闷和空虚的心灵。

第三，贞观十四年，长孙皇后的第二子魏王李泰为了争夺太子之位，抬出生母长孙皇后讨好父王。他的办法是在洛阳伊水岸边的龙门山上大兴土木，修建了伊阙佛龛，为母亲祈福。这时长孙皇后已经逝世五年多了，遥想隋炀帝当年为了帝位，想办法讨好父亲的宠姬宣华夫人，而李泰同样是为了帝位，却抬出了已过世多年的母亲。这足以充分说明李世民对他的爱妻是多么痴心长情，不仅没有人走茶凉，她的子女在她身后仍因为父亲对母亲的深爱而备受呵护，而嫡子们对母亲的态度甚至能影响太宗对他们的宠爱度。九王李治也有学有样，在贞观二十二年建起了一座宏伟富丽的大慈恩寺来纪念母亲。西安大慈恩寺规模宏大，共有十几个院落、1897 间房屋，云阁禅院，重楼复殿，十分豪华。唐玄奘称其为“壮丽轮奂，今古莫俦”。在今天看来，这是过于宠信佛教的一项劳民伤财的工程，在当时的社会背景下，如果没有皇帝的支持和默许，太子是没有能力和胆量如此做的。

唐太宗对长孙皇后的宠爱和思念并不是牵强地表现在形式上，而是渗透在了太宗生活中的每一部分，这样的思念在长孙皇后逝世后随处可见。我们常说“一个成功的男人背后，一定站着一个伟大的女性”，反过来，在一个男权的世界里，一个女人无论多么强势多么出众，若没有男人的垂青，她几乎不可能名垂青史。可以说长孙皇后之所以能够成为千古传颂的贤后，唐太宗居功至伟。

朝服进谏

长孙皇后的贤德之处，最为历史称道的就是“朝服进谏”，即《文德后谏言》：太宗曾罢朝，怒曰：“会杀此田舍汉！”文德后问：“谁触忤陛下？”帝曰：“岂过魏征，每廷争辱我，使我常不自得。”后退而具朝服立于庭，帝惊曰：“皇后何为若是？”对曰：“妾闻主圣臣忠。今陛下圣明，故魏征得直言，妾幸得备数后宫，安敢不贺？”

文德后就是长孙皇后，谥号文德，也称文德圣皇后。这个故事翻译成白话文就是：一次魏征在上朝的时候，跟唐太宗争得面红耳赤。唐太宗实在听不下去，退朝以后，憋了一肚子气回到内宫，气冲冲地说：“总有一天，我要杀死这个乡巴佬！”长孙皇后很少见太宗发那么大的火，问他：“不知道是谁惹怒了陛下？”唐太宗说：“还不是那个魏征！他总是当着大家的面侮辱我，叫我实在忍受不了！”长孙皇后听了，一声不吭，回到自己的内室，换了一套朝见的礼服，向太宗下拜。唐太宗惊奇地问道：“你这是干什么？”长孙皇后

说："我听说英明的天子才有正直的大臣，现在魏征这样正直，正说明陛下的英明，我怎么能不向陛下祝贺呢！"这一番话就像一盆清凉的水，把太宗满腔怒火浇熄了。长孙皇后就是用这种女性特有的温柔，用一种和朝中大臣不一样的方式提醒唐太宗，用一种太宗更容易接受的方式发挥着劝谏的作用。

这样的事情不止一件。长乐公主是唐太宗与长孙皇后的掌上明珠，出嫁时向父母提出，所配的嫁妆要比永嘉公主加倍。永嘉公主是唐太宗的姐姐，正逢唐初百业待兴之际出嫁，嫁妆因而比较简朴；长乐公主出嫁时已值贞观盛世，国力强盛，要求增添些嫁妆本不过分。但魏征听说了此事，上朝时谏道："长乐公主之礼若过于永嘉公主，于情于理皆不合，长幼有序、规制有定，还望陛下不要授人话柄！"唐太宗本来对这番话不以为然。时代不同，情况有变，未必就非要死守陈规。回宫后，唐太宗随口把魏征的话告诉了长孙皇后，长孙皇后却对此十分重视，她称赞道："常闻陛下礼重魏征，殊未知其故；今闻其谏言，实乃知真社稷之臣也。妾与陛下结发为夫妇，情深义重，仍恐陛下高位，每言必先察陛下颜色，不敢轻易冒犯；魏征以人臣之疏远，能抗言如此，实为难得，陛下不可不从啊！"于是，在长孙皇后的操持下，长乐公主带着不甚丰厚的嫁妆出嫁了。长孙皇后不仅是口头上称赞魏征，还派中使赐给魏征绢四百匹、钱四百缗，并传口讯说："闻公正直，如今见之，故以相赏；公宜常秉此心，不要转移。"魏征得到长孙皇后的支持和鼓励，更加尽忠尽力，经常在朝廷上犯颜直谏，丝毫不怕得罪皇帝和重臣。也正因为有他这样一位赤胆忠心的谏臣，才使唐太宗避免了许多过失，成为一位圣明君王。这中间长孙皇后的身影当然也随处可见。

《女则》

中国古代对女子有诸多要求，这可以从女四书中看出来，但若论流传广泛、知名度高，当属《女戒》和《女则》，其实这是两本截然不同的书，却因书名相近被很多人混淆。《女戒》为东汉才女班昭的杰作，主要教导班家女性做人的道理，包括卑弱、夫妇、敬慎、妇行、专心、曲从和叔妹七章。《女则》却为长孙皇后所编，内容多采集古代后妃的得失事迹并加以评论，用来教导自己如何做好一位称职的皇后。据说长孙皇后去世后，宫女把这本书送到唐太宗那里，太宗看后恸哭，对近臣说：“皇后此书，足可垂于后代。”并下令把它印刷发行。宋以后，因着女子不得干政，《女则》这部唐朝的后妃教科书便失去了其应有的价值，最终失传。《女则》是历史上最早雕版印刷的书，是唐太宗李世民认为可以作为后世典范的书，为什么没有流传下来呢？它的消失或许恰恰能证明这本书绝对不是宣传“三从四德”、“女子无才便是德”的好教材。长孙皇后将历代著名女子的言行摘录汇集，并点评其得失，用现代话来说，《女则》是一部第一夫人所著的、后宫版的《资治通鉴》。如果为史官所作，也只是理论上的意义，而这位皇后所作，可是身体力行的实践操作。从长孙皇后所著的《女则》中，我们可以看到一个鲜活的形象，一个不同于封建传统女性的形象。她聪明睿智，却又温婉可人；她从善如流，却同样坚持原则；她不干政，却帮助太宗创造了贞观盛世；她依附于太宗，却又是独立自由的个体。总之，她是一个传奇，是历史女性不可超越的传奇，是独一无二的“长孙皇后”。

40 高阳公主

世间安得双全法 不负如来不负卿

高阳公主（？—653），唐太宗的女儿。在表现唐朝前期历史的影视剧中，高阳公主的形象多半是一个飞扬跋扈、淫乱不堪的公主，特别是她和驸马房遗爱以及辩机和尚之间的感情纠葛，更是人们津津乐道的事。可是这件言之凿凿的事情，真的就如大家知道的一样吗？身为一国公主，难道就如此淫乱不堪，而高僧辩机，也当真就这般不守清规戒律吗？如果这些都不属实，那么高阳公主到底是个怎样的女人，她究竟是不是唐太宗最为宠爱的女儿？高阳公主的身上实在有着太多的疑问等着我们去解答。

一生皆不确定

高阳公主是一个颇有争议的人物，她的一生有着太多的不确定。她是唐太宗李世民的女儿，不过她的母妃是谁，已不可考。根据一些史料上的记载，经过一些学者的考证，认为高阳公主为庶出，且母妃的地位也许并不很高。

唐太宗有二十一位在世的公主，《新唐书》中记载，高阳为第十七女，不过，这第十七女的身份也有待考证，因为在《全唐文》中有一份《封高阳公主制》记载的是唐玄宗第二十女被封为了高阳公主。但是，在《新唐书》中玄宗却没有女儿被封为高阳公主，所以有人便认为这是太宗的女儿高阳公主的册文被放错在玄宗的卷宗里面了。

很多人都认为高阳公主是唐太宗最喜欢的一位公主，因为《旧唐书》中有这么一句话："初，主（高阳公主）有宠于太宗，故遗爱特承恩遇，与诸主婿礼秩绝异。"这句话是说，高阳公主很受唐太宗的宠爱，所以太宗爱屋及乌，连驸马房遗爱也得到了优厚的待遇，同其他驸马所受的礼遇大不相同。可是能单凭这样的一句话就断定太宗最心爱的女儿就是高阳公主吗？只怕还是不能。高阳公主在后来因为谋反一罪被赐自尽，可是，同样是太宗的女儿，城阳公主她的驸马杜荷卷入李承乾的谋逆案被杀，但城阳公主却没有受到过重的责罚。并且，在贞观七年的时候，唐太宗的长乐公主出嫁，太宗便希望能为公主准备丰厚的嫁妆，嫁妆数额比永嘉长公主多出一倍来，这件事情还是魏征出面制止，加上长孙皇后背后劝阻，太宗方才打消了这个念头。

此外，史料上记载的太宗皇帝宠爱的公主还有一些，如豫章公主、城阳公主、新城公主等。更有一位早逝的晋阳公主，据说这位公主能够写得一手飞白体，与唐太宗的笔迹几乎一致，真假难分，可想而知她与太宗的亲近程度。所以，驸马房遗爱得到太宗的特殊待遇，极有可能是因为父亲房玄龄的原因，而非是因为妻子高阳公主。

高阳公主与高僧辩机之间的不伦情事也是一件不确定的事。这件风月案最早出现在《新唐书》中，到了《资治通鉴》里面就更有模有样，丰满完善了，再等到了宋仁宗之后，这段情事成为铁一样的事实，没有人再去考证这段到底是真的历史，还是杜撰，高阳公主也因此成为了淫荡女人的代表，这个不确定，让高阳公主连名节也没有了。

高阳公主的一生，还有着一个更大的“不确定”，那便是她参与谋反之事，而高阳公主也因为此事被唐高宗李治赐其自尽。事情要从房玄龄的长子房遗直说起，房遗直因为是嫡长子，所以嗣承了父亲梁国公的爵位，这让高阳公主心生不满。高阳公主认为这个爵位应该属于自己的丈夫房遗爱，于是她便依仗着自己的身份，上告房遗直，说他对自己无礼。这件事与家与国都是大事，于是长孙无忌便决议彻查，令高阳公主没想到的是，自己所告之事还没调查清楚，却查出了房遗爱参与了荆王李元景谋反一事，房家也因为此事而遭受了灭顶之灾。高阳公主只不过是个骄纵的女人，哪里明白政治的残忍。这件皇室谋反案远没有看上去那么清晰、简单，是宗室力量与长孙家族的较量，还是皇室对宗室的政治大清洗，历来对于此事可谓众说纷纭。总之，高阳公主夫妇因为这件事双双被赐死，他们的子女也都被流放到了岭南一带。

这便是高阳公主的一生，皆不确定！

与和尚辩机的爱情故事

高阳公主之所以小有名气，皆是因为她和辩机那一段莫须有的情事。这件事被后人演绎得异常生动，这究竟是怎么一回事呢？

高阳公主在十几岁的时候，便被父亲唐太宗指婚给了房玄龄的次子房遗爱。房遗爱是个什么样的人呢？史书上记载“诞率无学，有武力”。也就是说，尽管他是宰相房玄龄的儿子，但和自己善于谋略的父亲丝毫不同，他是个不学无术、孔武有力的人。这样的人，很是不合小公主的口味，他们之间毫无共同语言。可是，面对父皇为自己选的驸马，尽管高阳公主心怀不满，却毫无办法，毕竟一个公主的婚姻多半都是政治联姻，又有几个能得到爱情呢？

为了排遣自己的烦闷，她开始纵情玩乐。一次她和驸马房遗爱一同出猎，因为游玩得累了，夫妻二人便来到一座草屋前，想要休息一下。就是这座草屋里，走出了一个让高阳公主怦然心动的男人，那便是辩机和尚。想来这辩机和尚定是容貌清秀俊美，又因为其学识渊博而显得温文尔雅，总之，他完全符合了高阳公主对于男性的全部幻想。而高阳公主亦如娇艳高贵的仙子一般闯入了辩机的生活，搅乱了他本来平静向佛的心。高阳公主的似火热情融化了辩机的佛心，两个人初次见面便情难自禁。那么，驸马房遗爱呢，他又是如何表现的呢？房遗爱的做法很令人不解，他斥退了在场的下人，由自己亲自看守草屋，以防有人打扰妻子和辩机幽会。丈夫能够做到这样，也算是极品人物了。

高阳与辩机的爱情一发不可收拾，两个人此后不断地约会，而驸马房遗爱每次都很配合，毫无怨言。高阳公主为了报答驸马的合作之举，特意挑选了两名年轻貌美的少女送去，驸马自然笑纳，这对夫妻在婚后第一次这般默契。

初次感受到爱情玄妙的高阳公主总是难以抑制自己对辩机的想念，恨不得朝朝暮暮能够厮守，可是辩机此时已是高僧，纵然被爱情冲昏了头脑，也还有一丝理智尚存，每当高阳公主恋恋不舍地离开后，辩机总觉得自己难免会堕入地狱，万劫不复。可是当公主再来的时候，自己又是那样难以拒绝。这样的煎熬让辩机痛苦不堪，终于机会来了，辩机被选为玄奘法师所带回经书的译者之一。这件工作是每个僧人梦寐以求的，辩机更不例外，何况他还希望能够借此远离高阳，远离这份炽热灼人的爱。高阳呢，自然也明白辩机这份使命的光荣，为了能够让爱人专心译注，不得已，只好含泪退让。

分开之际，高阳将自己常用的玉枕送给了辩机，其心思不言而喻：这本是自己最贴心最常用之物，就让这玉枕陪着你，就好像我时刻在你身边一样。辩机收了玉枕，便开始了译注的日子。本以为这件事就此告一段落，但谁知高阳赠予辩机的玉枕被小贼盗去，小贼又被官衙抓住，这么华丽的玉枕一看便是宫中之物，可是这小贼只说是从寺庙中盗来，这事须得好好调查。可是这一番调查下来，查到的却是高阳公主与辩机偷情之事，一纸奏章放到了太宗的案上，太宗看后，气得七窍生烟，当即判了辩机腰斩极刑。至于高阳公主和房遗爱，终归是皇家的人，皇家的脸面总要顾忌，可怜公主身边的十余个奴仆，全被判处了死刑，而太宗对于高阳公主也不再宠爱如初了。这件事在《新唐书》中是如此记载的："会御史劾盗，得浮屠辩机金宝神枕，自言主所赐。初，浮屠庐主之封地，会主与遗爱猎，见而悦之，具帐其庐，与之乱，更以二女子从遗爱，私饷亿计。至是，浮屠殊死，杀奴婢十余。"

那么事情真的是这样吗？首先，在《旧唐书》中，根本没有关于高阳公主和辩机和尚的描写，所以它的史实性是很值得怀疑的。其次，隋唐时期，对于僧侣的管理十分严格，寺庙对于僧侣的出入都会进行登记在册，辩机又是有名的高僧，是玄奘的高徒，如何常与高阳公主私会而不被别人发现呢？最后，高阳公主与辩机之间的年龄差距也并不小，并且，就算房遗爱不管妻子，要知道高阳公主的婆婆可是有名的“千古风流一坛醋”卢氏，她怎么能容忍儿媳做出如此之事？

所以，高阳公主背了千年的罪名，甚至都算不上“莫须有”，真是可怜可叹。

文成公主

长亭悠悠千秋梦 关山迢迢万里情

随着青藏铁路的开通，进藏旅游的人越来越多，人们会发现，在藏区的著名旅游景点中，但凡能看到松赞干布的地方，就一定有文成公主的身影：布达拉宫、大昭寺、小昭寺等，皆是如此。在藏族人的心目中，文成公主和他们的王——松赞干布有着一样的地位，都是为藏族的繁荣做出了突出贡献的人。在汉族，在大唐盛世的传奇里，文成公主同样如此。文成公主毫无疑问是李唐皇室宗亲，却并不是唐太宗李世民的嫡亲，她只是任城王李道宗的女儿。唐太宗高瞻远瞩，『贞观盛世』是大唐的第一个高峰，他对周边少数民族多采取柔抚的政策，被北方草原民族尊称为『天可汗』。他相信『不战而屈人之兵』才是上策，相信『一桩婚姻可以顶十万雄兵』，所以当松赞干布提出『尚公主』请求时，唐太宗敏锐地看到了一个女子对国泰民安的影响。他同意嫁个公主给松赞干布，当时的吐蕃（西藏）对于中原文明高度发达的大唐来说，还只是一个尚未开化的蛮荒之地。唐太宗不舍得自己的亲生闺女去受这份罪，但赐婚的作用又是巨大的，所以这样的事情就落在了同样是李唐宗室之女、远嫁却也不足以让太宗太痛心的任城王女儿身上。可以说，是『文成公主』的名号成就了这个原本默默无闻的女孩，给了她一个足够彪炳万世的功绩。

不一样的“和亲”

中原王朝外嫁的公主数不胜数，在锦衣怒马、十里红妆的送嫁队伍中，有两个人的身影最为清晰，一个是汉朝的王昭君，另一个就是唐朝的文成公主。这两个外嫁的女人都为两国关系的和平稳定付出了自己的一生，都为当地少数民族生活质量的提高做出了突出贡献，都被当地老百姓自发地敬仰和尊重。但她们两个又不一样。中国历史上，需要用“和亲”政策的不外乎两种情况：一种是国力衰弱，以和亲委曲求全，以结好番邦；另一种则是国力强盛，威震四海，以和亲安抚边远之邦，有赐婚的意味。前者是持卑微之姿，利用女性的美貌和柔媚，来缓和战场上的冲突；后者却是趾高气扬，宣展大国之姿，用亲戚关系来笼络感化疆外野民。汉初吕后把汉宗室女嫁给匈奴属于前者，王昭君远嫁虽然看起来是匈奴单于“尚公主”，但大汉并没有说“不”的权力，所以也属于不得不和亲的前一种情况。而文成公主远嫁吐蕃，就是后一种和亲情况的典范，是展示大唐国力、抚远外夷的表现。所以唐太宗可以选择不用嫁自己的女儿，而且既然是“赐婚”，唐朝作为娘家人就有为女儿挑选夫婿的权力，这就是著名的“六难婚使”故事，至今在拉萨布达拉宫和大昭寺内的壁画上依然完整地保存着。

相传，松赞干布的求婚使禄东赞携带众多的黄金、珠宝等，率领求婚团前往唐都长安请婚。不料，天竺、大食、仲格萨尔以及霍尔王等同时也派了使者求婚，他们均希望能迎回贤惠的文成公主做自己国王的妃子。为此，唐太宗李世民非常为难。为了公平合理，他决定让婚使们比赛智慧，谁胜利了，便可把公主迎去。

第一试：绫缎穿九曲明珠，即将一根柔软的绫缎穿过明珠（有说汉玉）的九曲孔眼。禄东赞把丝线系在一只蚂蚁的腰部，蚂蚁带着丝线，爬过明珠的九曲孔道，丝线也就带过来了。

第二试：辨认一百匹骒马和一百匹马驹的母子关系。禄东赞把母马和马驹儿分开关了一天，断绝了马驹儿的饲料和水。第二天，再把它们放在一起。饿慌了的马驹儿分别奔到自己的母亲那里去吃奶，它们的母子关系也就认出来了。

第三试：规定百名求婚使者一日内喝完一百坛酒，吃完一百只羊，还要把羊皮揉好。禄东赞让跟从的一百名骑士排成队杀了羊，并按顺序一面小口小口地咂酒、小块小块地吃肉，一面揉皮子，边吃边喝边干边消化，不到一天的工夫，吐蕃的使臣们就把酒喝完了、肉吃净了，皮子也搓揉好了。

第四试：区分一根两端一样粗细且外表涂了油漆的木柱哪端是根部哪头是茎部，也就是一根木头哪一边是头，那一头是脚。禄东赞就将木头放到水中，沉入水中较深的那端就是根部。

第五试：夜晚出入皇宫不迷路（也有说是辨认京师万祥门内的门）。唐都长安的建筑是棋盘格式，街道纵横，非常相似，难以区别。但细心的禄东赞入宫时，已考虑到自己初次来长安，路途不熟，怕回去时路难找，先让随从在拐角上用红颜料做了记号。所以他最先回到了住处，其他使臣直到天亮后才回到馆舍。

第六试：从2500名美貌年轻的蒙着同样面纱的宫女中，找出谁是文成公主。禄东赞事先买通宫中的宦官，将文成公主的举止、特征告诉他，加上他敏锐的眼力，一下子就把那仪态大方的公主认出来了。

这样测试下来，唐太宗觉得禄东赞一个求婚使都这么聪明，他的主人一定更是个聪慧有本事的人，最后决定把文成公主嫁到吐蕃。贞观十五年（641年），文成公主出长安前往吐蕃，松赞干布在柏海（今青海省玛多）亲自迎接，谒见李道宗，行子婿之礼。之后，携文成公主同返逻些（今拉萨）。

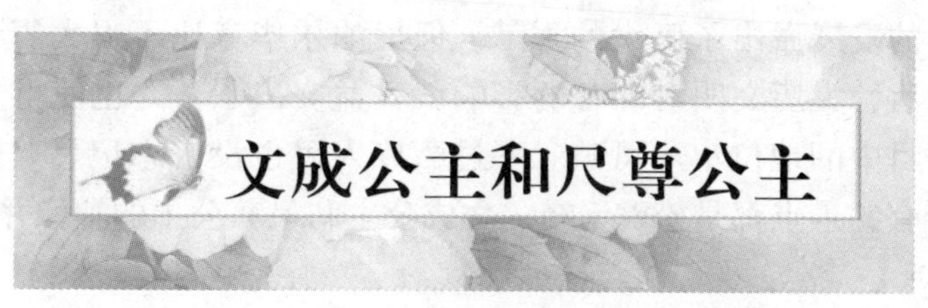

文成公主和尺尊公主

同样是在布达拉宫、大昭寺、小昭寺等旅游景点，当我们看到松赞干布和文成公主的塑像时，一般都不是只有他们两人，松赞干布的身边还有一位女性，就是尺尊公主。尺尊公主是尼泊尔人，她嫁给松赞干布要比文成公主早。虽然大唐国力强劲，文成公主嫁过去并不算做小，但毕竟嫁人有先后，松赞干布的第一任夫人是尺尊公主，第二任夫人才是文成公主，他们三个人的故事，在西藏流传广泛、妇孺皆知。

松赞干布迎娶文成公主后，曾乐不可支地对部属说：“我族我父，从未有通婚上国的先例，我今天得到了大唐的公主为妻，实为有幸，我要为公主修筑一座华丽的宫殿，以留示后代。”这就是美轮美奂的布达拉宫，该建筑的宏伟最主要体现在红山之上修建了九层楼宫殿一千间，取名“布达拉宫”，以居公主。那里亭榭精美雅致，还开凿了碧波荡漾的池塘，种上了各色美丽的花木，一切建制都模仿大唐宫苑的模式，用来安顿文成公主，借以慰藉她的思乡之情。吐蕃王朝灭亡之后，古老的宫堡也大部分被毁于战火，直至十七世纪，五世达赖建立噶丹颇章王朝并被清朝政府正式封为西藏地方政教首领后，才开始重建布达拉宫，那就是另一个故事了。

大昭寺里小佛像，小昭寺里大佛像。相传文成公主入藏时带了一尊释迦牟尼 12 岁等身像，行至现在的小昭寺位置时，木车陷入沙地中。公主通过历算，决定把释迦牟尼佛像安放此处供奉，遂建小昭寺。这座寺庙由文成公主主持修建，与大昭寺同时开工，同时告竣，同时开光；大门朝东，以寄托这位公主对家乡父母的思念。根据五世达赖喇嘛所著的《大昭寺目录》等书记载：小昭寺主神殿原来主供文成公主从长安带来的释迦牟尼 12 岁等身像，大昭寺主神殿原来主供尼泊尔的尺尊公主从加德满都带来的释迦牟尼 8 岁等身像。释迦牟尼 12 岁的等身金像比 8 岁等身金像大些，这就是所流传的“大昭寺里小佛像，小昭寺里大佛像”的由来。不过松赞干布逝世后，遵照文成公主的旨意，将大昭寺和小昭寺释迦牟尼等身佛像进行了对换。

松赞干布在迎娶文成公主前，从尼泊尔娶了尺尊公主，从地理位置上来说，尼泊尔和吐蕃的距离要比大唐和吐蕃的距离近得多，所以在文成公主进藏前，吐蕃和尼泊尔之间有更多的贸易往来和文化交流，尺尊公主的到来也同样为吐蕃的发展做出了巨大的贡献。但尼泊尔毕竟比不得大唐帝国，当文成公主进藏后，大唐文明对吐蕃的影响就日益突出了，这也使得文成公主在藏族百姓心目中的地位牢不可破。不过藏族人民也没有忘记尺尊公主，这就是为什么所有的景点都是松赞干布、文成公主和尺尊公主的塑像并立。

武则天 42

君临天下人间去 千古褒扬武媚娘

备受关注的电视剧《武媚娘传奇》再一次将女王武则天带入人们的视野，她传奇的一生让古今多少人为之一叹，又为之一赞！武则天，又名武媚娘，这是个很柔媚、很彰显女性魅力的名字，是父亲武士彟为她所取，意思是希望女儿美好、美丽，并能够一生顺遂安康。武则天自己却不是很喜欢这个名字，因为太软弱，她给自己起名『武曌』，『曌』字是武则天独创，取『日月当空照』之意，从此中国汉字中就多了这么一个字，专用来指武则天，也只有她有这种顶天立地的气势。通常我们叫她『武则天』，是因为在唐中宗李显复位时，尊其母为『则天大圣皇帝』，后人就称呼为『武则天』。除了名字的由来，在武则天这个名字前边，还可以加不少前缀，历史上唯一的女皇帝、继位时年龄最大的皇帝、历代宫廷最为阴险狡诈的女人之一……各种头衔、各种评价。中国史书是无情的，大浪淘沙下能史有明载的寥寥无几，武则天却从来没有在中国历史中沉寂过，不论褒贬，不同时代的人们总要对她做出一番自己的解释，这就充分证明了她的个人魅力和她对中国史的贡献。

唯一的女皇帝

武则天是中国历史上唯一的女皇帝，是中国历史上杰出的女人，她的工谗善媚罕有其匹，诚如骆宾王在《讨武曌之檄文》中所说：“入门见妒，蛾眉不肯让人；掩袖工谗，狐媚偏能惑主。”但她宰制天下的魄力和气概更是前无古人、后无来者。武则天作为一个政治家，在历史上以知人善任著称，她上承“贞观之治”，下启“开元盛世”，使大唐社会的经济、政治、文化、军事等都得到了进一步的巩固和发展。武则天一朝号称“君子满朝”，娄师德、狄仁杰等著名的贤臣均在其列，后来的“开元贤相”姚崇和宋璟也是武则天时期提拔起来的。武则天改革科举、提高进士科的地位，举行殿试，开创武举、试官等多种制度，让大批出身寒门的子弟有了一展才华的机会。《资治通鉴》评价：“（武则天）政由己出，明察善断，故当时英贤亦竞为之用。”在军事上，武则天毕竟没有太宗的雄才大略，但基本维持了唐朝的疆域和地位。天册万岁元年（695 年）十月，篡位的默啜可汗遣使请降，武则天册授他为左卫大将军、归国公。后来默啜因帮助平定契丹有功而被封“颉跌利施大单于”、“立功报国可汗”。长安二年（702 年），武则天于庭州置北庭都护府（今新疆吉木萨尔北破城子），取代金山都护府，管理西突厥故地，仍隶属于安西都护府，巩固了唐朝中央政府对西域地区的管辖。另外，武则天时期府兵制开始瓦解，武则天根据实际情况，在边疆地区招募“团结兵”（团练），“团结兵”具有一定雇佣兵的性质，在中国军事史上有一定意义。

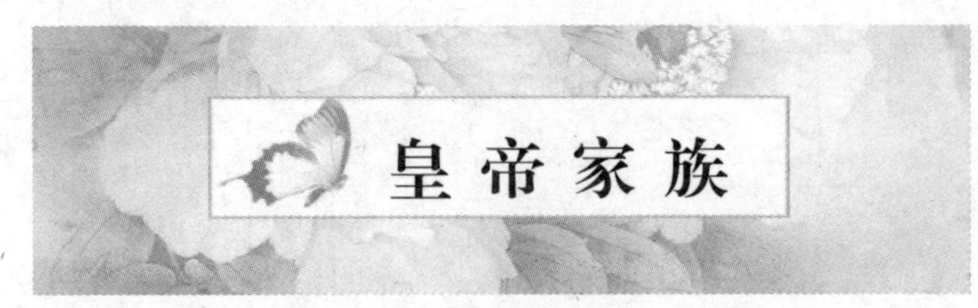

皇帝家族

武则天和她的家族，最传奇之处就是皇帝多，她丈夫、公公、几个儿子都是皇帝，自己也是皇帝，自己的女儿太平公主也有当皇帝的野心，真是一个皇帝家族了，不过这样的结果也是武则天自己一手造成的。第一任丈夫兼公爹：唐太宗李世民，这个皇帝是武则天左右不得的。太宗时期的武则天年纪尚幼，是太宗给了她走进大唐皇室的机会，让她知道了皇家、政权是怎样的。但同样也是太宗，因为“唐三世之后，女主武王代有天下”而猜忌武则天，并在死后赐她感业寺出家。第二任丈夫唐高宗李治，这是给了武则天施展平台的人。高宗李治早在当皇子时，就比较优柔懦弱，这也是武则天看中他作为自己后台的原因。李治能够成功登基，这里边本就有武则天的筹谋。也是在高宗时期，武则天开始了她的“垂帘听政”和“二圣临朝”，一步步掌握了大唐的政权，并最终在高宗死后称帝，建立大周。武则天共有四子：代王李弘，后封为太子，死后谥“孝敬皇帝”；潞王李贤，李弘死后封为太子，死后谥“章怀太子”；唐中宗李显（曾用名李哲）；唐睿宗李旦，不过这几个皇帝儿子当不当得皇帝都要看母亲武则天的意思。在武后临终前，终于把大唐江山又还给了李唐，还给了睿宗李旦，李旦是唐玄宗李隆基的父亲。这样算来，武后的孙子仍是皇帝，围绕在她身边的人，身份最次也是皇帝级别，这在中国历史上绝对是独一无二的。

无字碑

中国有两块著名的无字碑，一块是汉武帝在泰山立的，他到泰山封禅，登上山顶，认为泰山太伟大了，置于齐鲁平原中，是“蔑矣！尽矣！无以加矣”都无法形容的，于是立一块无字碑，来彰显泰山“五岳独尊”的气势。另一块位于武则天和高宗合葬的乾陵（今陕西省乾县）。乾陵前有两块碑，一块是高宗的墓碑，上有武则天的题词，另一块是武则天的无字碑。武则天为什么要立无字碑？众说纷纭。第一种说法认为，武则天是用以夸耀自己，表示功高德大非文字所能表达；第二种说法认为，武则天立“无字碑”是因为自知罪孽重大，感到还是不写碑文为好；第三种说法认为，武则天是一个有自知之明的人，立“无字碑”是聪明之举，功过是非让后人去评论，这是最好的办法；第四种说法认为，武则天的儿子恨透了自己的母亲，她本写好碑文，却被她的儿子藏在了墓室之中，留下一块无字碑；第五种说法认为，石碑原本计划刻字，但武则天死后政局动荡，各派政治势力始终不能对武则天做出适当的评价，因而便不了了之；还有第六种说法，因为武则天既是皇帝又是皇后，别人不知如何写碑文，所以没有文字。不存在谁的观点正确，谁的观点错误，武则天仅仅用一个没有成型的石碑就引起了后人无数联想，千年以后依然如此，这正是她的聪明之处。

各种电视剧最爱演武则天，因为她的一生跌宕起伏，最有故事性，最能吸引观众的眼球。关于武后生平，她的狠毒杀女、她的后宫争斗、她的毒杀亲子、她的圈养男宠等，都为人所熟知，对这样一个人，评价了起来也是很难的。清代史学家赵翼在《廿二史札记》中说："人主富有四海，妃嫔动千百，后既为女王，而所宠幸不过数人，固亦未足深怪，故后初不以为讳，而且不必讳也。"从一个帝王的角度来重新评价了武后养男宠的问题。但无可否认，武则天当政时期勤勤恳恳，算得上国泰民安、政治清明，比很多皇帝更出色。史家本着"不没其实"的原则，为她撰写了只有皇帝才能享受的本纪，对她的一生做出客观的评价："坐制群生之命，肆行不义之威……振喉绝襁褓之儿，菹醢醉椒涂之骨，其不道也盛矣……然犹泛延说论，时礼正人……尊时宪而抑幸臣，听忠言而诛酷吏。有旨哉，有旨哉！"

太平公主

荣华富贵帝王乡
独领风骚在庙堂

现在女生最忌讳别人说自己是太平公主，并不是因为太平公主做了什么人神共愤的大事，仅仅是因为这意味着自己的女性特征不明显，这是我们演绎出的『太平公主』的新含义。不知道唐朝时大家叫『太平公主』时，心中都是如何想的？估计不会有我们今天人的想法吧。不过敕封『镇国太平公主』是『盛世太平』的意思，可惜，这个女人的存在，跟『太平』完全不挂钩，但凡有她的地方，就是波云诡异的政治阴谋，从没有『太平』可言。

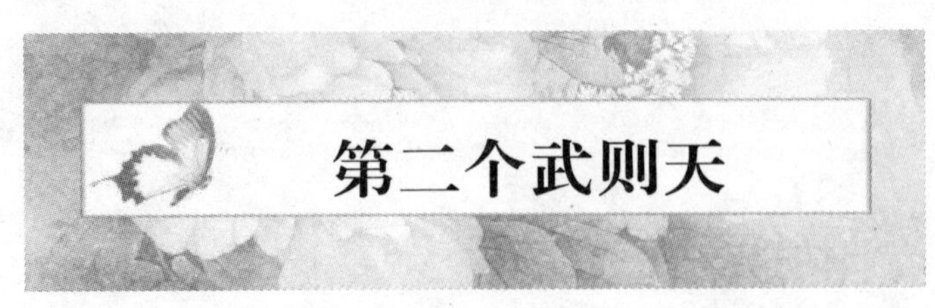

第二个武则天

太平公主（约665—713），唐高宗李治之女，生母武则天。本名阙如，曾有人依《全唐文·代皇太子上食表》认为，她的本名是李令月，不过这种观点并没有得到大家的一致认可。她生前曾受封“镇国太平公主”，后被唐玄宗李隆基赐死。太平公主是我国历史上赫赫有名的人物，作为唐高宗李治与武则天的小女儿，唐中宗和唐睿宗的胞妹，生平极受父母兄长尤其是母亲武则天的宠爱，权倾一时，被称为“几乎拥有天下的公主”。她的出名，不仅仅因为她是中国历史上第一个女皇武则天的女儿，还因为她几乎真的成了“第二个武则天”。

太平公主是作为一个政治人物活跃在历史舞台上的。她一生参与了三次大的政治斗争，并且卷入的程度一次比一次深，起的作用也一次比一次大。武则天曾说过太平公主“类己”，早在武则天执政时期，太平公主就常常“预谋议”，但武则天没有允许她公开从政。《旧唐书·薛怀义传》记载武则天晚年时曾“令太平公主择膂力妇人数十，密防虑之。人有发其阴谋者，太平公主乳母张夫人令壮士缚而缢杀之，以辇车载尸送白马寺”。但是《资治通鉴》则说武则天“使建昌王武攸宁帅壮士殴杀之，送尸白马寺”，似乎太平公主没有参与此事。再查《新唐书·则天武后传》说“（武则天）密诏太平公主择健妇缚之殿中，命建昌王武攸宁、将作大匠宗晋卿率壮士击杀之，以畚车载尸还白马寺”。事情的真实情况究竟如何，我们已经不能详知，合理的推论应该是：太平公主参与了除掉武皇男宠薛怀义这件事，但出现在公开场合的是其他人。这件事可以看作太平公主在武则天执政期与政治关系的缩影，即她只是在幕后参与谋议，而基本没有公开出面参政。

唐中宗复位之后，太平公主逐渐走到幕前，积极参与政治，也是在中宗朝，太平公主几乎实现了她当皇帝的野心。中宗有感于太平公主多谋善断，国家大事多与她商量，还曾特地下诏免除她对皇太子李重俊、长宁公主等人行礼。景龙四年（710年）六月，唐中宗被韦后与安乐公主毒死。上官婉儿与太平公主一起草拟遗诏，立温王李重茂为皇太子，皇后知政事，相王李旦参谋政事，试图在韦后与皇族之间谋取平衡，但宗楚客与韦后党羽商议，改相王李旦为太子太师，架空了李旦，打破了这一平衡。七月，太平公主派其子薛崇简与刘幽求一起参与了李隆基等诛杀韦后的行动，清除了韦氏党羽，并亲手将李重茂拉下皇位，拥立相王李旦复位，是为唐睿宗。太平公主因此番功劳而晋封万户，三子封王，为唐朝公主权势之顶峰。

两次政治婚姻

唐朝妇女再嫁是很正常的事情，并不像宋朝以后所要求的“烈女不嫁二夫”。有权势的女性几乎都养男宠，甚至像送歌妓一样相互赠送，如太平公主就把自己最喜欢的男宠莲花六郎张昌宗进献给了母亲武则天。太平公主的两次婚姻都带有很明显的政治色彩，先下嫁薛绍，再嫁武攸暨，先为薛家妇，再为武家妇，一切都以政治利益为前提。

在太平公主约 16 岁时，吐蕃国王曾慕名求婚，被武则天搪塞过去，让她下嫁唐高宗的嫡亲外甥、城阳公主的二儿子薛绍。婚礼在长安附近的万年县馆举行，场面非常豪华，照明的火把烤焦了沿途的树木，为了让宽大的婚车通过，甚至不得不拆除了县馆的围墙。武则天对女儿非常宠爱，她认为薛绍的嫂嫂萧氏和成氏出身不够高贵，想逼薛家休妻，有人以萧氏出身兰陵萧氏、并非寒门相劝说，才使她放弃了这个打算。不过太平公主在第一次婚姻期间，安分守己，并未有不轨的事件传出。公元 688 年，薛绍的哥哥薛顗参与唐宗室李冲的谋反，牵连到驸马薛绍，薛绍本人并没有参加这次谋反。但武则天觉得太平公主嫁错郎了，下令将薛顗处死，薛绍杖责一百，饿死狱中。当时太平公主最小的儿子才刚满月，事后武则天为了安慰女儿，打破唐公主食封不过 350 户的惯例，将她的封户破例加到 1200 户。现在很多电视剧都描绘太平公主和薛绍之间有如何真挚的爱情，不过演绎的成分居多，二人应该是有感情的，但具体如何就不得而知了。武则天考虑把太平下嫁薛绍，一是由于吐蕃求婚，仓促间不得不嫁。二是薛绍是公主之后，身上同样有李唐王室血统，这样的婚姻能保证太平在李唐江山保护下一直都能“太太平平”。最后薛绍之死也正是因为武则天将要改“唐”为“周”，她需要为女儿找一个武家的女婿，薛绍不得不死了。

不久，武则天打算将寡居的太平公主嫁给武承嗣，后因武承嗣生病作罢，于是武则天又选择了她的一个堂侄武攸暨做她的女婿。武攸暨此时已有妻室，武则天暗地使人杀掉他的妻子，强行将他配给太平公主做丈夫。武则天为什么那么着急让武攸暨配太平公主，甚至不惜采用杀妻的手段？有人猜测可能是因为武则天想在她称帝前将女儿的婚事即与武氏联姻的事情安排好。载初元年（690 年）七月，太平公主嫁给了武攸暨。两个月后的九月，武则天称帝，改“唐”为“周”，封武氏子 14 人为王，武攸暨被封为千乘郡王。太平公主与武氏联姻，使她被武则天很好地保护起来，避免了李氏子弟可能遭到的不测。

想当皇帝的公主是不是好公主？

拿破仑曾说：“不想当将军的士兵不是好士兵。”士兵在其位就要谋其政，并且要为自己的未来发展考虑。同样，唐中宗时期的太平公主权势已经如日中天，一旦品尝权力的滋味后，很容易上瘾，并且再也不想失去。作为一个权势滔天、完全可以左右朝局的公主，太平有没有想过学母亲武则天，自己当皇帝呢？“想当皇帝的公主”是好是坏呢？关于太平公主是否真正计划过谋反这一点，一直以来存在疑问。一部分人认为，她骄横跋扈，与李隆基已经达到水火不容的地步，不可能没有谋反之心。但另一部分人则认为，以太平公主在朝中完全占据上风的局势和她多次成功政变的经验，她若当真谋反，不可能如此轻易就被李隆基平定。

但不管怎么说，太平公主在协助李隆基政变除掉韦后以后，与李隆基发生权争。她曾经要求睿宗废掉太子李隆基，并积极培植党羽。此时，朝中七位宰相有五位是经由太平公主任命，文武百官除了姚崇、宋璟等寥寥数人外，大多数都依附太平公主。睿宗则试图在李隆基和太平公主之间寻求政治平衡，以避免伤害到任何一人。延和元年（712 年）八月，睿宗传位太子李隆基，自己退为太上皇，改元先天；同年，太平公主的丈夫武攸暨去世。先天二年（713 年），李隆基与郭元振、王毛仲、高力士等先发制人，诱杀了左、右羽林将军和宰相，太平公主逃入南山佛寺，三日后返回。太上皇李旦出面请唐玄宗恕其死罪，被唐玄宗拒绝，太平公主最终被赐死家中，其夫武攸暨的坟墓也被铲平。

总览太平公主的一生，白担了“太平”的名号，她从来都很不太平。在权倾朝野时，她应该是动过心思自己当皇帝的，曾经想觊觎着那高高在上的皇位，梦想像她母亲那样登上御座，君临天下。但经过武则天一事，李唐江山对于女人称帝防得严实，在这种大的社会背景下，任何“女人干政”的企图都是注定要失败的。韦后、安乐公主如此，太平公主也不例外。而且她最后的对手也不是懦弱的中宗或睿宗，而是开创了“开元盛世”的玄宗。所以，诚如黑格尔所言：“历史往往会发生惊人的重复，如果第一次是以喜剧面目出现，第二次则以闹剧出现。”太平公主虽不乏心机和才干，也曾纵横捭阖得意于一时，但终未能承传母志，位列九五至尊。

44 韦香儿

合谋毒杀唐中宗 黄粱美梦终不成

大唐是一个很具传奇色彩的朝代，不但出了武则天这唯一的女皇帝，其后还陆续出现了韦后、安乐公主、太平公主等一批干政的女人。这样一种现象的出现，自有它政治、社会、种族文化以及个人的因素，值得好好研究。当然，所谓『女人干政』只是封建政治家、史学家的观念和语言，对今天的人们来说，男女都可以执政，关键要看你的政策是否顺应历史发展的潮流，你的政治是否为人民带来了好处。韦皇后一心想学婆婆武则天，却『画虎不成反类犬』，徒为历史增加了许多笑柄。

软弱的丈夫

韦皇后的丈夫是中宗李显，武则天的第三个儿子。韦氏为豫州刺史韦玄贞的女儿，长得倒是貌美如花，不过生性淫荡，权力欲又极强，一直想效仿婆婆武则天做个女皇帝。可是她哪里有武则天的政治手腕，也没有武则天的治国才能，就只能是窝里斗。她和武则天比起来，唯一相似的地方就是都嫁了一个比较懦弱、能由着她性子来的丈夫。武则天在位时，几个儿子由着她废立，在李显 25 岁时，武则天立了他做太子，韦氏为太子妃。可惜中宗李显在位仅一个月，就被母亲废了，改立四弟睿宗李旦。李显被废后，被母亲贬来贬去，日子过得胆战心惊，一听到太后那里来人，就吓得想自杀。韦氏却是比李显看得明白，劝李显说："这世间事本就福祸无常，是福少不了，是祸躲不过，也不是我们能决定的。最多也就是一死而已，还能有什么呢，我们根本不用害怕。"李显听了，知道夫人竟是个比自己能杀伐决断的人，就握着韦氏的手说："如果有朝一日我能重见天日、重新登上帝位，你做的一切事情我都不干涉。"这句话算是给了韦氏免死金牌了，其后中宗果然复位，果然再也管不了韦氏了。武三思因是武氏后人，方敬辉等合计要杀了所有武家的人，武三思害怕，就进宫找韦后求情，结果被韦后看上，做了韦后的情人。二人曾经就在中宗的御床上颠鸾倒凤，中宗看着，因为有当初的誓约，也无可奈何，毫无办法。

韦后胆子越来越大，让武三思撺掇群臣给韦皇后上封号为"顺天皇后"，并且亲自拜谒宗庙，封父亲韦玄贞为上洛郡王，一步步扶植自己的势力。韦皇后还让人传出消息，说宫中曾有人看见过五色祥云围绕着皇后周身，中宗为此专门找人画了图画，让朝臣和天下万民共同瞻仰，并大赦天下，赐百官母、妻封号，这都是韦皇后在为自己的未来造势。韦后最后的招数是让太史迦叶志忠表上《桑条歌》十二篇，表明支持韦后当政，曰："昔高祖时，天下歌《桃李》；太宗时，歌《秦王破阵》；高宗歌《堂堂》；天后世，歌《武媚娘》；皇帝受命，歌《英王石州》；后今受命，歌《桑条韦》，盖后妃之德专蚕桑，共宗庙事也。"中宗为韦皇后当政其实做了很多让步，不过韦后还是不满足，终于在景龙四年（710 年）毒杀了中宗，立年仅五岁的李重茂为帝，是为唐少帝，韦皇后自为皇太后，临朝称制，准备效仿武则天，为来日做女皇帝做好了准备。

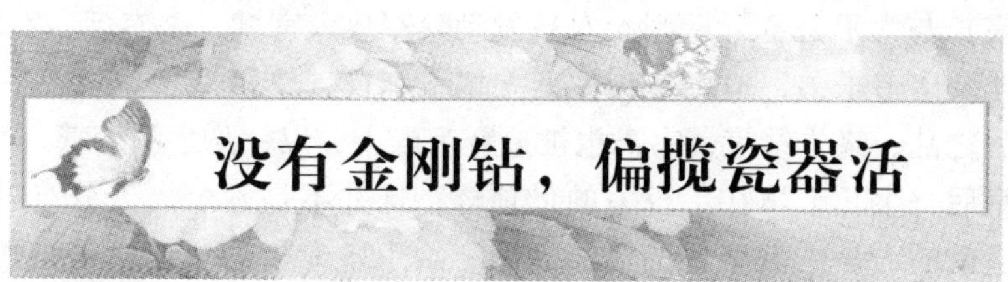

没有金刚钻，偏揽瓷器活

韦皇后杀了中宗后，晋升为皇太后，离执掌天下也就一步之遥。不过可怜的是，韦皇后虽然有当女皇帝的野心，却没有武则天的睿智，也没有武则天的手腕，更没有武则天的好时机。有武则天当女皇帝的先例，唐朝大臣防女人当政防得特别严，早在韦皇后上尊号“顺天皇后”并大肆分封韦氏家族时，左拾遗贾虚己就上书表示过明确的反对：“非李氏王者，盟书共弃之。今复国未几，遽私后家，且先朝祸鉴未远，甚可惧也。如今皇后固辞，使天下知后宫谦让，不亦善乎？”意思就是说早在中宗复位后，大家就共同盟誓，如果不是李家人坐江山，所有人都要反对。现在李氏江山刚恢复没多久，前车之鉴仍在，韦皇后就开始大肆扶植自家势力，这是多么可怕的事情啊。希望皇后能力辞此事，使天下人都能看到后宫的谦让之风，岂不是很好的一件事情？贾虚已把事情想得太简单了，这些诏书的幕后推动者本就是韦皇后本人，她又怎么可能请辞呢？她本就是要扶植自己的势力，所以结果很简单，《新唐书》说“（韦后）不听”。虽然韦皇后还是开始大肆扶植势力，但整个大唐朝廷的官员都已经不允许再出现第二个女皇帝了，所以不论韦皇后怎么努力，她的皇帝梦终究都是一场空。

韦皇后为中宗生了懿德太子李重润以及永泰公主、永寿公主、长宁公主和安乐公主，其中安乐公主最有野心，和母亲合谋干政。安乐公主骄恣专横，势倾朝野，她曾将自己草拟的诏敕掩住正文，请中宗在文后签署，中宗竟不看诏文，笑而署敕。她还卖官鬻爵，受钱三十万即自己写好封官墨敕（不盖官印），不经宰相审议签署，斜封交中书省执行，称为“斜封官”。当时，以员外同正、试、摄、检校等名义授官的，就有几千人。安乐公主大肆营建第舍，穷奢极欲，强夺民田作定昆池，方圆数里；一幅织成裙，值钱十万。中宗、韦后和公主们又多建佛寺，劳民伤财。其时后突厥攻掠陇右，西突厥别部突骑施部攻陷安西都护府，断安西四镇路。内地则水旱为灾，户口逃散，民不聊生。中宗却与韦后恣为淫乐，不理朝政，还处死上书告发韦氏乱政的人。据说景龙四年，韦氏恐其丑行暴露，安乐公主欲韦氏临朝，自为皇太女，遂合谋毒死中宗。韦后临朝摄政，立李重茂为帝，史称少帝。韦后又任用韦氏子弟统领南北衙军队，并欲效法武则天，自居帝位。临淄王李隆基（后来的唐玄宗）与太平公主（武则天女）发动禁军攻入宫城，杀韦后、安乐公主、上官婉儿及诸韦子弟，迫少帝让位，立相王李旦（李隆基父）为帝，是为睿宗。韦后之乱，终告结束，韦氏也被追贬为庶人，以一品之礼下葬。

韦皇后一生几乎站在了权力的最顶峰，这并不是她个人天分有多高，而是世事造就的。是中宗李显的懦弱无能，给了她专权的可能；是武则天称帝的先例，给了她无边的野心；却同样是李显的懦弱，让她毫无节制、祸乱朝堂；也同样是武则天的称帝，让大唐不能容忍第二个女皇帝的出现，封死了她的称帝之路。加上韦皇后自身也没有治理国家的本领，还有小姑太平公主和侄子李隆基的“螳螂捕蝉、黄雀在后”，韦皇后的失败已是注定的。

上官婉儿

巾帼宰相称天下 独霸朝纲最美雅

但凡是演一代女皇武则天的片子，在武则天中后期，上官婉儿都是必不可少的一个人物。她并不完全暴露在台前，但女皇后期的执政及中宗朝的几乎所有大事，都能看见她的运筹帷幄，她简直就是唐朝的一位隐形宰相，又因为是女性，就被人称为『巾帼宰辅』。

巾帼宰辅

上官婉儿，唐代女官、女诗人，深受武则天宠爱，曾被配给了其侄子武三思。中宗李显复位后，倚重上官婉儿的才能，封其为昭容，地位仅次于皇后，故又称上官昭容。上官婉儿为陕州陕县（今属河南省三门峡）人，祖父上官仪，唐高宗时任宰相，因替高宗起草将废武则天的诏书，为武后所杀，刚刚出生的上官婉儿与母亲郑氏同被配没掖庭。相传婉儿将生时，母亲郑氏梦见一个巨人，给她一秤道："持此称量天下士。"郑氏料想腹中必是一个男孩，将来必能称量天下人才，谁知生下地来，却是一个女儿。婉儿满月时，郑氏抱她在怀中戏语道："汝能称量天下士么?"婉儿即咿咿呀呀地相应。其后婉儿专秉内政，代朝廷品评天下诗文，果然"称量天下士"。据《景龙文馆记》记载："自通天后，逮景龙前，恒掌宸翰。其军国谟猷，杀生大柄，多其所决。"显然已达到政治上的巅峰状态。中宗李显复位之后，亟须借重上官婉儿的政治才干，又令专掌制命，深被信任，寻拜为昭容。昭容为九嫔之一，当时在后宫地位仅在皇后之下。上官婉儿从此以皇妃的身份掌管内廷与外朝的政令文告，其政治地位又非武则天时代所能比拟。按照惯例，朝廷文告均由名儒学士草拟。《旧唐书》职官志记载："武德、贞观时，有温大雅、魏征、李百药、岑文本、许敬宗、褚遂良。永徽后，有许敬宗、上官仪，皆召入禁中驱使，未有名目。乾封中，刘懿之刘祎之兄弟、周思茂、元万顷、范履冰，皆以文词召入待诏，常于北门候进止，时号'北门学士'。天后时，苏味道、韦承庆，皆待诏禁中。中宗时，上官昭容独当书诏之任。"如魏征、岑文本、褚遂良诸人，均为朝廷重臣，一代文宗。与之相比，上官婉儿以一人之力，批复四方的表奏和草拟朝廷的政令，虽有中宗无能、上官专权的嫌疑，但其政治才干和文学修养由此可见一斑。

神龙二年（706 年），武三思依靠韦后和安乐公主等人的支持，相继设计贬杀了张柬之、桓彦范、方敬晖、袁恕已和崔玄暐五王，权倾人主，不可一世。上官婉儿又与其私通，并在所草诏令中经常推崇武氏而排抑李氏，致使太子李重俊气愤不已。景龙元年（707 年）七月，李重俊与左羽林大将军李多祚等，矫诏发羽林军三百余人，杀武三思、武崇训于其府第，并诛其亲党十余人，又引兵从肃章门斩关而入，叩击阁门而搜捕上官婉儿。上官婉儿急忙逃至唐中宗和韦后处，并说："观太子之意，是先杀上官婉儿，然后再依次捕弑皇后和陛下。"韦后和中宗一时大怒，遂带着上官婉儿和安乐公主登上玄武门躲避兵锋，令右羽林大将军刘景仁率飞骑2000余人，屯太极殿前，闭门自守。太子兵败被杀，韦、武势力达到顶峰，这也引起了李氏宗族的不满和反抗。景龙四年（710年）七月，临淄王李隆基率羽林将士冲入宫中，杀韦后及其党羽，并杀上官婉儿于旗下，结束了这一代才女、巾帼宰辅的一生。

一代才女

上官婉儿的才情，自小就表现了出来。早在她和母亲没入掖庭时，母亲就非常注重对她文学修养的培养。仪凤二年（677年），年仅13岁的上官婉儿被武则天在宫中召见，当场命题，让其依题着文。上官婉儿文不加点，须臾而成，且文意通畅，辞藻华丽，语言优美。武则天看后大悦，当即下令免其奴婢身份，让其掌管宫中诏命。后来上官婉儿因事触怒了武则天，也有人说是因为上官婉儿在宫中和武则天的男宠张昌宗眉目传情，惹得武则天震怒，本来要罚她死刑的，因爱惜她的才情，特意赦免了她，只是处以黥面之刑。婉儿此后更是曲意逢迎，把武则天伺候得无一处不妥帖，很受其喜爱。中宗时，上官婉儿又劝中宗大量设置昭文馆学士，广招当朝词学之臣，多次赐宴游乐，赋诗唱和。上官婉儿每次都同时代替中宗、韦后和安乐公主，数首并作，诗句优美，时人大多传诵唱和。对大臣所作之诗，中宗又令上官婉儿进行评定，名列第一者，常赏赐金爵，贵重无比。因此，朝廷内外，吟诗作赋，靡然成风。虽然当时的词作多是唱酬应和之作，诗词意境多奢靡，但也有许多不错的诗词传世。开元年间，唐玄宗追念上官婉儿的才华，下令收集其诗文，辑成20卷，张说为她写序："敏识聆听，探微镜理，开卷海纳，宛若前闻，摇笔云飞，成同宿构。古者有女史记功书过，复有女尚书决事言阀，昭容两朝兼美，一日万机，顾问不遗，应接如意，虽汉称班媛，晋誉左媪，文章之道不殊，辅佐之功则异。"评价之高更是说她的诗文创作一洗江左萎靡之风，力革南朝以来四六骈俪的章法，挣脱六朝余风，使文风为之大变。与其说开古文复兴气运的是韩愈、柳宗元，毋宁说是上官婉儿早已经为盛唐的文学面貌绘出了清晰的蓝图，她的诗对唐诗的辉煌发展也有极大的启导作用。

上官婉儿现存不多的诗作中，有一首屡被提及，备受重视，那就是其抒怀之作《彩书怨》："叶下洞庭初，思君万里余。露浓香被冷，月落锦屏虚。欲奏江南曲，贪封蓟北书。书中无别意，惟怅久离居。"这是一首五言律诗，此诗的情感表达超出了宫廷诗的惯有基调，如此绵长的思念乃是宫廷诗歌中难得一见的深情。诗歌以景托情，借景抒情，天气之萧瑟，情怀之惆怅，在短短 40 字中浑融一体，曲尽缠绵，一改初唐诗坛"六朝趣味"之风，格外脱俗清雅。还有一首她游骊山时写的诗："三秦季月景龙年，可乘观风出灞川。遥看电掣金马跃，国瞩霜原玉作田。隐隐骊山云外耸，迢迢御帐日边开。岁岁年年常扈驿，长长久久乐承平。"这诗写出她衷心的愿望，希望安享太平，岁岁年年不再有腥风血雨的杀伐场面。然而她久居要津，尤其是武则天时期她帮武则天尊崇武氏，排抑皇家，李唐皇家是不会轻易放过她的，这也注定了她最终骑虎难下、不得不在宫廷争斗中耗尽一生的结局。

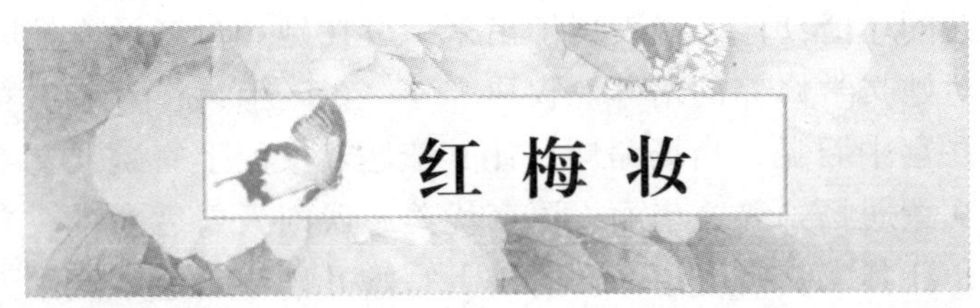

红梅妆

女孩都喜欢刘海儿，刘海儿剪得合适，能很好地掩盖脸庞上的瑕疵，并为精致的面妆增色。据说刘海儿的出现，就是从上官婉儿开始的。上官婉儿因罪触怒了武则天，则天女皇不舍得杀她，就赐她黥面之刑。好好的女孩在脸上刺字，肯定不好看，所以上官婉儿的字是刺在额头的。虽然并不太难看，但毕竟是获罪的表现，所以上官婉儿迫不得已把头发散下来些，以期遮盖住刺字。谁知道因为上官婉儿官至昭容，本人又天资英丽，刘海儿放下来后，不但不损娇容，倒更显得美貌无比，由此刘海儿妆就流传了下来。和它一起流传下来的还有红梅妆。段成式在《酉阳杂俎》里有这样一段记载："今妇人面饰用花子，起自上官昭容，所制以掩黥迹。"上官昭容即上官婉儿，段成式之子（或其侄）段公路在《北户录》里叙述得比较详细："天后每对宰臣，令昭容卧于案裙下，记所奏事。一日宰相对事，昭容窃窥，上（唐高宗）觉。退朝，怒甚，取甲刀札于面上，不许拔。昭容遽为乞拔刀子诗。后为花子，以掩痕也。"此说来自于上官婉儿同时代的陈藏器撰写的《本草拾遗》，故较为可信。当然关于婉儿为什么受黥刑，也有人说是和武则天的男宠张昌宗有关，并不足信。上官婉儿因额有伤痕，便在伤疤处刺了一朵红色的梅花以遮掩，谁知却益加娇媚。宫女们皆以为美，有人偷偷以胭脂在前额点红效仿，渐渐地宫中便有了这种红梅妆。

上官婉儿一生传奇，其才华诗文不让男子，其人品功过却颇具争议。有人赞其文才，有人批其淫媚，极度推崇者亦有之，轻视鄙视者亦有之。在正史的影响下，《旧唐书》、《新唐书》等多体现她奉承权贵、淫乱宫闱并操纵政治、控制朝纲的负面事件，形象局限于淫乱才女上。可以说，和婉儿同时代或者稍晚时期，社会风气对她的评价并不差，但随着宋以后强调女人不能从政，对女人的约束越来越多后，上官婉儿的负面评价就多起来了。但近代以来，她的文学才情越发被学者推崇。文艺理论家谢无量称“婉儿承其祖，与诸学士争务华藻，沈、宋应制之作多经婉儿评定，当时以此相慕，遂成风俗，故律诗之成，上官祖孙功尤多也”。上官婉儿以一介女流，影响一代文风，这在中国古代文学史上是很少见的。她不仅以其诗歌创作实绩，而且通过选用人才、品评诗文等文学活动倡导并转移了一代文风，成为中宗文坛的标志者和引领者。

梅妃

冰雪林中著此身
不同桃李混芳尘

在电视剧《甄嬛传》中，甄嬛在皇家宴会上凭借一曲惊鸿舞惊艳四座，使众人无不慨叹其舞姿的曼妙，而这惊鸿舞并非作者杜撰，它的创始人正是历史上唐玄宗曾经的宠妃——梅妃。江采苹（？—756），她是玄宗口中的『梅精』，她吟诗作赋、琴棋书画无一不通，曾让唐玄宗为她着迷痴狂。可是，那些宠爱最终都只是成为了曾经。用『朔风如解意，容易莫摧残』这句诗来形容江采苹最为合适不过，她就犹如那在朔风中开放的梅花，清丽、淡雅又孤傲，可惜的是，她终究还是到了后宫之中，成为了供人赏玩的『盆栽』，无人照拂，便只能迅速枯萎死去。

采苹何处去

中国人自古就对梅花情有独钟，爱它的清丽与不争，爱它的超凡脱俗，清洁高雅的人更喜欢以梅喻人，以梅言志。在大唐盛世这样一个热情奔放的年代，在无人不妖娆的大唐后宫也有着这样一个如梅花般秀雅恬静的妃子——梅妃，江采苹。

江采苹是福建莆田人，出生在书香世家，家境富足。她的父亲江仲逊是一位秀才，有着文人的雅致和情趣。在江采苹出生后，望着这个粉雕玉琢的小娃娃，江仲逊便以“采苹”为女儿的名字。“采苹”是《诗经·召南》中的一首诗名，想必江仲逊是希望女儿长大后能富有诗意，更能嫁得个如意郎君，幸福一生。

小采苹在父母的呵护下慢慢长大了，江仲逊见女儿自幼便聪慧异常，就教她读书学文，9 岁时采苹已经能够背诵《诗经》中的《周南》和《召南》两部分诗了，14 岁时，她便能吟诗作赋，琴棋书画也是无不精通。

已是少女的江采苹对于梅花有着一种莫名的喜爱，为了满足女儿的这份情致，江父更是不惜重金从各处寻得梅树栽种在自家的院落，冬春交节之际，院中的梅花便会竞芳吐艳，暗香浮动。此时的江采苹已近及笄之年，有着少女独有的风韵神采，加之诗书气质，又长得清丽可人，亭亭玉立。每当梅花盛开，江采苹都会立于院中凝神伫立，陶醉于这梅花的天地之中，愈发显得冰清玉洁。

难得的是江采苹不仅容貌秀丽，气质高雅，腹有诗书，她的性格更是坚贞不屈，刚柔并济，这样优秀的女子，自然引得附近的年轻人倾慕不已，他们都在慨叹：“这样的女子，真是不知会嫁于怎样有福气的人!”

娶得江采苹的人倒真是有着天大的福气，那便是当朝的风流帝王唐玄宗。当时唐玄宗身边的得力太监高力士正于福建办差，一日，在茶楼歇息之时听见了很多读书的年轻人都在谈论一个叫江采苹的女子，说她如何文雅，如何貌美，如何气质非凡。高力士听到后，几经打探，得知这个叫作采苹的姑娘住在江东村，他便来到村中，收集了很多关于江采苹的信息，也得以见到这个女子，果然如众人所言，是个绝色的女子，且气质非凡。经过了一番调查之后，高力士心中十分满意，便来到江采苹的家中，亮明身份，表明来意。既然是皇家来人，江家自然不能推辞，只得让女儿跟随着高力士离开了家乡，前往大唐的都城长安。

他们经过长途跋涉，到达长安后，正值梅花盛开的时节。高力士是何其聪明的人，他将江采苹与玄宗的初见安排在了梅林中，一则，江采苹素来喜爱梅花，有梅花在旁，美人的心情自然会愉悦；二则，高力士也深觉这江采苹与梅花神韵极似，人比花娇，花伴人俏，相得益彰，更容易一举俘虏皇帝的心。

经过如此的精心设计，唐玄宗与江采苹的初见便如梦幻一般了。当唐玄宗步入梅林之时，清冷的风吹落朵朵梅花，花瓣纷飞，暗影浮香，透过这片片落梅，玄宗看到了一个淡妆玉立的女子，她含羞立于风中，清冷淡雅……唐玄宗被这样的琉璃世界琉璃美人深深地吸引住了，江采苹成功的走进了唐玄宗的感情世界。

自从得了江采苹后，唐玄宗便将全部爱意都倾注在她的身上，这个如梅花一样清丽脱俗的女子，就这样成为了大唐后宫中的女人。

一座光辉惊鸿舞

因为江采苹爱梅，又因为她和唐玄宗的初见是在梅花树下，所以唐玄宗便册封江采苹为梅妃，并对她爱若珍宝。在梅妃的宫中，有着各种梅树，院中的楼台、小亭上的匾额也皆是唐玄宗亲笔所题。当梅花开放之时，唐玄宗必定会和江采苹一同赏梅赋诗，在梅花的映衬下，玄宗更觉他的梅妃美不胜收，简直就像梅之精灵，所以他又称呼江采苹为“梅精”。

江采苹的梅花诗虽然在充满诗意的大唐算不得最妙，却也十分精巧雅致，且带着梅花独有的傲骨：“一枝疏影素，独抗严霜冷。早晚散幽香，香飘十里长。”这首诗既是写梅，更是言己，玄宗听后赞不绝口。

在《梅妃传》中记载了一件颇有意趣的故事：“是时承平岁久，海内无事，上于兄弟间极友爱，日从燕间，必妃侍侧。上命破橙往赐诸王。至汉邸，潜以足蹑妃履，妃登时退阁。上命连宣，报言：‘适履珠脱缀，缀竟当来。’久之，上亲往命妃。妃拽衣迓上，言胸腹疾作，不果前也。卒不至。其恃宠如此。后上与妃斗茶，顾诸王戏曰：‘此梅精也。吹白玉笛，作《惊鸿舞》，一座光辉。斗茶今又胜我矣。’”唐玄宗有了这样一个才貌双全的妃子，迫不及待地向自己的兄弟介绍，于是他便设宴招待自己的兄弟诸王，席间梅妃先为宾客吹白玉笛，玄宗是很懂音律的奥妙的，所以若要能入得他的耳朵，得到他赞扬的必然是绝妙的好笛声，宛转悠扬，神韵备至。笛声之后，梅妃跳惊鸿舞，舞姿飘逸柔美，灵动自如，唐玄宗向诸位王爷当面称赞：“吹白玉笛，作《惊鸿舞》，一座光辉。”

我们也可以从唐代诗人李群玉作的诗《长沙九日登东楼观舞》中一窥江采苹舞姿的曼妙：

南国有佳人，轻盈绿腰舞。
华筵九秋暮，飞袂拂云雨。
翩如兰苕翠，婉如游龙举。
越艳罢前溪，吴姬停白苎。
慢态不能穷，繁姿曲向终。
低回莲破浪，凌乱雪萦风。
堕珥时流盼，修裾欲溯空。
唯愁捉不住，飞去逐惊鸿。

如此美妙的笛声，如此曼妙的舞姿，如此绝妙的美人，不仅仅迷住了唐玄宗，更让已经醉酒的薛王神魂颠倒，以至于做出一件丢人的蠢事来。薛王借着酒劲，在桌下伸出脚来勾住了梅妃的珠鞋，这让梅妃惊讶不已，但为了保存大家的颜面，她极力掩饰自己的惊讶与不满，用力挣脱开来，慌乱之中将鞋上的珍珠都蹭掉了。挣脱后的梅妃为了避嫌便不再出来，玄宗自然不解何意，还问道：“为何不见梅妃?”身边侍者答道：“娘娘鞋上珍珠脱落，想必缀好了就来。”过了一会儿，梅妃便派人出来解释，说自己忽然身体不适，不能再与大家共同宴饮。

事后，梅妃并没有向玄宗告状，但薛王在酒醒之后却意识到自己昨日醉酒后的荒唐行为，羞愧万分，后悔不已，想着梅妃大概已经向皇上诉说了这件事情，与其等着责问，不如自己去请罪。于是，胆战心惊的薛王硬着头皮来向玄宗请罪，好在唐玄宗听了薛王的陈述，并没有怪罪于他。后来玄宗向梅妃问起这件事时，梅妃仍然是竭力否认，她着实是害怕玄宗因为此事而怪罪薛王，担心因为自己的原因而影响玄宗的兄弟之情。

当然梅妃最让玄宗折服和放心的是她的为人。当时武则天、太平公主和韦后干政的余波还在，所以朝廷中非常忌惮女人干政，梅妃身在后宫，得皇上宠爱却能够安分守已，不结党营私，拉帮结派，不与人争；特别是薛王之事后，玄宗更是看出梅妃为自己着想，大事化小，小事化无。她还常常劝慰玄宗：“昔太宗有贞观之治，百姓安乐。愿陛下也有开元之治。”玄宗听了梅妃的劝告，更加收敛自己，励精图治。这样的性情与情怀，让玄宗非常放心地将满腔爱意都放在其身上，没有后顾之忧。

风流帝王唐玄宗的这一份浓浓的宠爱，一直持续了十年，梅妃江采苹也是当之无愧的。

朔风不解意

玄宗对梅妃的宠爱一直持续到杨玉环的出现。杨玉环本是玄宗的儿媳，因为其绝代风华为玄宗所爱，在公元740年成为了出家的女道士“太真”，745年，太真被封为了贵妃。

杨玉环让玄宗感到了另一种生活，充满活力，绚烂、堕落又刺激，这是清淡素雅的梅妃所不能给予他的，此时已经年逾花甲的唐玄宗似乎更需要的是这种感官上的刺激，所以他已经很久不去见梅妃了。

梅妃虽然高洁不争，但面对爱情也难免要吃醋，何况自从有了杨玉环，玄宗连朝政也懒得理了。于是，梅妃便写了一首诗赠与了玄宗：“撇却巫山下楚云，南宫一夜玉楼春。冰肌月貌谁能似，锦绣江天半为君。”这首嘲讽意味浓重的诗并没有点醒唐玄宗，却激怒了杨玉环。性情泼辣且恃宠而骄的杨玉环怎么可能忍受得了这般数落，就这样她便与梅妃结下了仇怨。而梅妃也因为杨玉环的关系更受冷落，居于上阳东宫，过着冷宫般的寂寞生活。

有一天，梅花盛开，唐玄宗见到那冰清玉洁的梅花在风中绽放，便又忽然想起了梅妃，那个素雅娴静的女子又再次挑动了他的心弦。正巧此时杨贵妃并未在身边，于是玄宗便差人偷偷去请梅妃，梅妃见到来使神色有些惊慌，便问道：“陛下召见却为何要夜里暗中而来？”小太监只好据实回答：“恐贵妃娘娘知晓。”梅妃听后心中自然不快，满含着委屈，可是毕竟又思念着玄宗，所以还是同来使一同到了玄宗的寝殿。

玄宗和梅妃已是许久不见，这次相见，情感迸发，甜蜜非常，不知不觉便忘记了时间，直到杨贵妃来到殿前，内侍来报，才恍然惊醒。玄宗闻听急忙将梅妃藏起，而贵妃更是不等宣召便推门而入，凛然地问道：“梅妃何在？”

玄宗只得装不知，答："梅妃应在上阳东宫啊！"贵妃心中知晓，便说："那便宣梅妃入宫，我们一同温泉沐浴。"玄宗只好说："已经被冷落的女人，何必还要再召见她。"事已至此，贵妃却仍然咄咄逼人不肯相让，撒娇撒泼，使得玄宗非常地狼狈，于是一气之下，将杨贵妃第一次遣归娘家。

而被藏起的梅妃早就被小太监送回上阳东宫了，玄宗为了不让贵妃再闹，便将当时混乱之中梅妃留下的鞋子和钗环送还，至此，梅妃对玄宗的心已冷了大半。然而她还抱有着一丝幻想，希望玄宗能够念及旧情，于是便做了一篇《楼东赋》，希望这篇赋能够如《长门赋》一样打动皇上的心。只可惜这篇《楼东赋》也没有起到什么作用，曾经快马加鞭为皇宫送来的奇梅贡品，如今也早已换成了贵妃喜爱的岭南荔枝，在后宫之中，皇帝的恩宠不再，便等于失去了一切。

还有一次，外国使者进贡了一斛珍珠，玄宗恰巧又想起了曾经的梅妃，便派人将珍珠送与梅妃，梅妃此时早已心灰意冷，如梅花般高洁孤傲的她自然不肯再接受玄宗的赏赐，于是便将一首诗和珍珠一并交给使者，诗中写道："柳叶双眉久不描，残妆和泪湿红绡。长门自是无梳洗，何必珍珠慰寂寥。"玄宗看到被退回的珍珠和诗，心中多了一丝落寞，于是便命乐府为这首诗谱曲，取名便为《一斛珠》，又名《谢赐珍珠》，而我们现在经常在宋词中看到的曲名，便是由此而来。

梅妃江采苹就这样寂寥地走出了玄宗的视线，也走出了人们的视线，这个如梅花般晶莹纯净的女子终究还是被朔风摧残了，后宫中的女人，结局也大多如此。关于她的结局有着很多种说法，可惜都已无从考证，就连梅妃是否确有其人，历史上也存在着争议，而我们今天所知道的关于梅妃的故事，也多数来自于宋人的《梅妃传》——一部专门为梅妃所写的传奇小说。

杨玉环

回眸一笑百媚生 六宫粉黛无颜色

中国四大美女中，杨玉环是最晚出现的一个，她出生于公元719年，『安史之乱』后于公元756年死在马嵬坡，享年38岁。杨贵妃是大家最常用的称呼，小字玉环，又因为她曾经当过女道士，道号太真，又称其为杨太真。杨玉环祖籍蒲州永乐（今山西省永济市），出生于四川成都，父亲是蜀州司户参军杨玄琰。不过杨玉环自幼失怙，由叔父杨玄珪抚养成人。白居易的《长恨歌》对杨贵妃的一生交代得很清楚，她和唐明皇之间的爱恨纠葛是今人最喜欢八卦的故事之一。

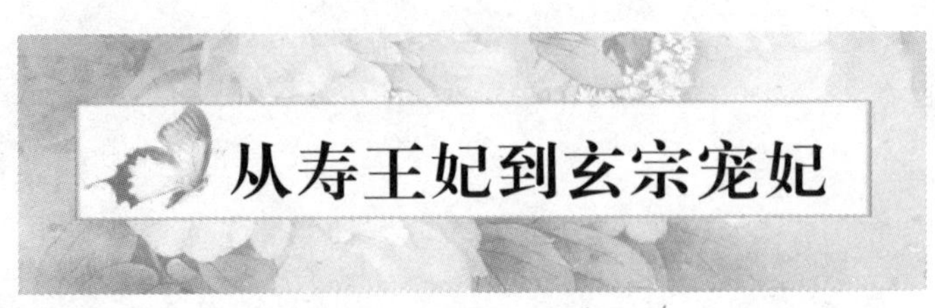

从寿王妃到玄宗宠妃

杨玉环天生丽质，加上优越的教育环境，使她具备了一定的文化修养，性格婉顺，精通音律，擅歌舞，并善弹琵琶。开元二十二年七月，唐玄宗的女儿咸宜公主在洛阳举行婚礼，杨玉环也应邀参加。这时的杨玉环正值二八年华，咸阳公主胞弟寿王李瑁对她一见钟情，唐玄宗在武惠妃（李瑁母妃）的要求下，当年就下诏册立她为寿王妃。婚后，两人甜蜜异常。开元二十五年十二月初七，唐玄宗宠爱的武惠妃病逝，玄宗因此郁郁寡欢。心腹宦官高力士这时想到了姿色绝美、娇体丰润、晓音律、善歌舞的寿王妃杨玉环，他向玄宗建议道："老奴听说寿王妃杨玉环姿容无双，又能歌善舞，是个妙人儿。不知皇上意下如何?"唐玄宗也听说过杨玉环的美貌，不过顾忌着是自己的儿媳妇，很是踌躇。高力士为了讨玄宗欢心，拍胸脯打包票说："只要皇上愿意，老奴一定为皇上办好此事。"玄宗也就默许了。于是开元二十八年十月，与李瑁成亲五年的杨玉环离开了寿王府，来到骊山，此时她才22岁，玄宗则56岁。玄宗先令她出家为女道士，为自己的母亲窦德妃祈福，并赐道号"太真"。骊山有华清池，杨玉环在此天然汤泉中"温泉水滑洗凝脂"，静静地等待着身份的巨大变化。杨玉环以道士身份觐见唐玄宗，玄宗一见大喜，宠爱有加，一切仪仗都等同于生前的武惠妃，宫中呼为"娘子"。天宝四年，唐玄宗把韦昭训的女儿册立为寿王妃，遂册立杨玉环为贵妃，玄宗自废掉王皇后就再未立后，因此杨贵妃就相当于皇后。

杨玉环自入宫以来，用自己的妩媚温顺及过人的音乐才华，还有杨氏三姐妹的相互扶持，受到玄宗的百般宠爱，虽曾因妒而触怒玄宗，以致两次被送出宫，但最终还是因玄宗的难以割舍被召回。第一次是杨贵妃恃宠骄纵，得罪了玄宗，被玄宗遣归娘家。可是，贵妃出宫后，玄宗饮食不进，高力士只得又把她召回来。第二次贵妃又以忤旨被送出宫外，贵妃出宫后，剪下一绺青丝，托中使张韬光带给玄宗，玄宗大骇，又令高力士把她召回。据说这次忤旨是因为贵妃拿了分王（二十五郎）的紫玉笛，才惹得玄宗不高兴的。张祜《分王小管》中的"金舆还幸无人见，偷把分王小管吹"就是说的此事。经此两事，杨贵妃知道玄宗没有她便寝食不安，更为骄纵，杨家"出入禁门不问，京师长吏为之侧目”。时人有“生女勿悲酸，生男勿喜欢”之谣，还有著名的“妃子笑”荔枝故事。李肇在《唐国史补》中说：“杨贵妃生于蜀，好食荔枝。南海所生，尤胜蜀者，故每岁飞驰以进。”杜牧《过华清宫》：“长安回望绣成堆，山顶千门次第开。一骑红尘妃子笑，无人知是荔枝来。”后世岭南荔枝有“妃子笑”品牌，就是得名于此，杨玉环也算是为岭南的荔枝事业做出了突出贡献。

唐朝为什么以胖为美

现在流行穿越剧，如果问起来最想穿越回什么时代？很多身材丰腴的美女都会毫不犹豫地回答“回唐朝”。为什么呢？因为唐朝以胖为美，回了大唐就不用考虑减肥，不用节食，也不用因为自己比别人胖而自卑了。这种特殊的审美观，是唐朝和历史上其他朝代最为不同之处。那么为什么唐朝会以胖为美呢？这个问题可以有几种解释。

首先，唐朝骨子里有游牧民族的血统。唐朝发家从太原留守李渊开始，经历了“五胡乱华”，匈奴、鲜卑、羯、氐、羌等民族政权更替，地方人民大换血，太原以及北边的并州等地早就有许多少数民族和汉族杂处，相互之间通婚的也有很多。李渊家族就是一个有“胡化”倾向的汉族家庭，李世民兄弟的外祖母为北周武帝的姐姐襄阳长公主（关于北周宇文氏，有说是匈奴族，也有说是鲜卑族，没有定论，但可以肯定不是汉族），李世民的妻子长孙皇后又是鲜卑拓跋皇室血脉。所以，虽然李渊是汉族，传统中国史承认李唐江山的合法合理，却不能否认李氏家族有胡人血统的成分。因此大唐初期民风彪悍，大唐的风气一直都比较自由奔放。

其次，游牧民族由于特殊的生活习性，并不喜欢“弱柳扶风”的美女。游牧民族长期居住在塞外，并要逐水草而居。塞外苦寒的风沙以及长期颠沛流离的生活，需要人有很强悍的身体素质，身体稍微孱弱的女性都无法适应，更何况是“弱柳”之姿的江南美女。所以游牧民族一向都不喜欢女性太瘦弱，不止大唐，包括元朝的蒙古族和刚入关的清朝满族人都是如此。清初的旗人用顺治帝的话说都是“水桶腰”，其后随着生活方式的改变，旗人才开始崇尚“瘦美人”的。

再次，胖点儿的女性好生养，这也是游牧民族的性质决定的。在塞外，女性和牛、羊等都是财产的一部分，所以王昭君、千金公主等和亲后不但要嫁当时的单于，还要嫁下一任单于，这是当地的风俗。继任单于可以继承上一任单于王帐里的所有财产，包括女人。女子稍微胖一些，日常工作多一些，不娇生惯养一些，生养孩子时难产就少些，这是草原民族繁衍生息下一代的重大事件，马虎不得，因此草原上不喜爱太瘦弱的女性。

最后，物以稀为贵。有人研究说，当社会比较动荡不安时，人们普遍比较喜欢丰乳肥臀的胖美人，而当社会安定、经济繁荣时，人们就会偏爱轻盈可爱的瘦美人，放在中国古代同样如此。拿汉朝来说，汉朝是农耕民族，生活富足，物质相对丰富，富贵人家吃胖很容易，再瘦下来就很难，所以汉朝认为为数不多的、能瘦下来的才是“美人”。清初的满族也是如此，不过清朝王室最终被中原汉人改变了观念，大唐王室则让中原汉人因为皇室的审美观而改变了固定的审美观念。

唐朝的美女能有多胖？从现在出土的唐朝美人俑来看，基本要长出来三层下巴，确实不是一般的胖。不过据传杨贵妃并没有胖得很夸张，因为杨贵妃最擅长舞蹈，而且是胡人的“胡旋舞”，试想一个 200 斤的美女，如何跳得动胡旋舞？所以，杨玉环只是有些身材丰腴，但胜在皮肤白皙、肤如凝脂、温润如玉，她和汉朝的赵飞燕各有千秋，并不能由此否定唐朝人的审美观。

四大美女中，杨玉环留给历史的背影是“贵妃醉酒”，经过梅兰芳大师的改进，这已是中国京剧最传统的剧目之一。唐明皇晚年喜爱歌舞剧，他谱曲，杨贵妃唱，唐明皇甚至因此被中国梨园（戏曲）行当尊奉为祖师爷。杨贵妃一曲《霓裳羽衣》，震惊四座，可惜这样的惊艳绝才终抵不过马嵬坡下的一抔黄土。

“安史之乱”起，唐玄宗逃离长安，途至马嵬坡。六军不再前行，太子李亨、龙武大将军陈玄礼发动兵谏，说是因为杨国忠（贵妃之堂兄）专权误国，民怨沸腾，而致使安禄山叛军势如破竹。玄宗为息军心，乃杀杨国忠。六军又不肯前行，说杨国忠为贵妃堂兄，堂兄有罪，堂妹亦难免。贵妃亦被缢死于路祠，结束了自己短暂的一生，享年38岁，白居易的《长恨歌》叙述的就是玄宗与贵妃的悲剧故事。在诗词中反映杨贵妃的故事有很多，杜牧《过华清宫绝句》云："新丰绿树起黄埃，数骑渔阳探使回。霓裳一曲千峰上，舞破中原始下来。"更有李白的《清平调词》三首即"云想衣裳花想容，春风拂槛露华浓"等成为千古绝唱。贵妃死后，玄宗入蜀，"行至扶风道……又至斜谷口，属霖雨涉旬，于栈道雨中闻铃声，隔山相应。上既悼念贵妃，因采其声为《雨霖铃曲》"，这就是后来宋词《雨霖铃》词牌的由来。

花见羞 48

本是贫家子
零落依草木

花见羞，是后唐明宗李嗣源的淑妃，本姓王，家里开糕饼店。『花见羞』并不是她的名字，只是因为她长得漂亮，连盛开的花儿看见了也只有自惭形秽的份儿，所以人称『花见羞』，为五代时期第一美女。

力辞皇后宝座

花见羞的第一任丈夫并不是后唐明宗，而是后梁大将刘鄩。在花见羞年仅十六七岁时，正值豆蔻年华的她嫁给了年近花甲的刘鄩。一个糕饼店老板的女儿，嫁给了后梁大将，虽然年龄并不匹配，难得夫妻感情和睦，生活十分幸福。可惜好景不长，刘鄩只陪伴了花见羞两年，就亡故了。刘鄩死后，花见羞为他素衣送葬，并筑庐守丧。人们常看见花见羞穿着素白的孝衣，白衣翩翩，疑似天女下凡，都盛传她的美貌和贞德品行。适逢李嗣源的夏夫人亡故，求取外室，经人说和（也有人说李嗣源为刘鄩的墓长揖作礼），终使得花见羞除了孝服，嫁给了他。刘鄩死后，给花见羞留了许多金银，花见羞就把这些钱财送给明宗的左右侍者和各位夫人，所有人都说她的好话，明宗也就更喜爱她了。

不过，花见羞最难得的是她的谦逊美德直追当年汉光武帝的皇后阴丽华。李嗣源即位后，按照地位先后本应该立曹氏为后，曹淑妃原来侍候过夏氏夫人，并帮忙抚育过李嗣源与夏氏夫人所生的两个儿子。不过曹夫人为人简朴，宫中大小事情很少处理，多是王氏（花见羞）专宠。这时曹夫人告诉明宗："我素来多病，性子又不耐烦处理烦琐小事，还是让王妹妹代我为后吧。"曹后既然这么说了，而且花见羞专宠，她当皇后也无可厚非。不过花见羞也告诉明宗："皇后之位，是和皇上相匹配的至尊之位，又岂是谁都可以当得的。我的资质不够，还是应该封曹姐姐为后。"二人相互谦让，颇有娥皇、女英遗风。最终，明宗立曹氏为后，立花见羞为淑妃娘娘。花见羞对曹皇后很尊重，明宗和曹皇后吃饭时，花见羞总在一边侍奉，一直到皇后吃完饭才退下。不过曹皇后也对她非常友善，而且宫中的大事全由花见羞说了算，她实际上是无冕的皇后。明宗患病不能治理朝政，花见羞与宦官孟汉琼联合起来，处理朝中大事，她秉承明宗的旨意诛杀了重臣安重诲和搞阴谋活动的秦王李从荣。刘鄩的两个儿子都沾了花见羞的光，被封了官爵。明宗死后，愍帝即位，册尊曹皇后为皇太后，花见羞为皇太妃。花见羞因为谦让后位，赢得了朝中大臣的尊敬，并为她以后在乱世中生存提供了帮助。

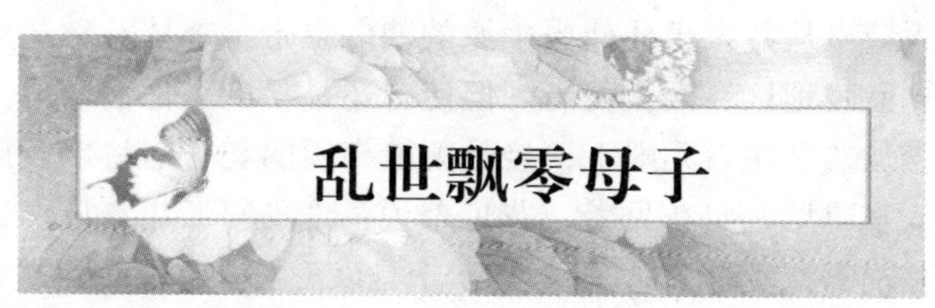

乱世飘零母子

明宗在位的时候，曾让花见羞养育了许王李从益。李从益的乳母司衣王氏见明宗已老，而秦王李从荣手握重兵，就想找秦王当靠山，于是借口说："孩子想念哥哥秦王了。"那时李从益才四岁，司衣王氏多次唆使李从益说要见秦王，于是明宗就让司衣王氏带着李从益往来秦府。王氏与李从荣私通，李从荣就让王氏伺察宫中动静，后来李从荣以谋反罪被处死。明宗死后，司衣王氏还口出怨言，愍帝闻之，大怒，就赐死了她。但由于王氏是李从益的乳母，而李从益又是花见羞抚养成人的，所以这事牵连到了太妃花见羞。愍帝心中不悦，就想把她迁到至德宫。因为花见羞与所有的妃子都很友善，所以愍帝就不敢触犯众怒，打消了驱除花见羞的念头，但这以后对她很冷淡。

末帝即位，置酒在太妃的宫院，花见羞举酒说："愿辞别皇帝，出家当比丘尼。"末帝问："为什么？"花见羞说："小儿李从益，若你不容他，则他死之日，我有何面目见先帝！"于是声泪俱下。末帝也为之凄然，对她很是优待。当石敬瑭兵犯京师时，末帝聚集族人准备自焚。花见羞对曹太后说："事情紧急了，咱们躲避一下。"曹太后说："我们李家到了这一地步，我不忍心独生，妹妹你自己保重吧！"曹太后和末帝都自焚而死，而花见羞与许王李从益及其妹妹藏在鞠院，得以脱离危险。

后晋高祖石敬瑭当皇帝后，花见羞自请为尼，石敬瑭没有批准，而把她母子迁到了至德宫。后晋迁都到汴梁后，花见羞母子都随同东行，住到汴梁的宫中，后晋高祖皇后把花见羞当母亲看待。天福四年（939 年），石敬瑭还为后唐王室立宗庙，封许王李从益为郇国公，以主持后唐的宗庙。后晋出帝即位后，花见羞母子俱还洛阳。

契丹兵大破京师后，赵延寿所娶的唐明宗的公主已死，耶律德光就为赵延寿续娶李从益的妹妹，是为永安公主。公主也一直是花见羞养大的，并不知道生身母亲是谁，所以请了花见羞到京师，主持公主的婚礼。耶律德光看到后唐明宗的画像，焚香再拜，对花见羞说："明宗与我约为弟兄，你是我的嫂嫂。"他封李从益为彰信军节度使，李从益固辞，与母亲花见羞俱回归洛阳。

耶律德光北归，留萧翰守汴州。后汉高祖刘知远起兵太原，萧翰准备撤兵北去，派人请李从益，想让他当中原的傀儡皇帝。李从益和花见羞母子没有答应，逃到徽陵地区，回避使者。但使者还是找到了他们，迫使李从益当代理皇帝。李从益坐在崇元殿上，接受萧翰率领的契丹诸将以及后晋群臣的拜见。群臣入宫谒见太妃花见羞，花见羞说："我们孤儿寡母的，为萧翰所迫，这难道是福吗？我看大祸不远了！"于是以王松、赵上交为左右丞相，李式、翟光邺为枢密使，契丹将领刘祚为侍卫亲军都指挥使，萧翰留下契丹兵千人给刘祚指挥，其余人都撤退回去了。

当后汉高祖刘知远拥兵南下时，李从益派人召请高行周、武行德等军阀，以抵抗刘知远的军队。他们都不肯来，李从益只好与王松商议，指挥契丹兵，闭城自守。花见羞说："我们家是亡国的后代，怎么敢与人争天下！"于是派人上书迎接刘知远。刘知远听说李从益曾经召请高行周等人抵抗而没有成功，就派郭从义先入京师杀花见羞母子。花见羞临死前喊道："我家母子有什么罪过？怎么不留我儿子一条命，使每年寒食持一盂饭，洒明宗坟上。"听到花见羞抗议声的人们都悲痛不已。李从益死时才 17 岁，其实在政治上根本不会对刘知远构成威胁。

花见羞出身不高，不过这也养成了她对所有人都谦恭大度的秉性，并能不计恩怨抚养明宗的孩子。正是她的性子，让她们母子在明宗死后于乱世中艰难地生存了下来。花见羞几乎见证了五代所有王朝的兴衰，最后为刘知远所杀，这位五代时期第一美女从此香消玉殒了。

小周后

49

风情万种群芳妒
梦断巫山楚月愁

『四十年来家国，三千里地山河；凤阁龙楼连宵汉，玉树琼枝作烟萝，几曾识干戈？一旦归为巨虏，沈腰潘鬓消磨；最是仓皇辞庙日，教坊犹唱别离歌，垂泪对宫娥。』这是南唐后主李煜的《破阵子》。李煜是一代词宗，不过除了亡国后情真意切的哀叹外，早期为帝时也写过许多艳词，其中最为著名的就是《菩萨蛮》：『花明月暗飞轻雾，今宵好向郎边去；划袜步香阶，手提金缕鞋。画堂南畔见，一晌隈人颤；奴为出来难，教郎恣意怜！』一般认为此词写的正是李煜和小周后偷情的场景。小周后是典型的江南美女，不但让李后主心心念念，更是让宋太宗赵光义神魂颠倒，赵光义在南唐投降后逼奸了小周后。

大小周后

之所以叫她“小周后”，是因为南唐后主李煜有两位周氏皇后，而且是亲姐妹俩，为示区别，人们分别称之为大周后和小周后。“大周后”周娥皇，自幼喜欢史书、音律、书画、歌舞及诗词，尤其擅长弹奏琵琶。南唐后主李煜也喜爱这些，二人志同道合，感情深厚。夫妻二人曾合作谱写了许多新曲，并使唐乐得以整理和恢复。李煜才子风流，虽然和大周后有非常好的感情，但他并没有做对大周后爱情忠贞的打算。公元 964 年，大周后病重，这时的周小妹年方 14 岁，长相酷似刚入宫时的大周后，李煜对她的态度发生了变化。在娥皇病重的时候，李煜召周小妹侍寝，这件事最终被大周后知道，她传唤妹妹询问，周小妹说：“我已入宫多日，每次来看姐姐，姐姐都在昏睡。姐夫命我侍寝，并让我不要见你，他还说要立我为皇后。”大周后既伤心小妹年幼无知，就此踏入后宫争斗，更伤心后主感情的背叛，病危时任李煜在床前长时间哀求，始终未再见后主一面。

大周后死后，李煜依约封小周后为皇后。据说册封之日，万人空巷，有许多人为了看到这个盛大的场面，爬到屋顶观看，为此还有不幸从房顶摔下来摔死的。李煜从此再也不管政事，整日只是与小周后游览金陵美景，变成闲云野鹤，吟诗作对，过着才子佳人的生活。其时南唐内外交困，谁都知道李煜并不是一个好皇上，但按宋太祖赵匡胤的说法是：“江南何罪，但天下一家，卧榻之旁，岂容他人酣睡。”所以，赵匡胤虽然欣赏李煜的才气，喜欢这个人的仁厚和浪漫，但他需要李煜的南唐归顺大宋。他好几次劝降后主，均被拒绝。在周娥皇死后，他还曾经派人来和亲。南唐大臣均希望促成此事以保平安，后主也深知此事的重要性，但如此风流才子岂肯舍佳人而献身社稷？他爱慕小周后至深，喜欢和她吟诗作对，花前月下，因而拒绝了和亲。

熙陵幸小周后

喜欢风花雪月的李煜，终于在和小周后的浪漫生活中断送了南唐江山。公元975年，即宋太祖开宝七年，北宋向南唐发动了全面进攻，赵匡胤派大将曹彬率军攻略南唐。李煜为了不使金陵成为涂炭战场，按照宋兵的要求，率领王公后妃、百官僚属在江边码头集结，登上宋船北上。数月后，李煜来到开封，朝觐赵匡胤，得到了一个带有极大侮辱性的封爵“违命侯”，他的《破阵子》“四十年来家国”就是作于这个时期。小周后和后主一起北上，被封为郑国夫人。不过亡国的李煜根本保不了小周后的周全，宋太宗赵光义就看上了小周后的美貌。据说有一幅著名的宋朝宫廷艳画《熙陵幸小周后图》，宋仁宗时宰相文彦博曾在笔记中记载，他亲眼看到过这幅画。明人沈德符《野获编》也说：“宋人画《熙陵幸小周后图》，太宗戴幞头，面黔色而体肥，周后肢体纤弱，数宫人抱持之，周后作蹙额不胜之状。”姚叔祥《见只编》写得更详细：“余尝见吾盐名手张纪临元人《宋太宗强幸小周后》粉本（即水粉画），后戴花冠，两足穿红袜，袜仅至半胫耳。裸身凭五侍女，两人承腋，两人承股，一人拥背后，身在空际。太宗以身当后。后闭目转头，以手拒太宗颊。”

这记载的都是关于此画的内容。从画中可以看出，宋太宗长得皮肤黝黑，肥头大耳，小周后则是肢体纤弱，根本没有反抗的能力。宋太宗在历史上的名声并不好，不但“烛影斧声”杀了哥哥赵匡胤篡权夺位，还非常好色，先是宋太祖抢了蜀主孟昶的花蕊夫人，宋太宗又想调戏已经是自己嫂嫂的花蕊夫人，并且继位后还强奸了南唐后主李煜的夫人——小周后。这样的强取豪夺，真不是一代真命天子该做出的。宋太宗在这件事上被后人诟病颇多，如就在《熙陵幸小周后图》上，元人冯海粟学士就题诗：“江南剩得李花开，也被君王强折来。怪底金风冲地起，御园红紫满龙堆。”意思是说宋太宗你强抢了别人的妻子，而你的后代（宋徽宗、钦宗和宗室嫔妃公主3000人）也被金人大肆蹂躏，这真是报应。

李煜引起太宗的杀心，就是因为一首《虞美人》：“春花秋月何时了，往事知多少。小楼昨夜又东风，故国不堪回首月明中。雕栏玉砌应犹在，只是朱颜改，问君能有几多愁？恰似一江春水向东流。”这首词终于令太宗忍无可忍，他暴跳如雷，勃然变色道：“他还不忘江南，若不将他除去，必为后患。”宋朝的皇帝怎么能容忍亡国之君在大宋京师怀念故国？于是太宗决定除掉李煜。他知道自己的弟弟赵廷美与李煜过从甚密，当晚就派秦王赵廷美代表他前去祝寿，并赐一剂“牵机药”，此药毒发之时肢体抽搐，手脚忽拳忽曲，头或俯或仰，面色改变，身子头足相接，作牵引织机动作数十次，好似牵机一般，不能停止。李煜死后短短几个月，小周后终因经不起悲苦哀愁与绝望惊惧的折磨，自杀身亡，追随李煜而去，一代佳人香消玉殒。

小周后虽然悲惨地离开了人世，但她却为后世文人墨客留下了一个吟咏爱情题材的美好形象。大、小周后和南唐后主李煜给历史留下了一段爱情故事，直到清代还有人赞美他们之间那段浪漫的往事。

50 花蕊夫人

十四万人齐解甲 更无一个是男儿

五代十国时期有两位『花蕊夫人』，一位是前蜀高祖王建的妃子『小徐妃』，和姐姐二人均受到王建的宠爱，人称『花蕊夫人』，不过姐妹俩宴饮无度、卖官鬻爵，祸乱朝堂，生生毁了前蜀，虽有倾城之貌，却不足以为人们记住。我们这里说的『花蕊夫人』徐氏，是后蜀后主孟昶的宠妃。『花不足拟其色，蕊差堪状其容』，她不但长得艳丽娇媚，貌美如花，更兼通文墨、擅诗词，为中国历史上一位杰出的女诗人、女文学家。

买花钱

蜀后主孟昶是个和江南李后主一样喜欢文辞却又浪漫不切实际的帝王，花蕊夫人嫁过去后，二人志趣相投、如胶似漆，感情颇为深厚。因为花蕊夫人喜欢牡丹花和红栀子花，蜀主孟昶就命人专门修建了“牡丹苑”，并发话说：“人都说洛阳牡丹甲天下，我现在就要让成都牡丹甲洛阳。”孟昶除与花蕊夫人日夜盘桓牡丹花下，更召集群臣，开筵大赏牡丹。到了仲秋季节，孟昶和花蕊夫人又邀请百官到御苑观赏红栀子花，花蕊夫人即席赋诗，作品受到了百官的称赞，后蜀内阁中书吴之振夸赞花蕊夫人的诗作“清新艳丽，足可夺王建、张籍之席”。孟昶后宫佳丽无数，闲暇时便同花蕊夫人一起，将后宫侍丽召至御前，亲自点选，拣身材婀娜、资容俊秀的，加封位号，其品秩比于公卿士大夫。每月还发给香粉钱，统一由内附负责，谓之“月头”。到了支俸金之时，孟昶亲自监视，那宫人竟有数千之多，唱名发给，每人于御床之前走将过去，亲手领取，名为支给“买花钱”。可惜孟昶作为一个风流皇上，后宫佳丽数千人，有些终生都难以得到皇上的宠幸，也就只有在支领“买花钱”时才能见到皇上一面。为此，花蕊夫人曾专门赋《买花钱》小诗一首：“月头支给买花钱，满殿宫人近数千。遇着唱名多不语，含羞走过御床前。”一首写实却恰当地表现了宫怨的诗作，为蜀主孟昶的宫中生活描绘了一幅生动的图画。

张仙的由来

花蕊夫人和孟昶的夫妻感情深厚，不过孟昶不止性格和李后主有一拼，连结局也和李后主差不多，风花雪月误国。公元965年，北宋大军攻入成都，后蜀最终为宋太祖赵匡胤所败，孟昶携花蕊夫人献国投降。孟昶被押解到汴京（今河南省开封），封秦国公，可惜没过几日，孟昶就暴病身亡，但多数人认为是因为赵匡胤贪图花蕊夫人的美貌，下毒毒死了孟昶。这也是蜀后主和李后主相似的地方，投降后势单力薄，同样连心爱的夫人也保不住。在孟昶死后，花蕊夫人就被赵匡胤收进宫中，成了宋太祖的宠妃。花蕊夫人之所以受到赵匡胤的宠爱，除了美丽的容貌外，还有她的才情。最有代表性的就是当赵匡胤问蜀国亡故，她和蜀主被押解进京的经历时，花蕊夫人即席咏吟，写下了流传千古的《亡国诗》："君王城上树降旗，妾在深宫哪得知。十四万人齐解甲，更无一个是男儿。"宋太祖有感于花蕊夫人的故国之思、亡国之痛，更加深了对花蕊夫人的爱慕之心。不过花蕊夫人虽然受太祖宠爱，心中却时时想着后主孟昶，并在宫内为孟昶画了画像，每日焚香祭拜。不料一日退朝略早，太祖步入花蕊夫人宫内，见她正在那里悬着画像，点上香烛，叩头礼拜。太祖不知她供的是什么画像，即向那画像细看去，只见一个人端坐在上，眉目之间好像在什么地方见过一般，急切之间，又想不起来，只好问花蕊夫人。夫人不料太祖突然前来，心下惊慌，见太祖问起，连忙回答："这就是俗传的张仙像，虔诚供奉可得子嗣。"太祖听了很高兴，说："妃子如此虔诚，朕料张仙必定要送子嗣来的。但张仙虽掌管送生的事，究竟是个神灵，宜在静室中，香花宝柜供养，若供在寝宫里面，未免亵渎仙灵，反干罪戾。"夫人听了太祖的话，连忙拜谢。就这样，宫里的妃嫔听说供奉张仙可以得子，便都到夫人宫中照样画一幅，供奉起来，希望生个皇子，从此富贵。不久，这张仙送子的画像，竟从禁中传出，连民间妇女要想生儿抱子的，也画一轴张仙，香花顶礼，至今不衰。如此，孟昶九泉有知，也一定会十分感念花蕊夫人。后人曾经为此写诗云："供灵诡说是神灵，一点痴情总不泯。千古艰难惟一死，伤心岂独息夫人。"

斧声烛影

"斧声烛影"是大宋历史上的一大疑案，事件牵涉到宋太祖赵匡胤和弟弟太宗赵光义，而且有关宋朝江山社稷的传承。由于赵匡胤并没有按照传统习惯将皇位传给自己的儿子，而是传给了弟弟赵光义，后世因此怀疑赵光义谋杀兄长而篡位。据各种史书记载，开宝九年（976 年）十月十九日夜，赵匡胤病重，宋皇后派亲信王继恩召第四子秦王赵德芳进宫，以便安排后事。谁知太祖二弟赵光义早已经窥伺帝位，收买了王继恩为心腹。当他得知太祖病重，即与亲信程德玄在晋王府通宵等待消息。王继恩奉诏后并未去召赵德芳，而是直接去通知了赵光义。光义立即进宫，并不等通报径自进入太祖的寝殿。王继恩回宫后，宋皇后就问："德芳来耶?"王继恩却说："晋王至矣。"宋皇后见赵光义已到，大吃一惊！知道事有变故，而且已经无法挽回，只得以对皇帝称呼之一的"官家"称呼赵光义，乞求道："吾母子之命，皆托于官家。"赵光义答道："共保富贵，勿忧也！"史载，赵光义进入宋太祖寝殿后，但遥见烛影下晋王时或离席以及"柱斧戳地"之声，赵匡胤随后去世。二十一日晨，赵光义就在灵柩前即位，改元太平兴国。这个事件由于没有第三人在场，因此一直以来都有赵光义弑兄登基的传说，但是无法证实，成了千古疑案。

这个故事本来和花蕊夫人没有什么牵连，不过也有人说太宗弑兄，其中有一个原因就是花蕊夫人。夫人进宫后，不但受到了太祖的宠幸，赵光义也仰慕其容貌，而且总想着图谋不轨。待太祖病重时，太宗去探病，看到太祖已经昏迷不醒了，旁边服侍的正是嫂嫂花蕊夫人。太宗一时色迷心窍，就在太祖床前调戏了花蕊夫人。刚好太祖这时睡醒了，看到弟弟调戏自己的妃子，一气之下就拿着随身的玉斧砸向太宗。太宗理亏，什么也没敢说，等皇后和各位皇子到来时，就灰溜溜地从太祖寝殿退了出来。不过后来越想越觉得哥哥不会饶了自己，最终气死了重病的太祖，夺得了大宋的江山。太祖和太宗的矛盾并不是一天两天了，花蕊夫人却做了他们之间矛盾爆发的导火线，终于引出了大宋第一悬案——斧声烛影。顺便解释一下，这里的"斧"，并不是我们今天所说的斧头，而是用玉石雕刻而成，被达官贵人拿在手中赏玩的一个形状像斧头的玉摆件，所以太祖才可以一生气，就随手抄起玉斧砸向太宗。

不过关于花蕊夫人的结局，还有一种说法，说她的死亡时间要早于宋太祖。赵匡胤和赵光义兄弟为了她争风吃醋，但是对于赵光义来说，她毕竟是自己的嫂夫人，眼看是没有希望了，赵光义心狠手辣，想着反正也得不到，还不如毁了的好。一次太祖和太宗一起打猎，花蕊夫人也在其侧，太宗明里拉满弓射野兽，谁知箭头一转，就射死了花蕊夫人，一代文人女杰就这样香消玉殒了。

萧燕燕

休言女子非英物 夜夜龙泉壁上鸣

在关于杨家将的故事中，辽国的萧太后多半被塑造成一个好战的女人，她不断挑起宋辽两国之间的战争，她更是杨家将们的死对头，杨家的好儿郎几乎全部命丧于她的手中。历史上的萧燕燕真是如此不堪吗？萧燕燕（953—1009），名绰，契丹族，辽朝著名的女政治家、军事家，辽景宗的皇后。在她统治期间，辽朝不断地发展壮大，是为最鼎盛时期。萧燕燕是一个不同寻常的女人，她17岁开始执政，这原本是一个女孩子天真烂漫、正该享受生活和爱情的年纪，可是她却已经挑起了治理国家的重担。她虽然不是皇帝，却主宰着一个国家的命运。辽景宗过世后，萧燕燕与汉人韩德让关系特殊，但这并不影响她在辽国人民心中的神圣地位，她依然是那个头脑敏锐、果敢坚韧、英姿飒爽的皇太后，是辽朝的无冕之王。

十七岁执政的女人

想要了解萧燕燕，首先要了解的是“萧”这个姓氏。在辽国，“萧”姓是仅次于耶律氏的权贵姓氏，并且萧氏与耶律氏一直沿袭着通婚的习俗。尽管耶律氏的皇帝可以有不同姓氏的妃嫔，但皇太后都是萧氏。

公元953年，“断腕太后”述律平的族侄、皇亲萧思温的家中诞生了一个小女婴，大概是家人希望她能风姿绰约，便为其取名“绰”；又因为萧思温的妻子是辽太宗耶律德光的女儿燕国公主耶律吕不古，所以根据公主的封号，这个女婴便小字“燕燕”。燕燕一天天长大，明眸皓齿，秀外慧中，深得父母的喜爱。在《辽史》上记载了一件关于萧燕燕的事情：一日，狂风过去，萧思温将三个女儿叫在一起，要她们打扫庭院，借此来观察女儿们的心性。当时，燕燕还小，却认真地将自己的范围打扫得干干净净，连角落都没有落下；而她的姐姐们却只是勉强做个样子，等父亲走了，便都跑去玩耍了。事后，萧思温便对燕燕更加疼爱，并认为她一定会为萧家成就一番功业。

萧思温为辽穆宗的亲信，而辽穆宗后来因为性格残暴，在出外围猎期间被近侍小哥等六人杀死。这次围猎，萧思温也随侍在穆宗左右，在穆宗死后，他想到的第一件事便是谁能来继承皇位。此时萧思温脑子转得很快，在他脑海中浮现的第一个人便是辽世宗的次子耶律贤。耶律贤素来与萧思温交往甚密，如果他能成为皇帝，那么自己家族更加飞黄腾达便指日可待。于是，萧思温封锁了皇帝遇刺的消息，第一时间通知了耶律贤。耶律贤闻讯后即刻率领着亲信抵达穆宗遇刺地点，在穆宗的灵柩前，成为了辽国的皇帝——辽景宗。这一年是公元969年，而此时的萧燕燕正是二八年华，当真风姿绰约，仪态万千。

辽景宗为了感谢萧思温，封了一大堆的头衔给他，还下诏选萧家最小的女儿萧燕燕为妃。就这样，燕燕成为了辽国的王妃，三个月后，成为贵妃，又过了两个月，晋封为皇后。

辽景宗即位后，进行了一系列的改革，辽国呈现出清明气象，国力也开始上升。可惜的是耶律贤身体太弱，尤其是当了皇帝之后，新病旧病让他苦不堪言，于是聪敏睿智的萧燕燕开始代替景宗处理国事。几件事情处理过后，萧燕燕对政治越发感兴趣了，而耶律贤也乐得找到一个好的帮手替自己分忧。此时，萧家一门权贵，对于刚刚接触国政的萧燕燕来说，也是不小的帮助。但是，萧思温的权力太大，引来了嫉妒，在公元970年遭到同族后人的刺杀，一命归西了。

父亲的去世对只有17岁的皇后萧燕燕来说是很大的打击，她也由此看到了权利争斗的残酷。来自父亲的依靠再也不会有了，而自己重病的丈夫还要仰仗自己，这个小女人一下子成熟起来。公元972年，萧燕燕生下了长子耶律隆绪，景宗更加宠爱她。其实，在他们相处的十四年间，景宗对萧燕燕几乎到了专宠的程度，他们一共生育了四子三女共七个孩子。

在掌政的过程中，萧燕燕才能尽显，也得到了大臣们的钦佩和赞扬，她继续推行景宗的全面改革方案，让辽国得以持续发展，军事实力也日益强盛。萧燕燕的努力，景宗看在眼中，记在心中，为了表明自己支持妻子的态度，他将萧燕燕的地位提升到了同自己相同的位置。萧燕燕彻底地掌握了辽国的军政大权，成为了辽国的真正主人。

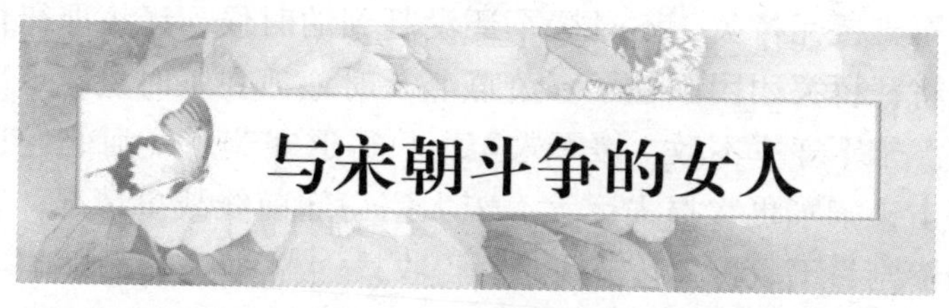

与宋朝斗争的女人

公元979年，宋太宗赵光义灭亡了北汉政权，为统一北方夺回燕云十六州扫清了障碍，创造了条件。因为在北方战场上的胜利，宋太宗决定发动对辽国的战争，这一战，目标明确，那便是夺取战略要地燕云十六州。燕云十六州是当年后晋石敬瑭割让给辽国的土地，这片土地范围广阔，人口密集，经济发达，最重要的是，这里是交通枢纽，是宋辽两国的交接缓冲地带。辽国既然得了这片土地，自然不肯放弃，而宋朝更一心想要夺回。

此时的萧燕燕已经执政多年，在军事政治的谋略方面早已是行家，宋太宗的心思她怎会不知道。辽国经过辽景宗和萧燕燕的改革与治理，尽管已经很有起色，国力也强大起来，但此时就与宋朝开战，难免伤元气。萧燕燕既不能就此放弃燕云十六州，又不想与宋朝就此开战，于是她便派人前往北宋交涉，希望宋朝能够就此休兵。不过，宋太宗赵光义完全没有将萧燕燕的建议放在眼里，他认为大宋朝如今兵强马壮，且刚刚灭掉北汉，士气正盛；而辽国的皇帝一直是病恹恹的，由女人掌权，此时不收回失地，更待何时？但他却忽略了宋军刚结束战争，并没有得到休整，士兵多存在厌战心理，怎么还会愿意再次开战。于是，他亲自领兵10万徒步千余里，进攻辽国，令他没想到的是这一战进行了整整25年。

就在宋太宗还长途跋涉的时候，萧燕燕早就已经做好了全面的准备，粮草、兵马全部到位，驻守边境的将领也早已安排妥当。宋朝的军队到达边境后，在最初的几次战斗中并没有费力便取得了胜利。宋军兵分三路，将辽国的“南京”幽州城（今北京市）合围，宋太宗见此情形，得意扬扬，全然忘记了宋军已经长途跋涉，孤军深入，也根本没有意识到这是萧燕燕的“诱敌深入”之计谋。

紧接着，宋军便被辽军夹击，在高粱河（今北京西直门外八）附近，见到战事危机，宋朝士兵的厌战情绪突然失控，导致全线溃败，死伤无数，而宋太宗本人也中箭受伤，仓皇之中只得乘坐一辆驴车狼狈而逃。这一仗，宋军一直被追击至涿州，丢失了大量的战争物资，损失惨重。第二年三月，宋军由名将杨业和潘美南北夹击，辽军失败。冬，萧燕燕与辽景宗亲自率军进攻瓦桥关（河北雄县）。宋军虽然设防严密，但并未能够阻拦辽军南下，宋太宗也亲率大军支援瓦桥关，不过援军还没赶到的时候，辽将耶律休哥率领的前锋军已经将瓦桥关团团围住了。萧燕燕及时地抓住了时机，令耶律休哥出兵攻打宋军。宋军守军不敌，援军未至，只得退守莫州（河北任丘北州镇），辽军一路追击，宋军再次损失巨大。宋太宗得知前线战事情况，害怕再次重演高粱河的惨剧，不敢再率兵前往，只得收兵。

经过此次战役之后，宋辽得到了短暂的平静。然而不幸的是，公元982年九月，35岁的辽景宗在出猎途中病逝，临终之时，他的遗诏中交代：“梁王隆绪嗣位，军国大事听皇后命。”萧燕燕最后的依靠也离她而去了。

此时，辽国宫中的局势变得复杂起来，诸位王爷手握兵权，对于皇位虎视眈眈；萧燕燕孤儿寡母，手中虽有景宗的遗诏，但是仍然身处危险之中。她临危不乱，处变不惊，召来大臣韩德让和耶律斜轸，对他们二人说道：“如今先皇驾崩，我们母寡子弱，族中的亲王兵强马壮，虎视眈眈，边境又有着宋军的威胁，我该如何是好呢?”韩德让和耶律斜轸听到萧燕燕如此说，连忙跪倒在地，表示要至死效忠。萧燕燕接受了韩德让的建议，下诏命各亲王回到自己的领地，相互不得见面。宫廷政变的危机解除后，萧燕燕宣布了景宗的遗诏，就这样，只有29岁的她成为了大辽国的皇太后。继位的耶律隆绪只有12岁，为辽圣宗。这一段惊心动魄的历史片段被记录在《辽史睿智皇后传》中：“景宗崩，尊为皇太后，摄国政。后泣曰：‘母寡子弱，族属雄强，边防未靖，奈何?”耶律斜轸、韩德让进曰：“信任臣等，何虑之有!’”就这样，萧燕燕继续掌握着辽国的大权，代替儿子辽圣宗治理着国家。

一时间，在萧燕燕的治理下，虽然时有与宋国的战争，但辽国兵强马壮，经济发展迅速，国家更加强大了起来。

经过了多年与宋朝的战争，萧燕燕早已看透宋朝的实力和军民怯战的心理。其实她也并非好战，只是燕云十六州的问题如果不能解决，双方都无法安生。与其这样无休止地征伐，倒不如双方能够和平共处，维持一个平衡呢。可是如何能够达到这样的平衡呢？萧燕燕在1004年发起了“以战止战”的澶州之战。澶州之战本义就是求和，而宋朝此时也正有此意，双方便开始了和谈，订立了“澶渊之盟”。这次澶渊之战，辽国在军事、外交上大获全胜。在一个女人的谋划下，宋辽之间结束了长达25年的战争，此后的118年里，双方都没有发生过大的战事，宋辽两国得以和平相处。

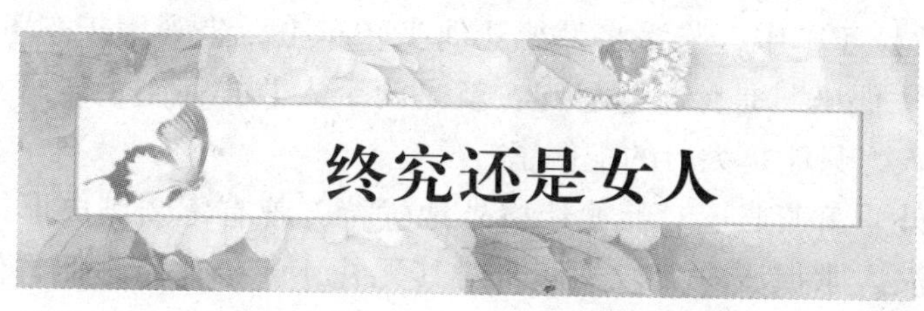

终究还是女人

提起萧燕燕，就不能不说起韩德让。韩德让本是汉人，他的祖父被掳到辽国，后来成为辽国的中书令，他的父亲则是辽国的南京留守，被封为秦王。韩德让自幼便聪敏过人，对于治国理政之事颇感兴趣，加之父辈的特殊身份，因此他在审时度势上也异常精明，在辽景宗时期便成为一方权臣。

公元979年时，韩德让驻守辽国的“南京”幽州城，当时宋军攻打南京，韩德让面对宋军仍能临危不乱，指挥守城军士坚持了十五个昼夜，终于等到援军的到来，与援军内外夹击，取得了高粱河战役的胜利。这次战役后，韩德让晋升为兴军节度使。982年，韩德让更是升为南院枢密使，成为了辽国中权势最大的汉臣。在辽景宗去世时，韩德让帮助“孤儿寡母”的萧燕燕母子渡过了难关，顺利继承皇位。可以说在新旧交替的动荡时期，是韩德让给予了萧燕燕母子最安稳的保障，这使韩德让在辽国的地位更加特殊。

当然，人们最津津乐道的还是韩德让与萧燕燕之间的特殊关系。韩德让比萧燕燕大13岁，据说他们之间曾有过婚约，只是还未能来得及婚嫁，萧燕燕便成为了皇妃。对于萧燕燕和韩德让之间的关系，在《契丹国志》也有记录：“帝后少年，有辟阳之幸。”在辽景宗去世之后，萧燕燕一方面为了拉拢韩德让，为自己和儿子求得保护，另一方面也是儿女情长，她对韩德让说道："你我之前曾有过婚约，可是世事无常，我成为了这后宫之中的女人，你成为了朝廷的重臣，可是我并没有忘记当年的情意，如今先皇已经去世，希望你我能够重修旧好。如今我的儿子是这辽国的皇帝，如果你我能够在一起，他便也是你的儿子，所以，希望你能尽心尽力地辅佐于他。"萧燕燕的话让韩德让除了有些吃惊，更有感动。毕竟当年萧燕燕还只是个情窦初开的小女孩，如今却是掌管着整个大辽国的太后，身份虽然变了，想不到对自己的情感还未曾改变，还能如此惦念着自己，韩德让的心如何能够不为所动。

从此，韩德让便对萧燕燕母子更加忠诚，而萧燕燕也对他更为信任。两个人更是情同夫妻，韩德让可以自由地出入宫帐，与萧燕燕出双入对，并且没有丝毫隐瞒，即便是接见外来使臣也毫不避讳。苏辙所写的《龙川别志》中就记载了在澶渊议和时，宋朝的曹利用见萧太后时的所见："利用见虏母（指承天太后）于军中，与番将韩德让偶坐驼车上，坐利用于车下，馈之食，共议和事。""偶坐"是什么意思呢？就是两个人并排而坐，能与太后一起并排而坐的男人，只能是太后的配偶了。

除此之外，萧燕燕还对韩德让格外地优待。曾有涿州刺史耶律虎古对于韩德让这个汉人掌握国家大权不满，对其无礼，韩德让当庭便将他杀死。而萧燕燕对于此事不置一词，并没有因为韩德让滥杀无辜而治他的罪。还有一次，辽国贵族胡里室与韩德让打马球，谁知他一个不小心将韩德让撞下马来，在场观看的萧燕燕气得立刻将胡里室斩首，在场的大臣中没有一个敢为可怜的胡里室说一句话、求一句情。这些事情均被记录在了《辽史》中，可见再理智的女人面对自己的爱人时，也是难免要失去理智的。

当然，对于萧燕燕和韩德让之间的关系，辽国贵族内部也是颇有微词的。毕竟韩德让是一个汉族人，如今竟成为了太后的夫君，皇帝的继父，着实让这些契丹贵族们心里不舒服。于是很多贵族议论纷纷，反对韩德让，更有人散布关于韩德让叛国的谣言。不过对于这些反对和谣言，萧燕燕全都不为所动，依旧和韩德让感情笃深。这些贵族见太后如此坚定，便也说不出什么来了。

萧燕燕和韩德让之间的事情，宋太宗自然也听说了，并且还有朝中大臣进言："如今辽国由萧太后掌政，可是她不守妇德，与臣子韩德让关系混乱不堪，伤风败俗，他们的国人定会非常厌恶痛恨，必然不会再听从一个淫乱女人的指挥，所以现在正是起兵征讨的好时机。"宋太宗听了这番话，深以为然，于是在公元986年发动了大规模的"雍熙北伐"。不过宋太宗还是打错了主意，他并没想到，辽国人对女人的贞节看得远没有想象的那么重要，他们更注重的是萧燕燕的治国才能。所以“雍熙北伐”的结果便是：经此一役，宋朝对于辽国的战略进攻转为了战略防守。

萧燕燕执掌了国家四十余年，在公元1009年十一月，归政于辽圣宗，想去南京安度晚年。可惜的是，她在途中染上重病，不到一个月便过世了，结束了自己传奇的一生，终年五十七岁。

刘娥

52

有吕武之才 无吕武之恶

刘娥（969—1033），北宋真宗赵恒的皇后，大宋历史上难得的一位垂帘听政的皇后，也是大宋历史上难得的一位再嫁而为皇后的人，更是后世经典剧目《狸猫换太子》故事的原型。在宋朝严苛的礼法制度下，这样一位和女子『三从四德』要求并不符合的女性竟然博得了历史的认同。她虽然垂帘听政，却被认为『有吕（雉）武（则天）之才，却无吕武之恶』，这本身就是一个特例和传奇。

再嫁的皇后

经历了唐朝武则天、韦皇后、太平公主等人的混乱，大宋朝廷和所有位列高位的朝臣都一致认同“女子不能干政”，认为这是祸乱朝廷的源头，于是开始了思想上对宋朝妇女的各种限制。“在家从父、出嫁从夫、夫死从子”、“大门不出、二门不迈”等都是从宋朝开始的。这要以南宋程颐、朱熹的“程朱理学”为代表，当然作为儒家思想界的典范，对女性的规制并不是程朱理学的重点，但同样因为程朱理学的发展，对女性的禁止确实是越来越严格了。好在程朱理学形成规模是在南宋，北宋时还没有非常严格的限制，因此刘娥的再嫁也并没有引起轩然大波。

刘娥，祖籍太原，后来全家一起搬到了益州华阳（今四川省剑阁）一带。刘娥的父亲刘通在征讨北汉的时候就阵亡了，刘娥是刘通的二女儿，母亲庞氏就把刘娥带到外公家抚养长大。据说刘娥出生时，母亲曾梦到有月亮入怀，当然这些传说演绎的成分居多。刘娥长得花容月貌，非常善于打小鼓，就以打鼓卖唱维持生计。后来嫁给了当地的一个银匠师傅龚美，夫妻俩为了讨生活，来到北宋都城东京，遇见了当时还是太子的赵恒。赵恒当时兼任开封府尹，一次家里需要打制金银饰品，就见到了龚美，听说他是四川人后，就问他：“听说你们蜀中盛产美女啊，你有没有什么合适的人选给我推荐推荐？”龚美哪有这本事啊，一个走街串巷讨生活的，哪可能认识什么美女？自己身边就一个美女，还是自己老婆。这龚美为了讨好太子，就把老婆刘娥献给了太子赵恒，赵恒对刘娥一见钟情，就这样，在刘娥15岁时，她成了太子赵恒的妾侍。可惜太子的乳母不喜欢刘氏，有一次宋太宗无意间问起太子怎么最近比较消瘦，乳母就把刘娥的事情告诉了皇上，皇上大怒，下令太子把刘氏驱逐出府。太子这时正和刘氏如胶似漆呢，怎么舍得，就把她藏在了大臣张耆的家里，一藏就是十年，期间并没有断了来往，由此可见赵恒也是个长情的人，又或者说刘娥的魅力实在太大。直到太宗去世后，赵恒第一时间就把她接了回去，封为美人。刘娥十分聪明又处事圆滑，在宫中能左右逢源，她对当时真宗的郭皇后尊敬有加，对其他嫔妃也很友好，真宗真是越来越喜欢她了。因为是龚美主动献的刘娥，大家都知道这回事，没什么好遮遮掩掩的，刘娥索性让龚美改姓刘，做了自己的本家哥哥，并让真宗给他封官。原来的丈夫成了哥哥，并且堂而皇之地告诉全天下人，也算是大宋历史上独一份的了。

狸猫换太子

包青天家喻户晓，他所审的案子，其中有一个经典的就是狸猫换太子。这个故事最早源自元杂剧《金水桥陈琳抱妆盒》，古典名著《三侠五义》中也有一个章回的描写，讲的是宋真宗赵恒时，郭皇后已死，刘妃和李妃谁先生了儿子，谁就有可能当皇后，于是刘妃与内监郭槐合谋，以剥皮狸猫调换李宸妃所生婴儿，李宸妃因为生了怪胎被打入冷宫。赵恒死后，仁宗赵祯即位，包拯奉旨赴陈州勘察国舅庞煜放赈舞弊案。途中，包拯受理李妃冤案并为其平冤，迎李妃还朝的故事。

章献垂帘

"狸猫换太子"的故事是在民间流传过程中无数次加工的结果，并不符合历史真实，其实刘娥并不是一个心狠手辣的人，并不像吕雉、武则天之流。而且刘娥被赵恒雪藏的十年中，估计是遍读了诸子百家经典，没少增长知识。当皇后以后，真宗有处理不好的疑难时，她能引经据典，发表自己的看法，为此深受真宗的信赖和佩服。真宗驾崩，仁宗继位时，才是刘太后的"章献垂帘"时代。

刘太后能够号令严明、赏罚有度，虽然有些偏袒家人，但并不纵容他们插手朝政。在大是大非面前，她更尊重士大夫们的意见，王曾、张知白、吕夷简、鲁宗道都得到了她的重用，刘氏姻族也没有做出为害国家的祸事。刘娥还非常简朴，当初身为皇后时服饰简朴，当了太后依然未改习性。其宫中侍女见皇帝侍女服饰华丽，觉得自己身为太后侍女，怎么能被比下去呢？报与刘娥，刘娥不为所动，“那是皇帝嫔御才能享用的，你们哪有这样的资格？”不过掌权时间久了，谁都不愿大权旁落。仁宗就曾经抱怨过，说大臣奏事时，他只能看到大臣们的背部和臀部，因为大臣都是正面面向刘太后的，为此很郁闷。刘娥虽不愿还政于仁宗，却并未想过自立。程琳献《武后临朝图》，刘太后很生气地扔到地上说：“我绝不会做这样的事！”

宋朝是以士大夫家庭为荣耀的，刘太后很自卑于自己家庭出身不好。刘烨为龙图阁直学士、开封府尹，刘太后一次单独召见他说：“爱卿家族煊赫数十世，希望能看一下你的家谱，也许我们还是同宗呢。”刘烨答道：“微臣不敢。”后来刘太后还在不同场合问过很多次，竟然逼得刘烨自请去当了河南府尹，离开开封去洛阳了。不仅如此，刘太后还很有些小聪明，为了维持朝堂稳定，一次对大臣说：“国家多难，如果不是诸位宰相鼎力扶持，现在也不能有这太平日子。现在先帝陵墓已成，你们可以把子孙以及内外亲族的名字都报上来，当有额外加赏。”宰相们不知道太后是什么意思，就把三族子孙的姓名都报了上去。太后得到后把他们贴在寝宫的墙上，以后但凡有什么奖赏，先看是否两府宰相家的人，如果不是，就可以把名字除去了。从公元1022年仁宗继位，到公元1033年，刘太后临朝称制11年，史称“章献垂帘”。刘太后病重时，仁宗曾大赦天下，为太后祈福。明道二年（1033年），刘太后病逝，仁宗为太后发丧，不但执孝子礼，还不顾宰相们的劝阻亲自执绋（牵引棺材的绳索），一直步行送出皇仪殿。刘太后曾有遗诏，命仁宗尊养母杨太妃为皇太后。仁宗遵其旨意，尊封杨氏为保庆皇太后。杨后虽未垂帘听政，仁宗却恪尽孝道奉养。

53 弘吉剌·孛儿帖

终刚强兮不可凌
愿为影兮随君身

弘吉剌·孛儿帖（1161—1236），蒙古族，蒙古呼伦贝尔额尔古纳市人。她是成吉思汗铁木真的嫡妻，在成吉思汗众多的后妃中占据着最为重要的位置，无人能够取代。孛儿帖出身蒙古贵族家庭，与铁木真少年时便已定下婚约，后来虽逢铁木真家遭变故，但她依然不离不弃地跟随着铁木真，而铁木真生平的第一场战争也是为救孛儿帖而战。孛儿帖在回到铁木真身边后，尽心竭力地辅助着他，并且一直为前方战斗着的勇士们守护着家园，让他们得以安心地战斗。孛儿帖还养育出非常优秀的儿女，她的儿子后来成为了四大汗国的统治者，全部战功卓著，所向披靡。

一见钟情的姻缘

一代天骄元太祖成吉思汗共有后妃40余人，并且同时册立了多位皇后，在这些后妃中，地位最高也最受宠爱的要数他的正妻——弘吉剌·孛儿帖。成吉思汗的皇后们等级分明，她们分居在四个翰儿朵（毡帐，后指宫室）中，每一个翰儿朵中又有一个人是排名第一位的，这第一翰儿朵中的第一位便是弘吉剌·孛儿帖。

弘吉剌·孛儿帖之所以能够成为成吉思汗心目中第一位的女人，这要从他们的相识开始说起了。孛儿帖姓博司忽儿弘吉剌，她出生的翁吉剌部落是一个非常和平安逸的部落，他们并不与其他部落相互争夺，而是安守着自己的草原，过着平静祥和的生活。孛儿帖的父亲德·薛禅是翁吉剌部落的贵族，因此她的童年生活过得安逸幸福，而小孛儿帖也是部落中很有名气的小美女，加之她聪慧可爱，更被家人爱若珍宝。

公元1171年，孛儿帖10岁的时候，有一天，她的父亲带回来两位客人。这两位客人便是成吉思汗和他的父亲。当时成吉思汗还是个9岁的孩子，他的父亲也速该本来是要为他去他的母方亲族部落聘娶妻子的，在路过弘吉剌部落的时候，恰巧被德·薛禅看到了成吉思汗，德·薛禅当时一眼便看中了这个跟在爸爸身边的小男孩，于是便将父子二人带回了家中。

在蒙古族最早的历史典籍《蒙古秘史》中，绘声绘色地记载了这样的场面：德·薛禅准备了丰盛的酒席，来款待也速该和成吉思汗。席间，德·薛禅越看越喜欢成吉思汗，觉得他双眼中透出的光芒犹如日月一般明亮灼人，料想这个小孩子一定不会是一个普通人，定是一个大英雄。德·薛禅笑着对也速该说："安达（朋友），我昨天梦见白海青抓着日、月落在我的手上，您能为我解梦吗？"也速该听了这个奇特的梦，也很感兴趣，便笑着回道："这一定是个寓意吉祥的好梦。"德·薛禅点了点头，继续说："依我看，这日便是你的儿子，而这月，应该就是我的女儿孛儿帖。安达，您也知道，我们翁吉剌部落是出美女的，而我的女儿孛儿帖是美女中的美女，是我们部落中最美的花朵，她和您的儿子实在相配，就如那日月一般。"说完，他便叫出了孛儿帖与也速该父子相见。也速该见了孛儿帖，觉得这个女孩子浑身散发着月亮的光辉，无论从样貌还是气质上都能够配得上自家的儿子，很是满意；而成吉思汗也被孛儿帖的美貌吸引，觉得这个大自己一岁的小姐姐是他见过的草原上最美的姑娘。第二天一早，也速该便为儿子向德·薛禅求婚了："我的儿子同你的女儿是上天赐予的缘分，他们在一起生活，一定会幸福得犹如天上的日月。"德·薛禅便说："按理说，你们一定要求婚多次我才可以答应，这样方能显示出我女儿的尊贵，哪有求婚一次就答应的道理呢？不过，你的儿子实在是合我的心意，女孩子家早晚是要嫁人的，总不能一直留在家里，所以我答应了这门亲事。"就这样，成吉思汗和孛儿帖的婚事便定了下来，成吉思汗也留在了翁吉剌部落。

冲冠一怒

也速该为儿子求娶了一个如此合适、优秀的妻子，本来应该是件极好的事情，可是厄运却随之而来了，他一个人在回家的路上，误入了之前仇人的宴席，喝了毒酒身亡。也速该一死，他家人的日子立刻就艰难了起来，他们的部落搬走，也没有带上也速该一家。而留在孛儿帖家中的成吉思汗也没能逃过厄运，他被仇家抓住，好在他机智地逃脱。几经周折后，成吉思汗得以和家人团聚，在安顿好家人后，他便去找孛儿帖。

当时的蒙古族人都是游牧民族，所以经过了这么长的时间，孛儿帖家搬到了哪里，成吉思汗一点头绪也没有，不过当年那个笑颜如花的女孩子让成吉思汗念念不忘，他是一定要找到自己还未过门的妻子的。成吉思汗沿着克鲁伦河一路找来，总算找到了孛儿帖家，德·薛禅听说了他的遭遇后，并没有后悔将女儿嫁给他，反而立刻准备了丰厚的嫁妆，为他们举办了婚礼。在孛儿帖的嫁妆中，有一件黑貂皮战袍非常的珍贵，这本是属于成吉思汗祖父的遗物，如今又辗转回到了他的手中。

在婚礼上，成吉思汗望着自己娇美的妻子，心中可谓感慨万千，自己这么多年来的遭遇，想必妻子家中也有所耳闻，但是孛儿帖还能够谨守诺言，没有再嫁，这份情谊，成吉思汗没齿难忘。

成亲之后，孛儿帖便要随着成吉思汗回到父母的身边，两个人收拾好行装便回到了自己的家园，开始建设属于自己的家园。成吉思汗成亲的消息很快便传开了，草原上人人都知道那个叫铁木真的小伙子娶了美丽的孛儿帖为妻。而成吉思汗家的宿敌篾儿乞部自然也听说了，篾儿乞部与成吉思汗家的恩怨便是成吉思汗的父亲也速该抢了篾儿乞部首领之弟的妻子诃额仑，而诃额仑也就是成吉思汗的母亲。这个夺妻之仇，篾儿乞部一直都在铭记，如今报仇的机会来了。篾儿乞部组织了几百族人袭击了成吉思汗和孛儿帖刚刚建起的家。这次篾儿乞部是有备而来，而成吉思汗则一无所知，所以，篾儿乞部很轻松地抢到了孛儿帖。孛儿帖被抢去后，被许给了诃额仑原来的丈夫的弟弟赤勒格。

妻子被抢之后，成吉思汗的心真是痛极了，他的怒火也被瞬间点燃了，一定要把孛儿帖抢回来！可是，篾儿乞部非常强大，成吉思汗此时的实力与他们相差真是太过悬殊。不过，成吉思汗毫不畏惧，更没有被怒火冲昏了头脑，他想到了联合童年的伙伴扎木合，还要再找脱斡邻勒王罕。尽管他找到了盟友，但仍需要等待时机，要等到有十足的把握才能去营救孛儿帖。

等待是最为难熬的，在此期间很多人劝过成吉思汗就此放弃孛儿帖，因为草原上的美女多的是，孛儿帖虽然好，但为了一个女人和强大的篾儿乞部为敌，实在是不明智的，而且万一孛儿帖并不愿意回来呢？成吉思汗的心却异常坚定，他知道，女人虽然可以再有，但那些女人都不是他的孛儿帖，所以无论如何都要将她救出来。

在忍耐着等了几个月后，成吉思汗终于等到了一个绝好的时机，他组织了队伍向着篾儿乞部偷袭，篾儿乞部毫无防范，族人惊慌而逃，成吉思汗参与策划的人生第一仗大获全胜，这次胜利使得周围的一些贵族都来投奔于他。

当然这次胜利最让成吉思汗满意的是，在慌乱的人群中，孛儿帖和成吉思汗再次相遇了。只是，此时的孛儿帖已经身怀六甲了，成吉思汗觉得这完全是自己的责任，是自己没能保护好妻子，于是对孛儿帖更加疼爱。在回到成吉思汗身边不久，她生下了一个男孩，成吉思汗给这个男孩起名叫作“术赤”，意为“客人”。大概成吉思汗也很怀疑这个孩子的父亲到底是自己还是篾儿乞部的赤勒格，不过成吉思汗毕竟是胸怀广大之人，他对术赤这个有些“来历不明”的儿子很是宠爱。而术赤也并没有让成吉思汗失望，在成人后，他战功卓著，跟随着成吉思汗打下了大片江山。

母仪天下

孛儿帖回到成吉思汗身边后，更是一心一意地为丈夫着想，开始操持着整个家园的事情。成吉思汗和扎木合两个部落一起在斡难河附近搭起营帐同住，在一年后，他们两个决定要迁营，向着水草更为丰盛的地方出发，扎木合便对成吉思汗说道："我的安达，我们靠近山来扎营，适合牧马。靠近水扎营，适合牧羊啊。"成吉思汗听了扎木合的话，并没有作声。等见到母亲和孛儿帖之后，他便很诧异地说："扎木合刚刚说要靠山扎营，适合牧马，又说近水扎营，适于牧羊。可是我并不明白这话是什么意思啊，所以过来问问你们两个。"

成吉思汗的母亲并没有说话，孛儿帖想了想便道："扎木合的话，大概是要和我们分道扬镳的意思。我早就听说扎木合是个喜新厌旧的人，如今他是厌倦了咱们了。不如我们就趁着这个机会，就此和扎木合分开吧。"成吉思汗仔细想了想孛儿帖的话，非常赞同，于是便连夜赶路离开了扎木合。蒙古人在放牧的时候，从来不将羊群和马群一起放牧，所以扎木合的确是在暗示着成吉思汗，他们就如同这羊群和马群一样，本不应该在一起的，而聪慧的孛儿帖听到后立刻便明白了扎木合的本意。

在成吉思汗的部落不断成长的过程中，孛儿帖是他最坚实最稳定也最为放心的后盾。成吉思汗每次出征，总是放心地将家中一切事务交给孛儿帖管理。一次，成吉思汗去征讨塔塔尔人的部落，为了能够彻底征服他们，成吉思汗带走了族人中所有的强壮成年男子，只留下了妇女和老幼族人，并且他还通知了塔塔尔人的另一个敌对部落，希望他们能够参加到征讨大战中。可是成吉思汗苦苦等待了六天，不但没有等来这个部落的援军，反而得知这个部落袭击了自己的营地。好在孛儿帖沉稳且冷静地指挥着营地中剩下的妇女和老少族人击退了敌人的进攻，将营地的损失降至最小。如果没有孛儿帖，成吉思汗的营地面临的极有可能是灭顶之灾。

孛儿帖对于成吉思汗的帮助远不止这些，还有一次，孛儿帖母家的翁吉剌部落与札木合等结成部落联盟要征讨成吉思汗。孛儿帖的父亲德·薛禅一心要帮助女儿、女婿，所以秘密派人为成吉思汗送去了"契丹文密报"，成吉思汗收到密报后，却看不懂其中的内容，幸亏了孛儿帖将这份密报翻译出来，帮助成吉思汗取得了胜利。

在蒙古人的心中，萨满巫师是非常神圣且崇高的，他们在部落中有着很高的地位，很多时候连部落首领都要对他们毕恭毕敬。成吉思汗部落中的萨满巫师阔阔出狂妄跋扈，蛮横狡诈，他利用自己特殊的身份，制造谣言来挑拨成吉思汗和弟弟合撒儿之间的兄弟之情，并且多次惹是生非。部落中的百姓和贵族对他虽然多有不满，却都不敢说什么，生怕自己会受到神灵的指责。孛儿帖知道了阔阔出的所作所为，便向成吉思汗进言，要他杀掉阔阔出，清理这个借着神灵的名誉为所欲为的恶人。成吉思汗听了妻子的话，开始还有些犹豫，孛儿帖便劝导他："阔阔出恶事做尽，大家早晚会对他忍无可忍，他还将手伸向了您和您的兄弟，这是不可原谅的事情，会影响到您的权威。何况神灵并不希望自己的使者是如此的恶人，所以如果您惩罚他，神灵不但不会怪罪，反而会为此感到高兴。"这样的话让成吉思汗和一众族人都心服口服，阔阔出被处死，部落又恢复了往日的安定。

成吉思汗不断地征服着这个世界，后宫中也不断有着新的后妃来充实，可是无论这些女人多么的年轻貌美，多么的可爱妖娆，在这一代帝王的心中都不及曾经和他一起共患难、一起同吃苦的孛儿帖，那个给他最温暖的怀抱，让他最能放心前进的孛儿帖。

54 奇皇后

抛却故国三千里 一入深宫二十年

2013年，韩剧《奇皇后》在韩国和中国热播，这个电视剧讲述的是元顺帝的第三任皇后奇皇后的故事，那么为什么韩国要拍摄中国元朝皇后的故事呢？因为奇皇后并不是蒙古人，也不是汉人，而是高丽人。奇氏名肃良合·完者忽都（1315—1369），以高丽贡女的身份入皇宫，而最终得以成为元顺帝第三任皇后，这期间所承受的心酸和斗争可想而知。奇氏为自己能够成为皇后很是费了一番力气，花了不少心思，可惜的是她的皇后之位并没有给她带来更多的满足和幸福，大概是因为这一切都来得太晚，在她最美好的年华，她得到的远比失去的要多。奇氏之所以能够走入人们的视线，一是因为她是高丽人的特殊身份，二是因为她和宦官朴不花之间的传闻。那么他们之间究竟是不是如传闻中所说的那般呢？这个高丽女子远在异乡又究竟过着怎样的后宫生活呢？

背井离乡入皇宫

奇氏出生于高丽的幸州，她出身平微，家世并非显贵，可是她却麻雀变凤凰，最终成为了元朝皇帝的皇后，她的一生的确让人唏嘘不已。她的故事要从当时的高丽国说起。

当时高丽是元王朝的一个附属国，因此，每年高丽都要向元朝进贡，在众多的贡品当中，“贡女”是很重要的一项。这贡女要美艳动人、聪颖乖巧的才有资格成为“贡品”，而奇氏就是元顺帝在刚刚即位的时候，高丽进贡庆贺新王登基的贺礼。奇氏的出身并不高，但她的聪慧和美貌却是这一批贡女中首屈一指的。然而来到了元王朝，她最初也只是元顺帝身边的一个奉茶小宫女。渐渐地，元顺帝开始注意到身边这个善解人意、温柔可人的小女人。奇氏的年龄比元顺帝大几岁，正是少女最为明媚动人的年纪，对于情窦初开的年少皇帝来说，奇氏的身上有着非同一般的魅力，这种魅力再经过奇氏的精心“加工”，变得更加迷人，元顺帝一时之间便对她情有独钟，离不开她了。

尽管元顺帝开始专宠奇氏，但是他这个皇帝做的实在有些窝囊，自己的婚姻大事完全不能做主，只能听从皇太后卜答里失的安排，册立了钦察氏答纳失里为皇后。元顺帝对于奇氏的专宠是答纳失里皇后不能容忍的，后宫的争斗无非是为了权力和恩宠，答纳失里皇后已经得到了后位，那么她争的便是皇帝的宠爱。答纳失里被嫉妒之心折磨的非常痛苦，为了能够减轻这种痛苦，她选择了折磨奇氏来发泄。所以在答纳失里为皇后的时候，尽管有着元顺帝的宠爱，但奇氏的日子并不好过。《元史・后妃一》里面便有皇后对于奇氏折磨的记载：“后答纳失里皇后方骄妒，数棰辱之。”虽然仅有“数棰辱之”这四个字，但却足以看出皇后的霹雳手段：皇上宠爱的人，也要被自己打骂侮辱。大概只有这样想、这样做才能让皇后的心舒服一些吧。可惜的是皇后越是对奇氏施以酷刑，元顺帝越是宠爱奇氏；皇帝越是宠爱，皇后就打的越是频繁，如此恶性循环。只是皇后并没有能够任性多久，答纳失里的兄弟叛乱谋反失败，她也因此受到牵连，被废为庶人之后赐死。

答纳失里皇后一死，元顺帝认为可以册立自己宠爱的奇氏为皇后了。元顺帝和奇氏想得很美好，可是现实却并非如此。丞相伯颜坚持不让顺帝立奇氏为皇后，他认为奇氏本是异族，出生又卑贱，怎么能够成为正宫皇后呢。于是，顺帝又只得听从了丞相的话，册立了伯颜忽都为皇后，而奇氏则被封为嫔妃，也算是有了身份。

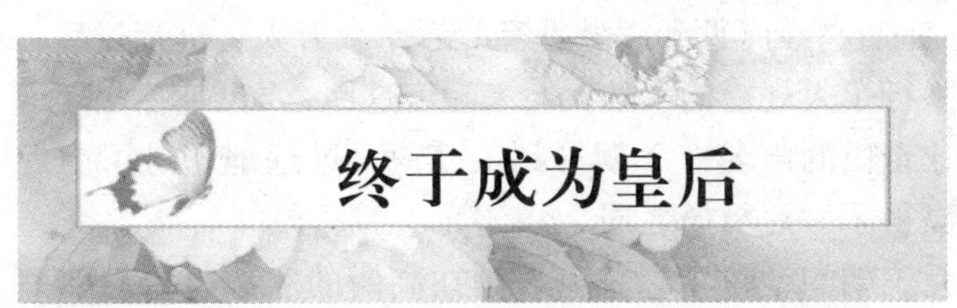

终于成为皇后

这位伯颜忽都皇后与答纳失里皇后的性格可谓大相径庭，天壤之别。她是一个不争不抢、不嫉不妒的人，元顺帝对于她几乎没有什么感情。新婚不久，伯颜忽都皇后为皇帝生下了一个儿子，可惜的是这个正宗的嫡子只活到两岁便夭折了。奇氏也为皇帝生了一个儿子，取名为爱猷识理达腊。自奇氏生子后，她被册封为第二皇后，紧接着曾经阻碍她成为正宫皇后的丞相伯颜被贬而死，前朝与后宫里，奇氏都没有敌手了。在元朝时，皇帝可以有多位皇后，只有大皇后为正宫，接受册宝，其他的皇后虽然也称为皇后，但仍位于皇后之下，只是比其他嫔妃地位高而已。至于皇后伯颜忽都，奇氏根本就没有放在眼里过，那是一个连元顺帝要求去其宫中就寝都不肯侍寝的女人，是一个心如死灰的女人。

不过就是这样一个心如死灰的女人，却一直稳稳地坐定了皇后的位置，奇氏虽然在后宫恃宠而骄，但怎样也无法撼动这个皇后，这让她愤愤不平。谁不想做正宫皇后呢？为了能够尽快扳倒皇后，奇氏开始尽量地表现自己，她翻看《孝女经》等，还经常向别人询问一些历代贤明圣德皇后的行为举止，以此效法。《元史》有："后无事，则取《女孝经》、史书，访问历代皇后之有贤行者为法。四方贡献，或有珍味，辄先遣使荐太庙，然后敢食。至正十八年，京城大饥，后命官为粥食之。又出金银粟帛，命资正院使朴不花于京都十一门置冢，葬死者遗骼十余万，复命僧建水陆大会度之。"这段描述的就是奇氏效法所做的事：地方的贡品献入宫中后，如果有特别珍贵稀有的，她一定要先送一份到太庙去祭祀上供，然后才敢自己享用。在至正十八年（1358 年）的时候，天灾人祸不断，导致京城发生了大饥荒，奇氏抓住了这个机会昭显自己的德行，她命人设置粥棚，向灾民施粥解难。由于饥荒严重，加之瘟疫四起，灾民死者无数，一时间京城尸横遍地。奇氏便命宦官朴不花出面行善，这朴不花精明得很，他向元顺帝上奏，希望能够为无辜死者建立义冢，这样的事情元顺帝怎么会驳回，于是即刻从国库拨出银两，在京城外围置地建冢。不过国库所拨银两并不够用，于是奇氏便带头捐款，后宫的妃子们见到第二皇后做的榜样，谁肯为了一点钱财而放弃这个表现的大好机会呢？于是纷纷解囊，就连皇子、大臣们也被调动起来，这一场声势浩大的“义捐行动”一直持续了两年，共埋葬死者十余万人。饥荒过后，奇氏又命僧人在大悲寺举行了大规模的水陆大会来超度这些亡灵，整整进行了三天。

这件事让奇氏的声名一下飙升到最高值，远远地超过了中规中矩的伯颜忽都皇后，赢得了一片赞扬之词。

奇氏在元王朝的地位不断攀升，她在高丽的家族也水涨船高，奇家的子弟们都平步青云，一时间在高丽为王为霸。由于之前奇氏家族并非权贵，所以刚刚得到了权力的族人们个个横行霸道，跋扈无边，高丽下至平民百姓，上至高丽国王都心怀不满，怨恨他们三分。奇氏家族仍不满于现状，开始觊觎王位，结果却被高丽王提前动手，一网打尽，就连奇皇后的父亲也没能幸免，一并杀了。这事被奇氏得知，顿时闹得皇宫天翻地覆，元顺帝无奈只得下旨废掉高丽王，另立高丽皇族塔斯特木儿为新高丽王，并派遣万人军队去往高丽，结果又中高丽王埋伏，几乎全军覆没，奇氏见此情景只得作罢。

尽管奇氏家族在高丽已经彻底覆灭，但奇氏在大元朝仍然兴风作浪，开始干预朝政，和朝廷的大臣们斗得不亦乐乎，她用尽各种手段方法处理掉妨碍自己的人，可是她却怎么也撼动不了皇后伯颜忽都。

虽然元顺帝丝毫不爱伯颜忽都，但就是不肯废除她，直到1365年，41岁的伯颜忽都皇后过世，奇氏见到皇后遗留下来的衣物俭朴，终于找到了发泄的途径，她哈哈大笑道：“堂堂一个正宫皇后，何至于穿这样的衣服啊！”倒是她的儿子爱猷识理达腊赶回京城后，狠狠地哭了哭这位正宫皇后。

伯颜忽都皇后过世后，奇氏终于成为了第一皇后，改姓为索隆噶氏，且脱离了高丽籍。只是这时候她的大好青春已经不复存在了，而元顺帝也不再倾心于她了，也许是上天注定了她恩宠和地位不能兼得。

皇后与宦者

在《元史》中还记载了一个和奇氏关系密切的宦者——朴不花。对于他，在正史中的记载只是寥寥数笔："朴不花，高丽人，亦曰王不花。皇后奇氏微时，与不花同乡里，相为依倚。及选为宫人，有宠，遂为第二皇后，居兴圣宫，生皇太子爱猷识理达腊。于是不花以阉人入事皇后者有年，皇后爱幸之，情意甚胶固，累迁官至荣禄大夫、资正院使。资正院者，皇后之财赋悉隶焉。"但是关于奇氏和朴不花的关系，在民间却有着无数的传奇故事。

相传，奇氏在还没有入皇宫之前是有恋人的，这个恋人就是她的同乡朴不花。奇氏和朴不花青梅竹马，一同长大，待到奇氏成长为一个亭亭玉立、娇俏柔美的少女，朴不花也已经是一个俊美的少年郎了。两个小儿女在一起少不了山盟海誓，誓要相守到老，一生恩爱。可是世间的事总是有那么多的不如意，奇氏的家境贫寒，家中还指望着这个美貌聪慧的女儿能够嫁入豪门，如今她却爱慕着朴不花这个穷孩子，奇氏的父母自然不肯答应他俩的爱情。恰巧高丽王宫又要选贡女进献元王朝，奇氏的父亲便借机将奇氏送入宫中，成为一名贡女。奇氏得到了皇帝的宠爱，可是，这个给她万千宠爱的男人却并不是她的爱人，她的心还在高丽，还在朴不花的身上。奇氏被思念煎熬着，在高丽的朴不花日子更不好过，他无时无刻不在想念着、担心着奇氏。他只想要守在她的身边，那里可是大元王朝的皇宫，她如今是皇帝的女人啊！朴不花做出了一个大胆又凄凉的决定——作为阉人入宫。这需要何等的勇气，支撑着这勇气的又是多深的情感？

当朴不花以阉人的身份出现在奇氏的面前时，奇氏惊得连眼泪都不会流了，她朝思暮想的人就在她的身边，可是却是这样的身份。看到惊呆的奇氏，朴不花只是轻轻地笑了，这其中的苦只有他自己才知道。为了这相见，在这皇宫里他已经做了几年的低级宦官，好不容易才熬得小有职位，才得以见上奇氏一面。奇氏看着面前的朴不花，聪慧如她怎能不知道他所受的这屈辱，她发誓，一定要让朴不花过上最好的日子。

奇氏将朴不花要入自己的宫中，两人相互扶持，有了朴不花的帮助，奇氏在后宫中翻云覆雨，而朴不花得到奇氏的推荐，成为了元顺帝最为宠爱的宦官，官至荣禄大夫、资政院史。

这段爱情让人看了不仅慨叹世间的无可奈何，赞叹爱情的伟大无私，不过，这毕竟不是正史所载，杜撰的成分多些。在《元史》上，对于朴不花和奇氏入宫之前的关系只是四个字——"相为依倚"，而后来奇氏在宫中宠爱朴不花，也未必就是"因为爱情"。作为一个远从高丽而来的女人，一个人在后宫的尔虞我诈中争斗，遇到一个来自家乡的故人，且不说是曾经"相为依倚"，就算是仇敌，大概这时也能如亲人一般对待了。因此，对于奇氏和朴不花的爱情，读者大可一笑了之。

而奇氏在成为正宫皇后的第三年，明太祖朱元璋便率军进攻大都（今北京），元顺帝见此情景，连忙带着后宫家眷北逃，奇氏也在其中。在《元史》中，对于奇氏的记载便到此为止，而《新元史》中记载，在北逃的第二年，奇氏便染病过世了。

自从入了皇帝的后宫，奇氏便没有过上一天安稳的日子，这个离乡背井的女人既是个可怜之人，也有着她的可恨之处，毕竟，谁又能是完美的呢！

马皇后

与君结发为夫妻
此生恩爱两不疑

马氏（1332—1382），安徽宿州人，本名不可考，她是义军抗元义军首领郭子兴的义女。1352 年，马氏与朱元璋结为夫妻。婚后二人感情深厚，朱元璋戎马半生，马氏一直与他患难与共。在朱元璋成为皇帝之后，册封马氏为皇后。马氏一生节俭朴素，即便是贵为皇后，也仍如此。朱元璋为人多疑，为帝后屠戮功臣，马氏每每规劝，朱元璋才得以收敛。马氏既是贤妻，更是贤后，在朱元璋的感情世界里，马氏有着不可撼动的地位，他们之间的故事都透着浓浓的爱意和彼此的扶持。

贤妻当如是

朱元璋的皇后马氏，史料上并没有记载她的闺名。马氏出生不久，母亲便去世了。马家只有这么一个女孩儿，所以马氏是父亲的掌上明珠。

本来父女两个的日子过得尚可，可是她的父亲不知为什么竟在乡里杀了人。为了逃避官府的追捕，马公便带着马氏逃亡他乡，可是带着一个小女孩逃命总归不是办法，他便想到了自己的旧友——郭子兴。马公带着女儿来到定远，将女儿托付给了自己的生死之交郭子兴后，便又开始了逃亡生活，从此再也没有了消息。马氏便成为了郭子兴的养女。

马氏在郭子兴的教导下学会了很多知识，也读了很多书。一转眼，马氏就已经成为一个19岁的端庄秀丽的大姑娘了，可是她还待字闺中，这个原因就比较复杂了：一种说法是郭子兴希望能为马氏选择一个绝佳的夫婿，可惜一直没有合适的人选；还有一种说法便是马氏虽然人长得很美，又有学识，是个百里挑一、难得的好姑娘，可偏偏有双大脚，这双大脚就好比白玉上的瑕疵，让那些适龄的小伙子们都望而却步了。要说起马氏的大脚，大概是由于母亲过世早，她的父亲一个大男人如何知道怎么给女孩儿裹脚，就此耽误了，等到马氏成为郭子兴养女后，也过了裹脚的最佳年龄，所以也就只好任由这双脚自由生长了。

好在这个时候朱元璋及时出现了。此时的郭子兴已经是一支反抗元朝义军的首领元帅了，他率领的义军小有名气，朱元璋便是来投奔他的。朱元璋成为义军之后，表现得非常突出，精明能干又处事圆滑，郭子兴很喜欢他，视为心腹。朱元璋年轻有为，又正好没有家事，郭子兴便立刻想到了养女马氏。一来，可以解决养女的婚事问题，二来，这也正是拉拢朱元璋的绝好手段。就这样，马氏嫁给了朱元璋。

能有一个属于自己的家，让一直寄人篱下的马氏非常开心，尽管朱元璋此时"一穷二白"，但马氏还是很满足。成亲不久，夫妻两个便收养了朱元璋的侄子朱文正、外甥李文忠等，小家变成了大家，并且在马氏的操持下，越过越像样子。

朱元璋在成亲后更加放开手脚，他的名声在郭子兴的义军中也越来越响亮。可这郭子兴为人心胸狭窄，见到朱元璋在军中的影响大有超越自己的势头，心里非常不舒服，随之而来的就是嫉妒、猜疑，化为行动便是刁难。马氏是个冰雪聪明的女子，和养父相处这么长的时间，如何不知他的为人？为了能让丈夫在军中的日子好过一些，她便将自己的家产拿出来送给郭子兴的夫人和妾侍，希望她们能够为朱元璋和自己多说一些好话。

据《明史·后妃列传》中记载："初，后从帝军中，值岁大歉，帝又为郭氏所疑，尝乏食。后窃炊饼，怀以进，肉为焦。"郭子兴的两个儿子很厌恶朱元璋，于是便在父亲的面前诋毁道："朱元璋这个人心机很深，您看他如今在军中一呼百应，这是要谋反的迹象啊！"郭子兴本来就对朱元璋起了疑心，如今又听两个儿子这样说，立刻就相信了。很快，郭子兴就找了个机会将朱元璋关了禁闭。郭家的两个儿子也抓住了机会，命府上军中的人不许给朱元璋食物供应，打算就此解决掉他。马氏得知了丈夫的处境，心中万分着急，她赶紧跑到厨房，刚巧看到刚刚出锅的烧饼，拿着就往外走，想要给丈夫送去。偏偏刚出厨房她便遇到了张夫人，因为害怕，她只好将饼放入衣中，张氏见马氏神色慌张，不如往常一样从容淡定，心中便起了疑心，故意与养女闲聊起来。马氏又着急丈夫没有饭吃，怀中的饼又烫得自己着实难耐，支支吾吾，勉强应和着，到后来已经疼得止不住流泪了。张氏一看如此，也慌了神，再一细问，方知原委，赶忙叫马氏将烧饼拿出来，可是此时那烧饼已经将马氏胸前的肌肤几乎烫焦了。张氏见此情景，立刻去找丈夫理论，郭子兴也知道自己理亏，便将朱元璋放了出来。

但是郭子兴并没有就此作罢，他嘱咐了家中仆从，以后送到朱元璋夫妇房中的食物要少，少到不能再少，若要问缘由，就说年景不好，粮食歉收。为了能让丈夫安心做事，马氏将这件事也瞒了下来，怎么做呢？她将自己的那份几乎全给了丈夫，而自己吃的真是少到不能再少了。这样的日子过了近半年，直至郭子兴又遇到了麻烦，不得不再次重用朱元璋。

贤后当如是

朱元璋在前半生一直过着戎马生活，家中的事因为有着妻子的操持打理，所以他从不需牵挂，不仅如此，马氏还为他的战士们缝制衣服、鞋袜。一次，朱元璋的死敌陈友谅兵临城下，百姓和战士们见此情景人心惶惶，很多人都想就此逃走，面对如此情境朱元璋真是一筹莫展。危难时刻，马氏将自己多年攒下的财物尽数拿出，犒劳士兵，稳定住军心，军心一稳，城中的百姓自然也稳定了下来，朱元璋在妻子的帮助下再次渡过了难关，取得了胜利。

1368 年，朱元璋终于如愿以偿，在应天府（今南京）登基成为大明朝的皇帝，建元洪武，马氏成为了明朝第一位皇后。虽然贵为皇后，她的衣食用度依然十分简朴，从不穿绫罗绸缎，只穿着粗布衣服，并且她还在后宫之中架起了织布机，亲自纺织布匹，然后将其裁剪缝制，做成衣裳赏赐给妃嫔、公主们。她不仅自己以身作则，也以此来要求后宫之中的嫔妃、公主们，告诫她们百姓才刚刚脱离战争的苦难，生活都很艰辛，身为皇族要起到表率的作用，奢侈糜烂只能让百姓痛恨。

对于皇帝和皇子皇孙们的起居生活，“每御膳，后皆躬自省视”；“妃嫔宫人被宠有子者，厚待之”。后宫在马皇后的治理下，一团和气，井井有条。

马皇后和朱元璋共生有五个儿子、两个女儿，其中朱橚从小性格就放荡不羁，颇难管束。后来朱橚被封为周定王，封地在开封，马皇后担心他在封地没人约束，会横行乡里，便派江贵妃随行监督他。临行前，马皇后还将自己的一件旧布衣服和一根木杖交给了江贵妃，再三叮嘱：“周定王性格狂放不羁，不听劝告又很难管束，所以他有过错，你便披上此衣，杖责他。如果他还敢不从，就立刻上报朝廷。”周定王知道了母亲的良苦用心后，每次想要任性胡为的时候便想起母亲的话，再看到母亲的旧衣服，立刻便生出敬畏之心，心性也因此收敛许多。

朱元璋在成为皇帝后，希望能够找到马氏的族人进行分封，可是马皇后非常果断地拒绝了：“自古外戚受到分封就难免要祸乱朝政，何况我的族人们一无战绩，二无政绩，就这样分封，着实不合法度。”朱元璋开始以为妻子不过是推让而已，可是后来几次提及，马皇后都非常严肃地拒绝，他这才明白妻子真的丝毫不肯因徇私而乱了法纪，心中又增加了几分敬佩之情。

1382 年，马皇后得了重病，朱元璋心急如焚，群臣看到贤后病重，皇上又整日为皇后忧心忡忡，便纷纷请求为皇后祈祷祭祀。马皇后听说后连忙劝止，她认为生死有命，祈祷祭祀并没有什么用处，这些兴师动众的事情还是少做一些更好。到后来弥留之际，马氏仍不忘对朱元璋说：“愿陛下求贤纳谏，慎终如始，子孙皆贤，臣民得所而已。”意思是说：“希望陛下能够多多听取贤德的意见，更要招揽善待贤臣，这样子孙才能贤德，国家方能长久，百姓才能安居。”

马皇后得病不到一个月便过世了，享年只有 51 岁。她的去世对于朱元璋可以说是一个致命的打击，因为思念妻子，朱元璋曾不止一次地当众痛哭。朱元璋虽然也有后宫三千，但再也没有立过皇后。

马皇后过世了，但她对朱元璋的影响远远没有消失，《明史》上记载的这样一件事便可看出：太子朱标与朱元璋政见不合，朱元璋气得追打他，父子二人在追逐的过程中，从太子的身上掉下一纸画像，朱元璋拾起一看，这画的原来是当年朱元璋和陈友谅对战时，马氏曾背着朱元璋逃跑的事。朱元璋看了这画，立刻想起了自己的妻子，竟然孩子一样地哭了起来，再也没心思管太子什么政见了，这一刻，他的心思全都在亡妻的身上了。

《明史》中对于马氏的评价很高："后仁慈有智鉴，好书史。后勤于内治，暇则讲求古训。母仪天下，慈德昭彰。"从马氏的一生我们不难看出，她是一个非常典型的中国女人，坚韧勇敢又聪慧善良。她默默地在丈夫的身后无私地奉献着，承担着太多的艰辛苦难。她虽然出身贫寒，但得到权位后并没有变得贪得无厌、玩弄权术，反而通过自己的权位，将曾经对丈夫和子女的小爱变成对芸芸众生的大爱，正是这一点，让她当之无愧地成为一代贤后！

56 万贞儿

少夫老妻 擅宠而终

万贞儿，听名字也许陌生，看电影她一般也不是主角，但是一旦涉及明朝中期尤其是宪宗朝时期，涉及锦衣卫等问题时，宫里总有一位指挥锦衣卫的、比大太监还厉害的妖艳女人，不是皇帝却貌似比皇帝权力还大的一个反面角色，就是万贵妃——万贞儿，我们这里要谈论的女主角。纵观明朝近三百年的历史，这个女人绝对值得一说，她虽然没有明太祖马皇后的英明，也没有崇祯时歌妓陈圆圆的名气，但她有一条是所有女性都很难企及的，就是老妻少夫。在这样的社会背景下，万贵妃比丈夫明宪宗朱见深大了19岁，按照古人的婚嫁标准，绝对可以当朱见深的母亲了。这样的年龄差距，万贞儿不但没有失宠，反而把丈夫控制得言听计从，不得不说她是中国历史上不多见的彪悍的传奇女人。故事还要从明宪宗小的时候说起……

明宪宗悲催的童年

明宪宗之父是明英宗朱祁镇，在明朝所有皇帝中，只有英宗有两个年号：正统和天顺，在正统和天顺之间还有一个年号“景泰”，而景泰帝是英宗的弟弟朱祁钰。这样的反复，为什么呢？这要从明朝的“土木堡之变”说起。正统十四年（1449 年），明朝北方的瓦剌人和明朝发生了边境冲突，英宗的贴身大太监王振极力劝英宗御驾亲征。王振的家乡在大同附近，他既怕瓦剌人侵占了自己在家乡的田庄，又想趁这个机会衣锦还乡，顺便建立奇功，巩固自己的地位，就撺掇英宗走大同，就这样贻误了战机，最终导致“土木堡之变”，英宗被俘。英宗出发前把北京交给弟弟朱祁钰留守，现在皇帝被俘了，短期内也放不回来，“国不可一日无君”，怎么办呢？朱祁钰临危受命，这就是景泰帝。

景泰帝刚当上皇帝时，对侄子朱见深还可以，但是随着皇位的稳固，朱祁钰就开始谋划着废了朱见深的太子，让自己的儿子来当，经过多方筹划，朱见深就从一人之下、万人之上的皇太子变成了沂王，时年两岁。一个两岁的孩童完全没有自保能力，孙太后担心孙子被人陷害，就派了自己的贴身宫女万贞儿去服侍朱见深，就这样，万贞儿走进了朱见深的生活，二人从此不离不弃。万贞儿比朱见深大 19 岁，在太子被幽禁的岁月里、在父王英宗被俘虏的日子里、在母妃周氏没办法时时照顾的日子里，都是这个万姑姑在贴身照料自己。在朱见深的记忆里，只有万姑姑对自己最好、只有万姑姑对自己不离不弃、只有万姑姑跟自己相依为命，万姑姑对于自己是一个特别的人，是一个无论怎么对她好都不过分的人！

不是皇后胜似皇后

明英宗天顺元年（1457年），经历了“夺门之变”的权力斗争，英宗复辟，朱见深的太子之位也随即恢复了。这时的朱见深12岁，而万贞儿已经31岁了。对于古代的女性而言，31岁早已经过了婚嫁年龄，而12岁的朱见深还是个处于叛逆期的小孩，才刚到懵懵懂懂知道情爱的年纪。在万贞儿的刻意接近下，朱见深就把这种对万姑姑的信赖逐步转化成了另一种关系，最终把最敬爱的万姑姑变成了自己的女人。天顺八年（1464年），英宗驾崩，太子朱见深继位为宪宗，遂封万贞儿为妃，后来又生了皇长子，宪宗大喜之下加封其为贵妃，史称“万贵妃”。

明宪宗有两位皇后，第一位皇后吴氏，跟宪宗大婚仅一个月。吴氏自认长得花容月貌，任何方面都要比年过三十的万妃强得多，偏偏皇上大婚以后经常去的地方是万妃的寝宫，与她朝夕相处，相亲相爱，对美丽的皇后不理不睬。而且万妃因为宪宗的宠爱，每次谒见皇后时总是板着脸不给面子，甚至故意拿架子，这使吴皇后非常生气。起先碍着宪宗的面子，二人冲突还不大，到后来吴皇后少年心性，实在觉得万贵妃欺人太甚，就命宫人把她杖责了一顿。这下可捅了马蜂窝了，万妃找到宪宗，哭闹不休。宪宗大怒，要去找皇后评理。万妃是个有心机之人，又故意拦住宪宗不让去闹，说道：“妾已年长色衰，不及皇后玉女天成，还请陛下命妾出宫，以免皇后生气，妾也省得受那杖刑了！”宪宗更是生气，便去见两宫太后，说吴皇后举动轻佻，不守礼法，不堪居六宫之首，定要废去。周太后劝阻道：“册后才一月便要废去，岂不惹人笑话？”但宪宗坚持要废，周太后溺爱儿子，只得由着宪宗。于是，一道废后诏书下达，命吴氏退居别宫。两个月后，周太后下旨，为宪宗册立了王皇后。王皇后生性软弱怕事，又吸取吴废后的教训，知道皇帝宠幸万妃，自己更不是万妃的对手，只得处处谦虚忍让，做个傀儡皇后也就罢了，从来不敢得罪万妃，连宪宗的生母周太后碍于儿子的面子，也基本不招惹万妃。这下子万妃就成了不是皇后的六宫之主，她要在宫里横着走都没人敢说个不字，真正是只手遮天、独霸后宫了。

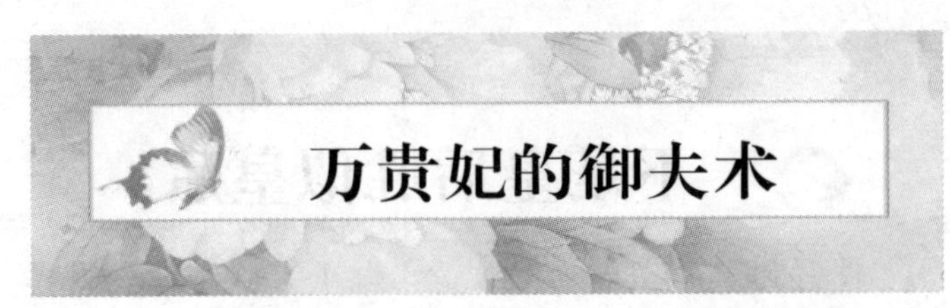

万贵妃的御夫术

按照中国传统，帝王即使再宠幸某位妃子，在涉及后代、儿子的问题上，还是血缘关系更重要些，但这个传统在万贵妃这里也给破了，所以万贵妃的“御夫术”很值得研究研究。万贞儿曾为宪宗生下皇长子，她也因此晋升为贵妃，不过好景不长，小皇子不到一岁就夭折了，而万氏也可能是因为年龄问题，再也没能生育。万氏这时虽然独得宪宗宠爱，但她也担心其他嫔妃万一生下了皇子，就会夺了宪宗的宠爱，因此趁着后宫自己说了算的时候，坚决杜绝其他嫔妃生子，一旦发现有怀孕的，立即令其堕胎。后宫有一位少数民族土官之女纪氏，受宪宗临幸怀孕，宫里人有感于万贵妃太过狠毒，就一致瞒着万贵妃，说纪氏不是怀孕，只是水土不服，得了腹胀病，这样骗得万贵妃生下了皇子，就是后来的明孝宗朱祐樘。宪宗后来知道了儿子的存在，大喜过望，把朱祐樘封为太子，但对万贵妃残害后宫嫔妃的事情还是听之任之，甚至冒死保住太子性命的太监张敏还是被万贵妃逼得吞金自尽，而太子生母纪氏也被万贵妃毒死了。周太后实在怕太子再被万贵妃害死，便把太子亲自带在身边抚养，这才保了太子一命。可见周太后也知道宪宗是完全由着万贵妃胡来的。

明宪宗对万贞儿有没有刻骨铭心的爱情？很难断定，不过可以肯定的是，宪宗有恋母情结，他对万贞儿的感情很复杂，有亲情，也有爱情。公元1487年，万贵妃死，享年58岁。宪宗对她的死亡很悲痛，终因哀伤过度一病不起，不久竟也驾崩了，这段奇特的感情至此画上了句号。万贞儿从宪宗两岁时走进他的生活，影响了宪宗的一生，也成就了自己的一生。

郑贵妃

里巷争传诏选妃
桃夭未及尽于归

郑贵妃即万历皇帝朱翊钧最为宠爱的妃子，她出生于1565年，卒于1630年，今北京大兴人。郑氏入宫前，万历皇帝虽然也有不少的后宫佳丽，但没有一个人能入得了他的眼、进得去他的心。直到郑氏出现后，万历皇帝一发不可收拾地爱上了这个有些特别的女人，她敢于讽刺他、挖苦他，她也会倚在他的身旁静静地听着他说话……她让处在深宫高高在上的皇帝感受到了寻常人家夫妻的恩爱生活。于是万历皇帝也竭尽所能倾囊而授，给予她万千宠爱，哪怕她飞扬跋扈，哪怕她谋权夺利。可惜的是命运最后向郑氏讨回了一切，郑氏曾经一心想要拥有，到了最后却几乎一无所有了……

入宫后的荣宠

郑贵妃是明朝的万历皇帝极为宠爱的女人，通过对比我们能知道这份爱有多深刻，首先出场的便是万历皇帝的王皇后。

王皇后在13岁的时候嫁给了16岁的万历皇帝，成为了正宫皇后。可惜这位少年皇帝根本不喜欢这位豆蔻年华的皇后，而且后宫中的其他妃子皇帝同样都不喜欢。可怜的王皇后就带着后宫的嫔妃们过着无比寂寞的日子。

皇太后见万历皇帝如此这般，心急如焚，想想自己年岁已高，可是这期盼的儿孙满堂还遥遥无望，可如何是好呢？就在这时，万历皇帝不知为何就鬼使神差地私幸了母亲宫中的一个小小宫女——王氏，私幸之后，皇帝还随手赐给了宫女一件首饰作为信物凭证，而文书房的内宦也将这件事一笔一画地记录在案。万历皇帝并没有把这个小宫女放在心上，临幸之后就忘在脑后了。可是，这个王氏宫女经过这么春风一度，便怀上了龙种。几个月后，王氏的身形由于怀孕产生的变化再也掩饰不住，被太后发现查问，太后当即找了个机会向皇帝提及此事，可是万历却一口否认，直到太后拿出内宦所记的《内起居注》，万历才迫不得已承认了。承认归承认，但万历仍然不想给王氏一个名分，太后只得再施压力，逼着皇帝册封王氏为恭妃。这位王恭妃没有让太后失望，她生下了一个男孩，便是后来的明光宗朱常洛。

王恭妃一举得男，按照常理万历皇帝应该高兴，再加上母以子贵，王恭妃也应该得到晋封，可惜的是，万历对这对母子几乎没有什么感情，他现在的心全都在另外一个女人的身上，那就是后来的郑贵妃、郑氏。

郑氏在14岁的时候便入宫，在两年后，郑氏年方二八，是一个女子最美好的年华，此时出落得如花似玉，她的美貌很快就吸引了万历皇帝的注意，万历狂热地爱上了她。说起万历对于郑氏的喜爱，仅仅是因为她的容貌吗？以色侍人终归难以长久，这一点后宫之中的女人都知道，何况郑氏。她有着特殊的魅力来吸引着万历皇帝，她要做皇帝的爱人而不是妃子。后宫的妃子都是低眉顺目，没有自己的思想，就像牵线的木偶一样，乏味极了。而万历需要的是爱人，有血有肉的爱人。郑氏在万历面前是很大胆的，她会像平常人家的妻子那样讽刺、挖苦自己丈夫，还会倾听万历的牢骚，甚至还会和万历一起说东道西，不过她很会把握尺度，既不让皇帝感到被冒犯，又能让他觉得无比的新鲜与放松。万历在郑氏这儿体会着百姓人家的恩爱与生活，而郑氏也很快就由淑嫔晋升为了德妃。

1584 年，郑氏为万历生下了第一个孩子，是一个女儿，万历非常高兴，大摆筵席，架势比王恭妃生下第一个皇子时还要大得多，并且将当时为德妃的郑氏晋升为贵妃。1586 年，郑贵妃又生下了儿子朱常洵，这个皇子一出生，万历就宠爱万分，问题也随之而来：早在王恭妃生下皇子朱常洛的时候，当朝首辅申时行便建议过万历，要他早立太子为妙。可是，万历皇帝偏偏不想让自己不喜欢的女人的儿子成为下一任皇帝，于是便找了各种各样的借口来推脱搪塞。就这样年复一年，他终于等到了自己心爱的郑氏生下皇子了。这个皇太子的位子到底会花落谁家呢？

为了解决这个问题，大明朝廷开始了长达 15 年的“国本之争”。

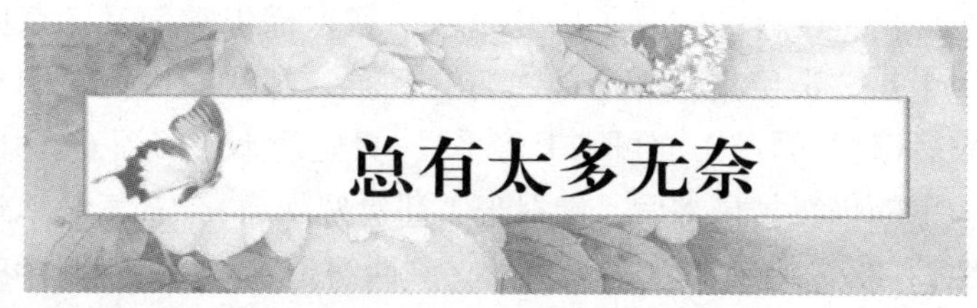

总有太多无奈

尽管万历皇帝并没有明确地立朱常洵为皇太子，但是，郑氏生下皇子之后，马上就被晋封为皇贵妃。这件事对于朝臣们来说，无疑有着很深刻的含义。这是不是就意味着皇帝要立朱常洵为皇太子？如今朱常洛已经 5 岁了，而他的母亲王恭妃还只是个低等妃嫔，皇上的心意分明是要废长立幼啊。

于是大臣们开始为立太子一事上疏万历，就因为朝臣们大都支持朱常洛为皇太子，万历皇帝很是头疼。一方面自己真心不喜欢王恭妃和皇子朱常洛，郑氏也常常在自己的耳边念叨着希望自己的儿子朱常洵成为皇太子；而另一方面，来自大臣甚至是皇太后的压力实在是很大。就这样，万历皇帝和大臣们纠缠了 15 年，这期间发生明里暗里的斗争真是数不胜数，首辅一职就逼退了四人，各级官员被罢官、解职、发配等更是多达百人，这其中的残酷可想而知。

到了后来，本是一心不理朝事的皇太后看不过眼，出面干预了此事。《明史·李太后列传》中记载道：“光宗之未册立也，给事中姜应麟等疏请被谪，太后闻之弗善。一日，帝入侍，太后问故。帝曰：‘彼都人子也。’太后大怒曰：‘尔亦都人子！’帝惶恐，伏地不敢起。”皇太后质问万历皇帝为什么还是不肯立朱常洛为皇太子，万历道：“他虽为长子，但他的母亲身份低，不过是个小小宫女!”万历本以为说出这话皇太后会无言以对，可是这偏偏刺中了皇太后的心，要知道这李太后当初就是个宫女啊。太后听了这话，生气地指着万历骂道：“你难道忘记了自己也不过是个宫女生的吗?”万历经此一骂才想起来，自己的话说得造次了，跪在地上不敢起身。于是这个“出身论”已经不能成为不立朱常洛的理由了。

郑贵妃得知皇太后出面干涉，觉得自己儿子胜出的机会渺茫，她决定拿出自己的杀手锏来为自己和儿子做最后一搏。原来在她生下皇子后，万历为了讨她的开心，曾向她许愿说要立朱常洵为太子。郑氏当时便留了个心思，让皇帝写下了手谕，她自己亲自藏在了宫中的梁上，以备不时之需。如今郑贵妃又亲自拿下了当年藏好的锦盒，当她打开锦盒时看到那份手谕竟然被虫子蛀得破烂不堪，而且最关键的“常洵”二字根本就被咬没了。

万般无奈之下，万历皇帝在1601年立已经满19岁的朱常洛为皇太子，封朱常洵为福王，国本之争总算是告一段落。明朝祖制规定，藩王必须要住在自己的封地，没有圣旨是不能入京的。如今朱常洵以为藩王就要到自己的封地洛阳去，郑贵妃如何舍得自己的儿子离开京城，就这样朱常洵又在京城十多年没有去过洛阳。于是“群臣请福王之籓，行有日矣，郑贵妃欲迟之明年，以祝太后诞为解。太后曰：‘吾潞王亦可来上寿乎！’贵妃乃不敢留福王。”因为最后解决福王去藩一事的仍然是皇太后，她召来了郑贵妃问道：“福王怎么这么多年都没有去过封地?”郑贵妃脑筋转得很快，立刻回答道：“太后您明年就是七十大寿了，福王留在京城是为了能给您祝寿啊!”皇太后又是何等人物，她冷笑着反问：“我的二儿子就在藩地，那么他不可以回来给我祝寿吗?”郑贵妃一时无话可答，只好跟太后保证会催促福王去藩地。在皇太后去世后，福王终于去洛阳就藩了。

几次斗争下来，郑氏都没能获胜，虽然她在后宫作威作福，从未将王皇后和其他妃子看在眼里，但是她所争的却总是求之不“得”。后来，万历皇帝在临死前留下遗诏，封郑氏为皇后，并且郑氏死后要与自己一同葬于定陵，可是这份遗诏没有起到丝毫的作用。郑贵妃要比万历皇帝晚死10年，在这10年里，她的风光不再，后宫的妃嫔们平日里早就受够了她的白眼和嚣张，她的儿子福王又远在洛阳，因此她在宫中的生活可想而知。

郑贵妃最后非但没有成为郑皇后，就连死后也没能按照万历皇帝的遗愿入定陵，定陵里面葬的是万历皇帝、原配王皇后和朱常洛的母亲即被追尊为孝靖太后的王恭妃。而郑贵妃被葬在了银泉山下。她曾经得到了那么多，如今也只剩下一抔黄土、一副白骨而已。

客印月 58

委鬼当朝立　茄花满地红

明朝是一个什么样的朝代？我们说『脏唐乱宋』，简单用一个字就概括了唐朝和宋朝，虽然并不准确客观，但至少说明了人们对那个时代的一个简单印象。而明朝给人们的是什么印象呢？也许是时间太近，没有深远的历史沉淀感，人们很难用一个字或词来高度概括。最近出版的一套《微历史》系列中将明朝形容为『金戈铁马』，当是从明太祖和明成祖的开国辉煌说起，更多偏重于明朝和周边少数民族的关系上。对于明朝，许多人的第一印象也许是锦衣卫、太监当权，以及和这些残忍黑暗针锋相对的东林党人、史可法等的铮铮铁骨；又或者还有纸醉金迷、桨声灯影的秦淮河，以及活跃在这河面上『秦淮八艳』的风流雅致；抑或苏杭丝织的繁盛、近代资本主义萌芽的产生，以及只能从韩剧里略窥端倪的明朝服装和『汉服热』。从不同的角度看，就会有一个不一样的明朝出现，那么如果从后宫的女人看呢？明朝既有端庄大度的太祖马皇后，也有独霸后宫的传奇人物万贵妃，更有乳母当政的『奉圣夫人』客印月。

乳母当政

客印月，一个比较陌生的名字；“奉圣夫人”，也不是一个为人熟知的称呼，不过和这个名字相联系的魏忠贤、杨涟、东林党人、明熹宗天启皇帝等，一个个就都如雷贯耳了。明朝的皇帝看来都有些恋母情结，前有宪宗成化皇帝独宠比自己大19岁的万贵妃，后有熹宗天启皇帝让自己的乳母和自己的贴身大太监独揽国家大权。客氏给谁当乳母？为什么有这么大的权力？首先要知道天启皇帝是个什么样的人。

明熹宗天启皇帝朱由校，由于父亲光宗泰昌皇帝朱常洛很不得万历皇帝的宠爱，他自幼也备受冷落，直到万历帝临死前才留下遗嘱，册立其为皇太孙。光宗继位不到一个月，就因为明朝三大疑案之一的“红丸案”而死，熹宗继位。熹宗朱由校的生母王才人虽然地位在李选侍之上，但因李选侍受宠，她备受李选侍凌辱而致死，临终前遗言：“我与西李（即李选侍）有仇，负恨难伸。”而朱由校从小也受李选侍的“侮慢凌虐”，终日涕泣，形成了惧怕李选侍的软弱性格。

在光宗病死后，李选侍以明熹宗生母早逝为由，将熹宗扣留。群臣非常着急，纷纷上书请李选侍放还熹宗。但是李选侍根本不听，仍旧将新皇扣留，幸亏太监王安从大局出发，将皇子骗了出来，交给了群臣。李选侍见此就赖在乾清宫不走，以此要挟群臣给她皇太后的封号。按照明朝制度，皇帝即位后应该立即迁入乾清宫居住，皇后要住在坤宁宫，各有处所，不能混淆。按祖制，李选侍根本没有资格住在乾清宫，但是无人奈何得了李选侍。群臣终于被激怒了，杨涟代表众大臣向李选侍下达最后通牒，让她即日离宫，加上大太监王安对李选侍百般威吓，李选侍只好带宫女灰溜溜迁出了乾清宫，此即为明朝宫廷三大案之二的“移宫案”。在这件事情上，朱由校在李选侍的淫威下根本没有一点自主权，这才让大臣们着急上火，最终引发了“移宫案”，可见朱由校对李选侍的害怕之情以及自身的懦弱无能。

李选侍的事件结束后，熹宗皇帝刚刚是一个16岁的少年，没有了李选侍给他指明道路的方向，他自己根本不知道如何处事，这时乳母客氏的作用发挥出来了。和宪宗皇帝一样，在幼小的、不受宠的皇子朱由校的心里，因为皇爷爷不喜欢自己，宫里的人对自己都不好，只有自己的乳母对自己嘘寒问暖，照顾有加，所以，乳母在朱由校的心目中有着很高的地位。在李选侍谢幕后，客氏的出现就相当于朱由校的一盏指路明灯，告诉朱由校如何当一名皇帝。朱由校自己只喜欢当木匠，没事就在宫里做木工活，据说手艺还很不错。这明朝的皇帝也都是非常有个性的，有和尚起家却做了帝王的太祖朱元璋，有天生贵胄却书生意气的建文帝朱允炆，有放着好好的皇帝不做非做大将军的正德帝朱厚照，有为一个名分引发30年“大礼仪”之争的嘉靖帝朱厚熜，还有没事喜欢当木匠的天启帝朱由校。朱由校的心思都在如何做好一件木制家具上，对于国家大事他没心思管，也实在没本事管，既然乳母客氏喜欢管，还有自己信任的贴身太监魏忠贤一起，看起来两人管得还像模像样的，那就都交给他们吧。于是天启帝封客氏为“奉圣夫人”，又晋升与客氏私情密切的内监魏忠贤为司礼监秉笔太监。至于二人是如何治理国家的，大臣和民众有没有反对的言论，都不在天启帝的考虑范围内。天下是我朱家的天下，我爱用谁管，管成什么样子，都是我的事情，跟朝臣和百姓毫无关系，这些就是天启皇帝的心思。于是，乳母当政，客氏当权。

客魏专权

客印月，本是河北保定府定兴县人侯二的妻子，万历中入宫哺育皇长孙朱由校，甚得朱由校信赖，天启初年即封为“奉圣夫人”，其人奸诈而贪权。魏忠贤的名头就更大了，不过来历也很简单，原本为一市井无赖，不过却聪明、善于钻营，很快攀上了大太监王安的关系。王安对天启帝继位有功，这样魏忠贤就和天启皇帝搭上了线，也认识了皇帝的乳母客氏。明朝习俗，宦官与宫中女性主要是宫女，也包括像客氏这样的妇女，可以暗中或公开结为名义上的夫妻，称为“对食”。客氏原与宫中太监魏朝相好，见到魏忠贤后，觉得魏忠贤比魏朝更可人心，慢慢地就把心思转到了魏忠贤身上，由此出现了魏朝和魏忠贤争客氏的戏码。其实魏朝与魏忠贤争客氏的意义不止于争一女，而是争宠于熹宗，而熹宗也竟然过问起此事，他甚至问客氏看中了谁，由他做主安排，最后客氏选择了魏忠贤。与客氏交结，是魏忠贤的一大机遇。天启初年，有道人宿朝天宫，日歌市中，曰：“委鬼当朝立，茄花满地红。”

这被看作魏、客当道的谶语。客魏两人很快结成了同盟，成为后宫不可一世的力量。谋杀了魏朝后，魏忠贤又盯上了王安。王安却不同于魏朝，是顾命太监，在“移宫案”中与外朝大臣合作，有相当的威望，而且处事比较公允，魏忠贤并没有把握能搬倒王安。相反当时御史方震孺上疏，请求逐客氏和魏忠贤。熹宗自是不舍，只是暂令客氏出宫，令魏忠贤改过自新，不久就又把客氏给召回宫中。魏忠贤和客氏觉得如果不搬倒王安，早晚要被王安所害，于是在外朝官僚中寻找伙伴弹劾王安，并在熹宗那里轮番上阵，天天说王安的坏话，最终使得熹宗降旨将王安降为南海子净军，客氏她们又派人把王安暗杀了。搬倒王安后，客印月和魏忠贤还不满足，他们的同盟需要更大的权力。一方面，客氏用乳母的温柔放纵天启帝整日沉浸在木工活之中；另一方面，魏忠贤与朝堂上的一些文臣如崔呈秀之流相勾结，排挤东林党人，逐渐掌握了内阁和六部。客魏很知道如何把握天启皇帝的软肋，每次都趁天启帝在专心制作木器时启奏一些重要事件，这时天启帝总是很不厌烦地说：“朕知道了，你自己看着办吧。”魏客因此滥行赐赏，大施刑罚，造成空前的宦官专政。魏忠贤得势，实因客氏，二人狼狈为奸，把好端端的一个大明皇朝整得人仰马翻、边患不断。

可惜客氏的好日子也没有太长，她和魏忠贤狼狈为奸、残害忠良，早就引起了朝堂的极度不满。天启帝驾崩后，崇祯帝刚继位，头一件事就是收拾魏忠贤，并下令逐客氏出宫。三个月后清算客氏的罪责，把她下放到浣衣局，做最低等的宫女，并最终将其杖责而死，结束了这个混乱的“乳母当权”的熹宗朝。天启皇帝朱由校盖棺定论为“熹宗”，也和他重用魏忠贤和宠信客氏有关。

59 孝庄文皇后

春官昨进新仪注
大礼恭逢太后婚

中国历史上曾有两位皇后被称为『孝庄皇后』。一是明英宗的皇后钱氏，称『孝庄睿皇后』；另一个是清太宗的庄妃博尔济吉特氏，康熙朝追尊皇后，称『孝庄文皇后』，也就是我们常说的『孝庄皇后』。明朝的那位声名不显，我们常说的就是大清朝这位声名赫赫的女性。不过这位庄妃娘娘活着时是不可能想到这些的，也不可能知道自己叫『孝庄』。庄妃是清太宗皇太极册封的，而『孝庄』则是她逝世后康熙皇帝给她上的谥号，在她生前是没有的。

正史中的孝庄文皇后生于公元1613年，卒于公元1688年，蒙古族，姓博尔济吉特氏，名布木布泰，是蒙古草原科尔沁部贝勒寨桑的二女儿。至于小名叫『大玉儿』，这是广大民众都深信不疑的，却也是历史上没有记载的，众口铄金的结果，我们姑且承认她的小名叫『大玉儿』吧。她是清太宗爱新觉罗·皇太极的妃子，太宗孝端文皇后的侄女，顺治帝爱新觉罗·福临的生母，康熙帝爱新觉罗·玄烨的亲奶奶，是史上有名的贤后，一生培育、辅佐顺治、康熙两代君主，是清初杰出的女政治家。

孝庄秘史

在《孝庄秘史》这部电视剧里，中心人物就是孝庄，即小名叫作大玉儿的庄妃娘娘，男主角却不是皇太极，而是摄政王多尔衮，该电视剧把大玉儿和多尔衮缠绵悱恻的爱情和清初错综复杂的政治糅合在一起，给大家展示了一段大清初期的皇室风云。不过，电视剧起名《秘史》已经说明了该剧并不对历史负责，仅仅是一个故事。那么历史上的庄妃和摄政王多尔衮是什么样的关系呢？太后是否真的下嫁？

“太后下嫁”为清初一大疑案，是清史研究的重要问题之一，史学界对此并无定论。近代故事试图从爱情角度解释这桩婚姻（或者并没有婚姻），这恐怕有点理想主义。清史研究者研究这个问题也不是为了什么爱情，而且“太后是否下嫁”关系到清朝初期的很多政治事件及其影响。不过在民间野史中，这个说法流传甚广，清末刊行的明朝遗臣张煌言的《苍水诗集》中有一首影射太后下嫁的诗：“上寿筋为合卺尊，慈宁宫里烂盈门。春官昨进新仪注，大礼恭逢太后婚。”慈宁宫是皇太后的居处，春官指礼部官员，这首诗毫不隐讳地说出了“太后下嫁”一事。不过这件事除了这一处见于明载的记录，就再也没有其他相关的记载了。法律上还讲求孤证做不得准，张煌言的诗作就一定是历史真实吗？张煌言为明朝遗老，他对大清怀有很深的仇恨心理，在诗作中表现出对清朝王室的诽谤也很正常，而且诗作本不是历史，并没有严格要求忠于事实，所以张煌言的诗作并不能作为“太后下嫁”的证据。但是在大清灭亡后清理礼部档案时，发现存档的历科殿试策文中有“皇父摄政王”的字样，与“皇上”同格抬写；后又发现顺治四年之后内外奏疏也多称“皇父”，与蒋良骐《东华录》顺治五年诏封皇叔父为皇父摄政王、顺治八年追论多尔衮罪状诏中“自称皇父摄政王”等语正相照映，似乎太后真的下嫁了。更有人认为，如果太后没有下嫁摄政王，为什么死后不与太宗合葬，而是单独在清东陵下葬，所以“太后下嫁”一事肯定是真的。

其实关于顺治皇帝称呼多尔衮为“皇父”这件事情也是可以解释的。清太宗皇太极驾崩后，留下了年仅 9 岁的小皇帝福临，庄妃和顺治皇帝孤儿寡母，很需要有一支强有力的保皇力量支撑。庄妃看重的力量就是皇太极的弟弟、福林的叔父多尔衮，不论大玉儿和多尔衮是否有很深的私人感情，在政治利益的驱使下，庄妃要想让多尔衮放下唾手可得的权力而去辅佐一个孩子皇帝，就要给他足够的尊崇和别人不能企及的荣耀。让福临称多尔衮一声“皇父”，就是为了减弱多尔衮夺嫡的野心，和实力不足时的秦始皇嬴政称呼吕不韦为“相父”一个道理。而孝庄最后没有葬在皇太极的昭陵，更多的人认为孝庄因为辅佐了三代帝王，逝世时已经离皇太极驾崩很多年了，孝庄遗命不去打扰太宗的休息，也为了能就近护佑爱新觉罗家的江山，所以葬在了关内，并不是因为下嫁无颜面去见皇太极。

但是反过来说，多尔衮死时还被顺治追谥为“诚敬义皇帝”，用皇帝丧仪下葬，神位附太庙（祭祖之地），这种待遇，除了皇帝本人只有以旁支入继大统的皇帝的生父才配享用，如果作为皇叔或者辅政大臣，多尔衮是难以企及的。多尔衮失势后，福临对他的强烈报复既可以认为是福临对多尔衮长期把持朝政的不满，也有人认为是小皇帝把母亲为了自己不得不下嫁的心理阴影转化成了对多尔衮刻骨的仇恨。众说纷纭，孝庄是否下嫁多尔衮仍然是一个历史谜团，希望随着新史料的发现，这个历史疑案最终能真相大白。

说服洪承畴

孝庄是美丽的，但皇帝后宫最不缺的就是美丽的女人，孝庄能够青史留名，仅有美丽是远远不够的。孝庄还是极其聪慧的，知道如何利用自己的天赋去帮助大清，并很善于把握政治脉搏，能猜测人心，她最为人乐道的就是帮助皇太极说服了明朝大将洪承畴。关于这件事情，如同“太后下嫁”一样，也是在民间野史中传得有鼻子有眼的，但正史中却没什么记载。

事情经过是这样的：崇德七年（1642 年）三月，清太宗皇太极出征松山，大败明末名将、蓟辽总督洪承畴，锦州守将祖大寿被迫降清，明朝经营多年的宁锦防线全线崩溃，洪承畴被俘。洪承畴是明朝很有影响的封疆大员，收服他对于收揽汉族知识分子之心、瓦解明朝统治具有非常大的意义。皇太极很是高兴，雄心勃勃地要劝降了洪承畴，希望他能助自己攻打明朝。他下令把洪承畴押到了盛京（今辽宁省沈阳），先派汉臣范文程等轮番劝说，洪承畴却“延颈承刀，始终不屈”，后来听说洪承畴好色，就又给他送去了几个美女，没想到还是碰壁。洪承畴也有自己的考虑，作为明朝的封疆大吏，在明末的政治舞台上很有名气，而且传统汉族士大夫最爱惜自己的名声，洪承畴并不想在历史上留下“投降”的一笔，为此皇太极颇费踌躇，食不甘味。孝庄（当时的庄妃）看到这种情况后，就把范文程等熟知洪承畴的汉臣叫过去，仔细了解了洪承畴的经历、爱好、思想等方方面面，做好了充足的准备后，她扮作一个汉族侍女，身上藏了一壶人参汁，来到洪承畴的居处，温颜婉语，“以壶承其唇”，一口一口给他灌下人参汁，动之以情，喻之以理，把当前的形势、洪承畴的难处以及清朝对他的看重等都说得很明白，经过数天的努力，终于说服洪承畴投到清军帐下。此事件广为流传，后世也多有作品演绎，但详细记载并不见于正史，其真实性学术界尚有争议。不管怎么说，这件事情说明了孝庄的政治眼光和谋略，也正是在太宗时期经历了明末清初的大局势，耳濡目染清廷的各种政治活动，孝庄的政治素质和才能得到了磨炼，很快脱颖而出。当重大政治事变突然发生的时候，这种才能就明显地显示出来，并帮助她成功地辅佐了顺治和康熙两朝帝王，奠定了清初稳定的政治局势。

辅佐三代帝王的女强人

孝庄经历了太多的政治考验，在太宗时期她只是一个庄妃，还不足以对国家大政有太多的干涉，更多的是学习和积累。在和多尔衮的斗争中，她成功地保住了儿子福临的皇位，并取得了最终的胜利，可惜这个她费尽心力扶持的儿子却英年早逝。关于顺治皇帝的结局也是清初一大政治疑案，流传最广的说法是，因为福临最喜欢的董鄂妃的逝世，导致年轻的皇帝看破红尘，出家当和尚了。不过清史的记载是顺治皇帝因病去世，也许是“避尊者讳”，也许真是病死的，也许真的出家了，谁知道呢？

孝庄现在该考虑的就是谁来收拾儿子留下的这个烂摊子，谁做下一任帝王。顺治临终时原本是看好次子福全的，不过孝庄太后看中了三子玄烨（康熙），最终改立玄烨，所以说玄烨是孝庄太后一手扶立的。玄烨 8 岁即位，10 岁时生母佟佳氏亡故，一直跟着祖母孝庄太皇太后，祖孙二人感情十分融洽。在孝庄的教导下，年轻的康熙皇帝健康成长，逐步具备了一个杰出帝王的特质和谋略。铲除鳌拜后，孝庄并没有把权力抓在自己手中不放，而是放手让玄烨亲政，让他在实践中得到锻炼，又一再提醒他要谨慎用人、安勿忘危、勤修武备等。孝庄的放权给了康熙施展的空间，也赢得了康熙的信赖和尊重，但凡重大事情无一不先征求皇祖母的意见，然后才施行。在祖孙二人的携手努力下，清王朝从动乱走向稳定，经济从萧条走向繁荣，为平定三藩、统一台湾和边疆用兵等大规模战争奠定了物质基础。可以说清王朝在康熙时形成第一个黄金时代，其中包含了孝庄太后的一份功劳和心血。

孝庄太后和康熙皇帝的祖孙情谊在《清史》中处处可见。康熙二十一年（1682 年）春，康熙出巡盛京，沿途几乎每天都派人骑马往返，问候太后起居并报告自己的行程，还把自己亲自在河里捕抓的鲢鱼、鲫鱼等，派人送给远在北京的皇祖母尝鲜；康熙二十二年（1683 年）秋，康熙陪祖母巡幸五台山，一遇到上坡地方，皇上就下轿并亲自为皇祖母扶辇保护，太后再三要求他骑马都不听，直到走到平坦的地方才上马骑行，不过还是骑马随侍在太后的御辇旁边；康熙二十六年（1687 年）十二月，孝庄太后病危，康熙皇帝昼夜不离左右，亲奉汤药，并亲自率领王公大臣步行到天坛，祈告上苍，请求折损自己生命，增延祖母寿数。太皇太后死后，康熙皇帝给皇祖母上了“孝庄仁宣诚宪恭懿翊天启圣文皇后”的谥号，简称“孝庄文皇后”。孝庄太后与皇帝这种亲密和谐的关系反映了她的为人，真不愧是大清皇室的老祖母，是大清繁荣昌盛的大功臣。历经三朝的孝庄和 200 年后对中国政治产生重大影响的慈禧老佛爷，一个是大清的功臣，一个是中华民族的罪人，差距不是一星半点。

60 熹贵妃

降尔遐福山岳寿 受天百禄永无疆

电视剧《甄嬛传》中后宫女人们的争斗让如今的世人『大开眼界』，剧中的甄嬛初入宫中时还是一个青葱少女，与世无争，可是在经历过后宫那没有硝烟的争斗，在看遍了尔虞我诈、阳奉阴违，在被人一步步紧逼之下，蜕变为心思缜密、敢爱敢恨的女人，最终扫清所有障碍，成为一朝太后，统领后宫。甄嬛的原型便是乾隆皇帝的母亲，雍正皇帝的熹贵妃，钮祜禄氏。钮祜禄氏（1692—1777），满洲镶黄旗人，雍正皇帝的妃子，乾隆皇帝生母。钮祜禄氏在出嫁时，雍正还只是雍亲王，而钮祜禄氏也不过入府做了藩邸格格，地位很低，也不太受雍正的宠爱。在她唯一的儿子弘历略大一些之后，钮祜禄氏的好日子到来了，先是弘历被爷爷康熙大帝宠爱，紧接着就是自己被赞大有福气。在雍正成为皇帝后，钮祜禄氏凭借着生养了儿子弘历而成为熹妃，继而成为了熹贵妃，乾隆皇帝即位后又成为了皇太后。然而比起乾隆皇帝对她的那份孝心，这些都算不得什么，直到85岁高龄才辞世的钮祜禄氏几乎享尽了人间所有福气，着实让人羡慕不已。

母凭子贵

钮祜禄氏的父亲是四品典仪官，所以刚满13岁她便参选了秀女，并且顺利入围。入选后的钮祜禄氏并没有留在皇宫中，而是被指给了当时是四皇子的胤禛，也就是后来的雍正帝。此时的胤禛已经25岁了，早已有了福晋侧福晋，钮祜禄氏入府并没有正式的名分，只是被称为藩邸格格。这个“格格”并不是我们认为的皇帝或皇亲的女儿，象征着高贵的身份。其实“格格”最初是满族人对于女孩的一种称呼；在后金时期，“格格”是大汗和贝勒的女儿；到了皇太极时，皇帝的女儿称为“公主”，“格格”已经专指王公贵族的女儿了。不过“格格”还有另一个含义，那便是亲王的低阶侍妾，被称为“藩邸格格”的人，是没有名分的，严格说还算不得妾，但比婢女们等级要高一些，大抵就像“通房大丫头”一样的身份。

当时胤禛的福晋为内大臣费扬古的女儿乌拉那拉氏，还有两个侧福晋是康熙皇帝指给他的年氏和李氏，这年氏便是年羹饶的妹妹。而胤禛对于自己的福晋并不是很用心，他的心思大多在年氏和李氏身上。何以见得呢？因为年氏和李氏都为胤禛生下了三子一女，但恩宠是有，福气却无，年氏的四个孩子全都死在了襁褓之中，李氏的三个儿子也只有弘时最后长大成人。

再说钮祜禄氏，她以13岁的年纪入了府后，并没有得到胤禛太多的注意，一是她家的身份地位着实有限，二是当时胤禛对于年氏李氏很是宠爱，根本没有那么多的心思放在她一个藩邸格格身上。所以，一直到了五年后，18岁的钮祜禄氏也只是在年氏李氏生育儿女期间生下了一个儿子，这个儿子便是后来的乾隆皇帝弘历。尽管钮祜禄氏一举得男，但并没有让她的地位有所上升，她的身份仍然是“格格”。生下儿子后，钮祜禄氏所希望的大概就是自己的孩子能够健康平安地长大，谁又能想到，就是这个孩子带给她了那光明得刺眼的未来。随着小弘历一天天地长大，他开始吸引大家的眼球了。胤禛发现这个小孩子“隆准颀身”，相貌不凡，最重要的是他的聪慧，据说弘历6岁的时候便能诵背《爱莲说》，知识一点即透。弘历的优秀让胤禛对钮祜禄氏也开始刮目相看了，这个女人生育出来的儿子如此优秀，她身为母亲，想必有过人之处。再想想这么多年，钮祜禄氏不争不夺，就这样安稳宁静，从未给自己填过一丝烦心之事，实在难得！

福泽绵长

如此优秀的儿子，胤禛自然要让皇阿玛知晓，于是他便精心安排了一场“见面会”。胤禛邀请康熙来圆明园中游玩，并在其中的牡丹台将弘历叫出见见自己的皇爷爷。小弘历确实机敏过人，即便是见了天子威严，小小年纪也不卑不亢，谈吐不凡，对答如流，哄得康熙大为开心，竟然称赞道：“此子福过于予。”什么意思？就是说，这个小孩子啊，福气大过我哟！这可是皇帝许下的福气，胤禛心中明白这次“见面会”的心思并没有白费。

紧接着，心情异常愉悦的康熙帝又召见了弘历的生母，钮祜禄氏。尽管已经嫁入王府多年，但因为身份低微，钮祜禄氏几乎没见过自己的皇帝公公，她略有忐忑的上前施礼，康熙则打量了一下这个女人，笑着赞道：“你真是一个有福气的人啊！”母子两人同时被康熙皇帝赞赏有福气，可见是当真有福气。

自从康熙皇帝见到了小弘历和钮祜禄氏之后，这母子俩的福气也真越来越大。康熙皇帝子女众多，孙子则更多，导致很多皇孙连他自己都记不清楚，但是小弘历却走进了他的日常生活。见过弘历之后，康熙皇帝无论是避暑抑或是去狩猎，都会带着弘历，他还让弘历到宫中读书，并交代贵妃佟佳氏和妃瓜尔佳氏亲自照看。1722 年，康熙帝因病驾崩，雍亲王胤禛即位，成为了雍正帝。

成为皇帝后，雍正对于自己的妻妾进行了册封，在“潜邸”时身为“格格”的钮祜禄氏被封为了熹妃，熹妃是仅次于年贵妃的封号，而其他的“格格”们也只不过得到贵人或是嫔的封号。已经成为熹妃的钮祜禄氏在纷繁复杂的后宫中保持着一贯的不争作风，大概真是她的福气大，雍正皇帝颇为宠爱的年贵妃在雍正三年时病逝，他的嫡妻乌拉那拉氏在雍正九年病逝，曾经的侧福晋李氏也就是齐妃，则因为儿子弘时的原因成为了雍正眼中的透明人，如此一来，一直跟随着雍正的钮祜禄氏成为了雍正后宫中的主人，也顺其自然地成为了“熹贵妃”。

雍正十三年（1735 年）的八月，雍正帝病逝，25 岁的弘历成为了新皇帝，即乾隆皇帝。四十四岁的钮祜禄氏则为“崇庆皇太后”，居于慈宁宫。

钮祜禄氏已经成为紫禁城中最为尊贵的女人，不过她的福气不仅于此。乾隆皇帝是出了名的孝顺，对于皇太后的话更是言听计从。一次，皇太后和皇上聊天，偶然说起想要重新修建顺天府东边的一座废弃寺庙，说者无心，听者留意，乾隆皇帝听到后马上命人拨款修建。根据《清史稿》中的记载“上每出巡幸，辄奉太后以行，南巡者三，东巡者三，幸五台山者三，幸中州者一。谒孝陵，狝木兰，岁必至焉”。每次乾隆皇帝下江南，必定要带上钮祜禄氏。后宫中的女人一生都被关在那红墙之中，就如同离了尘世一般，可是钮祜禄氏在她的太后生涯中，多次游历五台山、泰山、江南，饱览了大好河山。

乾隆皇帝曾表示对于皇太后要“以天下养”，即要以全天下的财力物力奉养自己的母亲，这份洪福，不说齐天也差不太多了。“乾隆十六年，六十寿；二十六年，七十寿；三十六年，八十寿：庆典以次加隆。先期，日进寿礼九九。先以上亲制诗文、书画，次则如意、佛像、冠服、簪饰、金玉、犀象、玛瑙、水晶、玻璃、珐琅、彝鼎、赩器、书画、绮绣、币帛、花果，诸外国珍品，靡不具备。”这段史料就充分体现了“以天下养”的承诺。只要是钮祜禄氏过生日，乾隆帝就定会带着大臣们来为她祝寿，即便是朝中有战事，皇太后的生日却一次都没耽误过。遇到皇太后六十、七十、八十大寿的时候，祝寿的庆典更是奢侈到惊人的程度，乾隆帝恨不得将天下所有的珍宝都献给自己的母亲。在皇太后八十大寿的时候，已经六十有余的乾隆皇帝为了讨母亲的欢心，穿着彩衣舞蹈，想想当时的情景，如今又有几人能够做到？他还为母亲写下众多的诗作，如：

家宴观灯例节前，清晖阁里列长筵。
申祺介寿那崇信，宝炬瑶檠总斗妍。
五世曾元胥绕侍，高年母子益相怜。
扶掖软榻平升座，步履虽康养合然。

这是在皇太后 85 岁时，乾隆帝与其观灯过后有感而发的诗作。诗作的文学水平虽然有限，但其中真挚的感情确实非常饱满，足以让人动容。

公元 1777 年，钮祜禄氏已经 85 岁的高龄了，这一年正月，她偶感风寒，又因为年老体弱，病情很快严重起来，不到半月，便病逝于长春仙馆。乾隆皇帝的悲伤自不必说，钮祜禄氏的后事办得更是异常风光。

钮祜禄氏这一生没有参与过后宫中的争斗便顺利成为后宫的主人，又生了一个孝顺又优秀的儿子，以天下之力来供养自己。更难得的是，她活到了85岁的高龄，这一份“福禄寿”皆是满满的幸福，在中国的后妃当中还真不曾有几人得到过，着实让人羡慕、羡慕！

容妃

一缕香魂何处觅 是耶非耶化为蝶

多年前，一部《还珠格格》不但炒火了清宫戏，更把『香妃』这个人物又一次带入了人们的眼中。那个浑身散发着异香的绝世美人，那个乾隆皇帝『求而不得』的妃子，那个最后化为蝴蝶的香妃娘娘，这些引人入胜的传说挑起人们的无限遐想，这香妃究竟是仅仅存在于人们的想象之中，还是在历史上真有其人呢？容妃（1734年9月15日—1788年5月24日），和卓氏，维吾尔族，阿里和卓之女，乾隆皇帝的妃子，据说是『香妃』的原型。容妃在26岁时才入宫，最初为和贵人，后晋升为容嫔、容妃。乾隆皇帝对于这个来自遥远回疆的妃子很是宠爱，在清宫的《赏赐底簿》上记录了容妃自入宫以来，皇帝对她多次的恩赏。乾隆皇帝还多次带容妃游历大江南北，对于后宫中的女人来说，能够随着皇帝走出紫禁城去游览大好江山，是天大的恩宠，更是很多人一生都无法企及的。不过真正让容妃走入人们视线的还要算她的另一个身份『香妃』，民间关于『香妃』的传说颇多，且神乎其神，在世人眼中，『香妃』是一个美如天仙又重情重义的奇女子，人们赋予她太多的故事性、传奇性，以至于让容妃这个本尊都显得略有些苍白……

容妃，香妃？

在乾隆皇帝四十多个后妃中，确实有一位维吾尔族的妃子，只不过她的封号并不是香妃，而是容妃。后人关于香妃的所有遐想，大多是以容妃为原型进行的艺术加工。

1734 年，和卓氏出生于新疆的叶尔羌，她的父亲是回部的贵族首领阿里和卓，哥哥名叫图尔都。清朝时期，新疆大小和卓叛乱，占领了南疆地区。此后清政府多次派兵平乱，和卓氏一家因为是回部的贵族在所难免被卷入战争之中，她的父亲阿里和卓旗帜鲜明地站在了朝廷这一方。可是这样一来，大小和卓自然不会放过他们，于是阿里和卓便带着家人从叶尔羌迁移到了伊犁。1759 年，大小和卓的叛乱终于被平定，而阿里和卓的部落因为配合清军平叛有功，所以部落首领被召入京城封官宴赏。为了表示对皇帝和朝廷的忠心，图尔都决定将自己的妹妹献给皇帝，于是和卓氏便跟着来到了北京。不难算出，此时的和卓氏已经 26 岁了，居然将这个年纪的女子献给大清皇帝，图尔都是疯了吗？当然不是，他非常地清楚自己的妹妹是多么的美丽迷人，她一定能够征服这个大清的皇帝。

事实也证明了图尔都的判断是正确的，和卓氏一入宫就得到乾隆皇帝的垂青，直接封为了“和贵人”。在清朝的妃嫔等级中，贵人之下还有“常在”和“答应”两级阶梯，当然，和卓氏特殊的身份也有可能是她直接被封为贵人的因素，但乾隆皇帝在之后的生活中无不显示出对和卓氏的喜爱。

乾隆帝喜欢和卓氏很在情理之中。试想，和卓氏为回部女子，有着异域风情，本身又是天姿国色、风流倜傥的大清天子如何能够不爱！更何况和卓氏进宫时还为皇宫中带来了祥瑞。是什么祥瑞呢？原来在紫禁城中移种了南方的荔枝树，之前这荔枝树都是半死不活的状态，可和卓氏一入宫来，这荔枝树竟然结出了 200 多颗荔枝，也真是让人称奇。这件事不但乾隆皇帝非常高兴，就连皇太后也觉得实乃吉兆，便也很是喜欢和卓氏。

和卓氏入宫后安守本分，做好一个妃子该做的事，对上恭谨，对下宽和，于是在入宫的第三年，皇太后降旨，册封和贵人为容嫔，她的哥哥图尔都也被封为辅国公。乾隆皇帝从政一生六下江南，在第四次南巡时便带着容嫔，不仅如此，在南巡的路途中，乾隆帝对容嫔更是宠爱有加，照顾有加，先后赐给她达 80 多种的饭菜，而且这其中多数都是适合维吾尔族口味的菜肴。这份宠爱并不是一般嫔妃有资格享受的，容妃就这样轻易地得到了。在乾隆三十三年（1768 年），容嫔晋升为了容妃，这一年她已经 35 岁了。时间又过了三年，乾隆帝带着容妃等六位妃嫔游历了泰山。后来容妃又随同皇帝到满洲的龙兴之地盛京（今沈阳）参加祭奠努尔哈赤和皇太极的典礼。后来乾隆帝的皇后、皇贵妃相继过世，容妃在宫中的地位不断上升。据考证，容妃在 48 岁乾清宫大宴时，已经坐在了东边坐桌的第二位了，这在后宫中已是很高的位置了，也是容妃一生中地位的顶峰了。

在容妃 50 岁后，大概是由于身体的原因，她露面的次数就变得很少了，但是乾隆帝并没有因此而冷落她，常常会单独赏赐一些东西给她。根据《赏赐底簿》记载，乾隆皇帝最后一次赏赐容妃是在 1788 年的四月十四日，这次皇帝赏赐了 10 个春橘。在当时春天的橘子是非常稀罕的水果，皇帝一次性就赏赐了 10 个给她，可见并没有因为她年老色衰、身体病弱而忘记她。可惜的是，在五天后，容妃便在圆明园去世了。

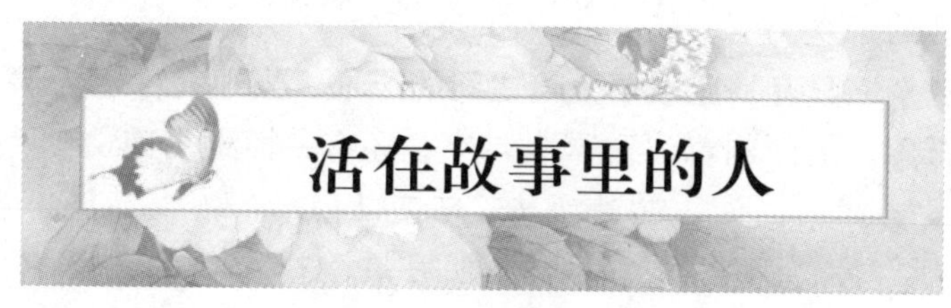

活在故事里的人

说起来，容妃的一生并没有什么故事性，她很平稳地过着自己的后宫生活，在《清史稿·后妃》中，对于容妃的记载可谓寥寥数笔："有容妃，和卓氏，回部台吉和札赉女。初入宫，号贵人。累进为妃。薨。"可是后人却为她杜撰出无数缠绵悱恻、惊心动魄的故事来。

先是她的身有奇香，这便是有关乾隆帝"香妃"的传说。传说这位香妃娘娘容貌艳美，且生来便体有异香，所以被称为"香妃"。这香妃娘娘本是回部的王妃，清朝的官员在平定大小和卓之乱时看见了这个异族美人，于是便强抢回来，给乾隆帝做了妃子，这也就解释了为什么容妃会在 26 岁时才入京为妃了，而体有异香这件事，大概是因为容妃自幼便食用牛羊肉类，所以有着一种特殊的味道，又或者是她在洗浴时喜欢加入一些香草之类，因此身体上会留有香味。可是这一切在史料上均无记载，故而也只能是传说而已。

还有传说，香妃在入宫后整日思念家乡，郁郁不乐。乾隆皇帝看了非常心疼，为了能博得美人一笑，他下令香妃的饮食起居都要按照回教的风俗安排，可是依然不能让美人展眉。于是乾隆帝干脆在宝月楼的对面建起了一座清真寺，每当香妃思乡心切的时候，便会登上宝月楼，看看那座清真寺，就好像回到家乡一样。即便如此，香妃依旧是不肯侍奉乾隆帝，时间久了，皇太后便认为这样一个异族女人把皇帝迷得乱了方寸，什么事情都为她着想，怎么可以？于是皇太后召来了香妃问道："皇帝待你如此真心，你却对这真情视若无睹，如今哀家问你从，还是不从？"香妃偏偏是个倔强性子，就算是面对着皇太后也是抵死不从，于是皇太后一气之下便赐了她三尺白绫，香妃就这样被赐死了。对于这个传说就几乎全是后人的杜撰了，至于后来的化为蝴蝶更是文人的美好期许。

而关于香妃的葬地更是有着多个版本，最为有名的就有三个：新疆的喀什、北京陶然亭北还有遵化的清东陵。在新疆喀什东北的郊区有个浩罕村，这里有一个规模较大的墓葬群，据说香妃墓就在这里。不过这个墓葬群建于1640年，和香妃生活的年代不吻合，而且迄今为止也没有发现过香妃葬入此墓的明确记载。不过，这并不妨碍大家对于香妃的喜爱，人们希望她能够在死后回到自己的家乡。

北京陶然亭北只有一座埋于荒草之间的土堆，当地人称之为"香冢"，冢前本有一座石碑，上面刻着"香冢"二字，还有一段隶书碑文：

"浩浩愁，茫茫劫。
短歌终，明月缺。
郁郁佳城，中有碧血。
碧亦有时尽，血亦有时灭，一缕烟痕无断绝。
是耶非耶？化为蝴蝶。"

这段铭文在金庸先生的《书剑恩仇录》中曾经出现过，那便是香香公主死后，陈家洛为其写下了这段铭文，不过书中所写改动了一个字，那便是"烟魂"改为了"香魂"。这样一改，无尽的铁骨柔情，万般的痴怨缠绵，于是更多的人便将这香冢认定为香妃的坟墓。实际上，这香冢也和香妃毫无关系，只不过是大家的误传而已。

至于遵化的清东陵，这本就是皇家的陵寝，乾隆帝的裕陵便建于此，他的妃园寝就建在裕陵的旁边。在妃园寝中，香妃的宝顶便安于此处，当然我们所说的香妃便是容妃。在宝顶中，考古人员发现了她的遗骨和很多有价值的文物，甚至还有一些文献记载，这些都证明了这里埋葬的就是乾隆皇帝唯一的维吾尔族妃子——容妃。

不论是香妃也好，容妃也罢，这个维吾尔族的姑娘并没有白在这世上走一遭，人们为她本有些单薄的生活增添了很多的话题，让她在人们的想象中不断地丰满起来，让她由一个普通的后宫女人，成为了一个传奇故事。

慈禧太后 62

执手吟风吹鬓影
堪怜广寒雕栏冷

慈禧太后，一个中国近代史上响当当的名字，大清朝当之无愧的无冕之王。她和吕雉、武则天以及前面提到的孝庄皇太后一起，组成了彪悍至极的『后宫女性智谋团』。不过，和其他几位不一样的是，无论吕雉、武则天还是孝庄皇太后，在政治斗争的旋涡中屹立不倒的同时，对国家大政也操心甚多，不论朝堂如何混乱，国家在她们手中都没有乱，甚至国家实力还有所提升。但慈禧却是一个让国人咬牙切齿的名字，她的所有智慧都用在了如何谋钱谋权上，对国家而言可谓『千古罪人』，是一个不止断送了大清，甚至差点儿断送了中华民族的『民族罪人』！

慈禧太后，满洲正黄旗叶赫那拉氏人，小名兰儿，生于清道光十五年（公元1835年）。咸丰元年（公元1851年），年仅16岁的叶赫那拉·兰儿嫁给了刚继位的咸丰皇帝，初封兰贵人，后因生下皇子（同治皇帝），逐步走向政治舞台，最终辅佐并控制了同治、光绪两代帝王，徽号『慈禧太后』，又因常住紫禁城西部的长寿宫，又称『西太后』，更常用的是将慈禧神话了的『老佛爷』的称号。

辛酉政变和同治皇帝

慈禧的丈夫是咸丰皇帝，儿子是同治皇帝，这两个和慈禧关系最为密切的人中间，夹杂了一个重要的历史事件“辛酉政变”。也正是这件事让慈禧从幕后走向台前，逐步实现了她的政治野心，摆脱了咸丰皇帝的束缚，开始了和儿子爱新觉罗·载淳“同治”的时代。

咸丰皇帝知道这位兰贵人的权力欲，自己活着时虽然让她“批览各省奏章”，但还是处处防着她，临终前更是授密旨给正宫慈安皇后，如果慈禧野心太大干预朝政、投机权位钻营不法时，可以用皇上密旨和祖宗家法处治她，可惜咸丰还是小瞧了慈禧的能耐。公元 1860 年，第二次鸦片战争中英法联军不满足于《天津条约》的利益，挥兵攻陷了大沽、天津和北京通州，9 月 22 日，咸丰带领后妃和一批官员仓皇逃往热河行宫（承德避暑山庄），留下恭亲王奕䜣负责议和事宜。10 月初，英法联军火烧圆明园，这座凝聚了清朝历代帝王心血的“万园之园”在战火中焚灭。咸丰皇帝病怒交加，再也没回北京城，1861 年病死在了热河行宫，儿子载淳继位。咸丰给儿子留下了载垣、肃顺等八位“赞襄政务王大臣”。慈禧是载淳的生母，也随咸丰在热河行宫，儿子继位，尊其为“生母皇太后”，并上徽号“慈禧”，和正宫皇太后“慈安”平起平坐。但是这样的地位慈禧仍不满足，她觉得手中没有实权，丈夫给儿子留下的八位顾命大臣是自己获得权力的障碍。于是，她秘密联系了留在北京和英法联军议和的咸丰皇帝的弟弟、自己的小叔子、六王爷恭亲王奕䜣（有野史传说慈禧和奕䜣不清白，这样的说法随着人们对慈禧的愤恨而广泛流传），于咸丰十一年（1861 年）十一月八日发动政变，逮捕了载垣等八位顾命大臣，将肃顺斩首，逼载垣自尽，控制了朝局，改元“同治”，开始了慈禧和慈安两宫皇太后的垂帘听政。同治皇帝原本定的年号是“祺祥”，被慈禧改成了“同治”，就是要和儿子共同治理，因这一年是农历辛酉年，这次宫廷政变就被称为“辛酉政变”，又称“祺祥之变”、“北京政变”。

慈禧太后的权力欲望极强，在儿子同治长大后，她根本就没像孝庄太后对康熙那样放权，让皇帝独立处理国家大事，而是死死抓着权力不放。年轻的同治皇帝和母后的关系越来越不好。慈禧够狠心，为了能够控制儿子，就让亲信太监带领儿子去“八大胡同”（北京最著名的妓院）消磨儿子的意志，以便自己更能掌控。不过她也没能想到，同治皇帝在妓院染上了花柳病，成了中国历史上唯一一个死于性病的皇帝。同治皇帝死后，慈禧千挑万选地找到了同治的堂弟、她年仅 4 岁的外甥载湉，过继给咸丰皇帝为子并继位为帝，是为德宗光绪皇帝。

光绪皇帝和戊戌变法

光绪继位时年仅 4 岁，这样的小皇帝正是慈禧需要的，于是西太后、慈禧老佛爷名正言顺地把持着国家权力。从光绪元年（1875 年）到光绪十五年(1889 年)，在慈禧屈膝卖国的政策中，清朝的疆土逐步被列强瓜分，但皇宫的日子则较为平静地过着。这期间慈禧做了很多事情，最重要的是骗得了慈安皇太后的信任，烧了咸丰皇帝的密旨，并最终杀害了慈安皇太后，做到了后宫一人独大。然后通过各种方式，把权力牢牢地掌控在自己手中。到光绪十五年，名义上皇帝亲政了，慈禧退居颐和园，但实际上生生地架空了亲政的皇帝，国家大事还是慈禧说了算。年轻的光绪皇帝希望能摆脱母后的势力阴影，又加上中法战争和甲午中日战争清朝大量的割地赔款，维新运动在民间的呼声越来越高，并最终上达帝听，康有为等带着变法的观念终于来到了皇帝身边。光绪皇帝对变法很感兴趣，他觉得自己可以通过这件事情培养自己的势力，从而摆脱母后的控制。而慈禧就冷眼看着，就如同看小孩子过家家一样由着光绪折腾，因为她知道小皇帝折腾不出什么花儿来。光绪二十四年（1898 年)，康有为、梁启超、谭嗣同等在光绪皇帝的支持下发动了戊戌变法（旧历戊戌年）运动，然而皇帝和康有为他们一没权、二没兵、三没钱，有的只是一腔热血，戊戌维新仅仅维持了百日，就被终于没心情让皇帝玩儿的慈禧太后给掐死了，又称“百日维新”。光绪被囚在了中南海瀛台，慈禧再次走向台前、临朝执政。公元 1909 年，常年被幽禁的光绪皇帝驾崩，慈禧需要再选一个皇帝出来。这次，她选了一个更小的男孩儿，年仅 3 岁的醇亲王载沣之子溥仪，是为宣统帝。3 岁的孩子什么也不懂，在冗长的登基大典中，在载沣“就快完了，就快完了……”的劝解声中，慈禧太后走完了自己罪恶的一生，大清朝也基本走完了自己的帝国之路，留下了一个残破不全、风雨飘摇的中华民族，等待后来的仁人志士来努力修补。

颐和园是北京六大世界遗产之一，游客们在游览颐和园美景的同时，有没有想过今天的颐和园是慈禧在伤痕累累的清朝海军身上抠下来的！在英法联军烧毁圆明园后，光绪十五年（1889 年），慈禧名义上还政给光绪皇帝，自己就要找地方颐养天年，于是她置国家和民族危亡于不顾，肆意挪用了用于清朝海军建设的经费三千六百万两白银，给自己大肆修葺颐和园。光绪皇帝为了表示孝顺，也为了尽快送走母后，亲自题写了“颐和园”的牌匾，希望慈禧能在园中“颐养冲和”。慈禧的奢侈是大家有目共睹的，她死后葬在了咸丰皇帝定陵的东边，称“定东陵”，民间流传定东陵里宝贝无数。于是，清末大盗、军阀孙殿英没有军费时，第一个就想到了慈禧的定东陵，于是在一个月黑风高的夜晚，用炸药炸开了定东陵的地宫大门，把慈禧的身后住所盗窃了个一干二净，这也算是对慈禧一生挖掘民脂民膏的现世报了。

“今日到南苑，明日到北海，何时再到古长安？叹黎民膏血全抛，只顾一人歌庆有；五旬割琉球，六旬割台湾，而今又割东三省！痛赤县邦圻益蹙，每逢万寿祝疆无。”这是慈禧七十岁寿诞时，章炳麟写的一副对联，表达了逐步觉醒的民众对慈禧的极度不满。慈禧罪恶滔天的一生，伴随着中国的没落和西方世界的崛起，如果把中华民族衰落的责任全压在慈禧的身上，也有失公允，但慈禧屈膝投降的卖国政策加速了中国的崩溃，加重了中国人民的灾难，尤其是她骄奢淫逸挪用海军军费修葺颐和园的行为、“借洋兵”助剿义和团的行为、甲午海战后签订丧权辱国的《马关条约》的行为、戊戌变法残害六君子的行为等，都将记录在历史的耻辱柱上，让后人警醒并引以为戒。

珍妃

63

何事春风容不得 和莺吹折一枝花

珍妃（1876—1900），他他拉氏，满洲镶红旗人，是光绪皇帝最为宠爱的妃子。13 岁时，珍妃他他拉氏和姐姐一同被选入了宫中，成为了后宫中的女人。天生丽质又聪明可爱的珍妃很快就得到了慈禧太后的喜爱，而光绪皇帝也注意到了她，于是在紫禁城中，一场甜蜜美好恋爱开始了。让人惋惜的是，珍妃并没能陪着光绪皇帝走到最后，因为后宫中的争斗，因为政治上的原因，因为自己的性格与所为，珍妃得罪了慈禧太后，因此她的结局便是『慈禧很生气，后果很严重』！如今北京故宫中有一口井名为珍妃井，这口井便是珍妃香消玉殒之处。她死后被追封为恪顺皇贵妃，只是这些虚名又有什么用处了呢。

一入皇宫深似海

13 岁还是豆蔻年华，还是稚气未脱的孩子，不过刚刚入宫的他他拉氏却意外地得到了宫中最有权力的太后老佛爷慈禧的喜欢，她被封为了珍嫔，姐姐则为瑾嫔。大概是因为慈禧之前的生活充满了权谋与斗争，如今忽然有了聪敏伶俐、模样甜美可爱又天真烂漫的小孩子，让这个机关算尽的女人觉得在和她相处时不用花太多的心思，颇为轻松。

珍嫔喜欢书画，慈禧太后知道了很是高兴，觉得这珍嫔小小年纪很有情致，于是便派亲信才女缪嘉惠做珍嫔的书画教师。因为常常跟在慈禧太后的身旁，光绪帝自然很快便注意了这个小姑娘，几经观察，他发现珍嫔确实与皇后、其他妃嫔大不同，她率真可爱，不做作矫情；她有才学，有气质，举止言谈都高人一等，就连她的姐姐瑾嫔也远远不如她。

光绪皇帝对他的皇后非常不满，皇后生性木讷又相貌平平，加之她是慈禧太后硬塞给光绪皇帝的。皇后呢，也不太会讨丈夫喜欢，整日里对光绪帝态度恶劣，于是一对新婚夫妻没几天的时间就成功地成为了一对怨偶。可想而知，珍嫔的出现对于光绪来说是多么大的冲击，她让光绪皇帝无趣又愤懑的生活多了一抹靓丽的色彩，他初次尝到了爱情的滋味。光绪皇帝和珍嫔恋爱了。

自从有了珍嫔之后，光绪帝对于皇后越发冷淡，清末学者胡思敬在所著的《国闻备乘》记录："德宗尤宠爱之，与皇后不甚亲睦。"皇后也非常不满皇帝的态度，便时常向自己的姑姑慈禧太后抱怨。偏生慈禧太后也不喜欢自己的这个侄女，可毕竟这是自己的娘家人，皇帝对她的态度关乎着娘家的声誉和势力，所以慈禧太后也只得硬着头皮规劝皇帝，虽然能让光绪多去去皇后宫中，但结果只是让这对夫妻彼此更加疏离。

比起皇后来，珍嫔对于这些事情就看得很淡，皇帝宠她，她便陪着皇帝吟诗作画，下棋抚琴；皇帝去皇后或是其他妃嫔那，她便自娱自乐。这份不争连慈禧太后都很欣赏，于是慈禧便更为偏爱珍嫔。据说有一年夏天，慈禧太后要去颐和园避暑，为了能让光绪和珍嫔好好在紫禁城里逍遥快活地生活，她特意带走了皇后和瑾嫔。

光绪二十年（1894 年）时，慈禧太后六十大寿，珍嫔被晋封为珍妃。珍妃在宫中得到了皇帝和慈禧太后的宠爱，可惜她的幸福生活并没能持续多久，噩梦便开始了。

慈禧太后在光绪帝大婚后便举行了归政仪式，光绪帝开始亲政，问题也随之而来了。光绪帝毕竟年轻，又接触了不少新的思想，自然希望自己的王朝统治能够长治久安；而慈禧太后更看重的则是自己的颜面荣辱，她的心思大多在自己身上，这样一来，皇帝和太后之间就存在了矛盾，并且不断地激化。这些本是朝中的事情，与后宫没多大关系，可是珍妃偏偏站错了队伍，因为接受过西方的思想，所以她更支持光绪帝的做法，旗帜鲜明地站在了皇帝这边，成为了慈禧太后的对立面。

这个时候，因为皇后经常告珍妃的状，慈禧太后也不再那么宠爱珍妃了，曾经乖巧伶俐的珍妃现如今越发地任性叛逆，慈禧太后对她的好感也丝毫不剩了。

不完美的珍妃

此时的珍妃仗着皇帝的宠爱，并没有在意慈禧太后的态度，有时珍妃与慈禧太后出现意见分歧，她便直言不讳地说出自己的想法，这在慈禧眼中分明就是当面顶撞。还有，珍妃非常喜欢照相，偏偏慈禧太后很不喜欢这些西洋的玩意儿。当时西方的照相技术已经传入中国，可是中国的老百姓根本不懂照相机的原理，他们认为这个奇怪的匣子之所以能够映出人影来，是因为它会摄人魂魄，慈禧太后虽然没这么想，但也很瞧不起这些花哨的东西。可是珍妃就喜欢整天拿着相机在紫禁城里照相，看得慈禧太后心里异常不满。珍妃还很爱打扮，爱时尚，尤其喜欢女扮男装，甚至还会穿上皇帝的龙袍与皇帝玩闹。总之，珍妃所做的事情都让慈禧太后心烦。

当然，珍妃最让慈禧太后忍受不了的是她弄权卖官，干预朝政。

说起珍妃卖官，早在光绪十八年（1892 年）的时候就已经开始了。那时候，慈禧太后还很宠爱她，所以她的胆子很大。最初，她将一个知县的名额卖给了文廷式的亲戚，后来越卖越顺手，规模也越来越大，到了光绪二十年（1894 年），她卖官的成功率已经赶超了慈禧太后。据说当时有个叫耿九的人，想要买粤海关道的缺，于是便贿赂了慈禧太后身边的太监王长泰和聂德平。这两位太监私底下想了想，觉得这事儿还是找珍妃娘娘更为稳妥，于是便当真去求了珍妃，事情果然办得顺利。不过，慈禧太后得知后又羞又怒，这两个太监自然没有好下场，在发配黑龙江的途中被杀掉了。慈禧太后对这两个太监的惩罚一是为自己泄愤，二是给珍妃一个警告。可惜的是，珍妃并没有将这件事放在心上，太监死了和自己有什么关系？她很快又将上海道监管海关的缺卖给了富商鲁伯阳。后来，她卖官又得罪了本就看她极为不顺眼的皇后。

事情是这样的，光绪二十年（1894 年）十月，皇后的舅舅希望能成为福建将军，皇后权衡了一番，觉得与其去找皇帝，不如去求珍妃，于是便拉下脸面去找珍妃帮忙，可是珍妃一口回绝了皇后的请求。皇后心中大为窝火，哭着跑到慈禧太后那里告状去了，既然是告状，索性就将珍妃平日里卖官的事都说了出来。慈禧太后更是想借此机会给珍妃一个实实在在的教训，于是珍妃被当众杖责。第二天，珍妃姐妹都被降为了贵人，而瑾妃之所以受到牵连，据说是因为她用了珍妃卖官所得的银钱。

这件事就像催化剂一样，引起了前廷后宫一连串的反应。由于珍妃一直站在皇帝一队，所以帝党们纷纷上疏，要求恢复珍妃的妃位，并进一步将问题上升高度：“太后虽穆宗（同治帝）之母，实文宗（咸丰帝）之妾。皇上入继大统为文宗之后，无以妾为母之礼。本非母子，宜收揽大权。”这样的话被慈禧太后得知，后果可想而知，帝党和后党之争瞬间激烈起来，很多帝党官员被革职查办。这事儿一直持续到了第二年，慈禧太后才算消气，将珍妃姐妹的妃位恢复了。名分虽然恢复了，但这个仇可是结下了。

沉井的几种说法

光绪皇帝统治时期，中国已经是满目疮痍，外国列强早已打开了中国大门，这个年轻的皇帝在慈禧太后的手中苦苦挣扎，希望能够救大清朝于水火之中，可惜的是，当时的大清朝已经无药可救。而光绪帝也没能斗得过老佛爷，经历过 1898 年的戊戌变法之后，光绪被慈禧囚禁在了瀛台之中。这次政变，珍妃也没能逃过责罚，她被慈禧太后褫衣廷杖，并幽闭于钟粹宫后的北三所，这一关就是近两年的时间，待到她出来的时候，也就是离开人世的时候。

光绪二十六年，即1900年，八国联军攻入北京城，慈禧太后挟帝仓皇西逃，在逃跑之前，她做了一个决定：处死珍妃。慈禧太后召见了珍妃，看着她，慈禧想起很多前尘往事，她支持皇帝进行戊戌变法，卖官鬻爵，还多次违反宫闱禁忌，留着她早晚是祸，不如就此解决。于是慈禧太后便告诉珍妃："洋人打进了北京城，我们是要避一避的，带着你走不方便。"珍妃听了便回说："如今外头乱，您避一避，可以留下皇上坐镇京城，稳定大局。"此话一出，慈禧太后更加坚定了要处死珍妃的决心，她大声叱呵："我并未犯什么应死的罪！"可是慈禧太后哪里容她分辨，立刻吩咐人来要将珍妃扔到井里头去。

而关于珍妃究竟是如何沉井的，历史上出现了几种说法。一种说法便是珍妃被太监推到顺门内的井边，抵死反抗，由太监崔玉贵硬推入井中，而崔玉贵后来也被慈禧太后撵出宫去。

还有一种说法是，珍妃当着慈禧太后和光绪皇帝的面表现得非常大义凛然，在与皇帝依依惜别之后，自己投井而死。

也有的说，珍妃在听到慈禧太后要将自己沉井后，跪在太后面前求饶："皇爸爸，您就饶了奴才吧！奴才以后再也不做错事了……"慈禧太后怎么会心软，依旧叫太监崔玉贵上前动手，珍妃只得又呼喊道："李安达，李安达！"这李安达便是大太监李莲英，珍妃是希望李莲英能够出面救她一救，可惜的是慈禧太后心意已决，怎么会听一个太监的求情，所以珍妃终究还是被沉了井。

尽管说法不一，但结局都是一样的，那便是珍妃沉井而死。她的死，慈禧太后是脱不了关系的。可怜的珍妃死时只有24岁，依旧是女人最美好的年龄。

到了第二年的十月，八国联军的事终于平息下来，慈禧太后等人也都回到了北京城。她命珍妃的家人来打捞其遗体，据说在打捞时很费了一番工夫。珍妃的遗体已经在井里浸泡了一年多的时间，井口又小，所以怎么捞也捞不上来。最后家人无法，只得烧香祷告，希望珍妃在天之灵保佑能够尽快将遗体捞出。祷告之后，又经过一番折腾，才将遗体打捞上来，其状况惨不忍睹。

慈禧太后这时为了掩饰自己逼死珍妃之事，便对外宣布珍妃是为了保全皇家名誉和自身名节，投井自尽，于是追封其为珍贵妃，到后来溥仪继位，隆裕皇太后也就是光绪的皇后又将珍妃追封为恪顺皇贵妃。

珍妃只在这个世上生活了短短的24年，她明媚可爱，俏丽活泼，她也有很多缺点和不足，她得到过爱情，也拥有过权力。总之，她曾经快乐过，对于后宫的女人来说，也已实属不易了。

洪宣娇

64

天字旗号当空飘
英姿飒爽女妖娆

洪宣娇，广东省花县人，太平天国天王洪秀全的同父异母妹妹，西王萧朝贵的王后。洪秀全的父亲共娶了三房太太，育有三子一女，洪秀全是二姨太所生，洪宣娇是三姨太所生。在父亲去世、家道中落后，哥哥洪秀全屡试不第，参加了拜上帝会；妹妹洪宣娇自幼就性情刚毅，一双天足并没有裹成小脚，方便了她跟着一个流浪艺人班四处卖艺，更是养成了一身英气、敢作敢为。在流浪卖艺的途中，洪宣娇更是练就了一身好武艺，听说了哥哥洪秀全在广西鹏化山的事业后，就积极主动地投身起义，为哥哥谋划定计。在太平天国的成长中，洪宣娇利用自己的美貌和泼辣爽快的个性，为洪秀全筹集到了起义的许多准备资金，拉拢了许多能人义士，不但是太平天国名副其实的『外联部长』，更是萧朝贵、杨秀清、韦昌辉等太平天国诸王心目中的『大众情人』。

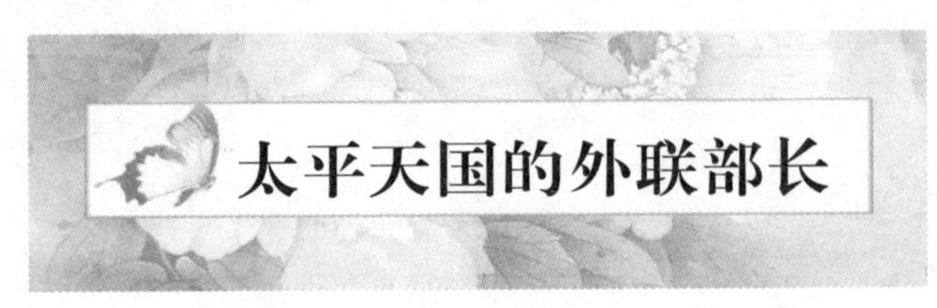

太平天国的外联部长

第一个被洪宣娇迷住的是西王萧朝贵，萧朝贵也因此成了第一个投奔洪秀全的太平天国骨干。早在洪秀全的拜上帝会还不成气候时，洪宣娇在卖艺途中认识了小地主萧朝贵，并被他用50两纹银赎身，洪宣娇就此住进了萧家，虽然实质上洪宣娇已经是萧朝贵的夫人了，不过并没有明媒正娶，二人的夫妻关系并没公开。进了萧家后不久，洪宣娇就听说哥哥洪秀全在广西桂平、武宣一带利用“拜上帝会”传教，归附者甚众。洪宣娇还知道哥哥的目的不是传教，更主要的是练兵筹饷，为伺机起义做准备，于是她就鼓动萧朝贵同她一起投入哥哥的麾下。萧家生活本算富裕稳定，萧朝贵并不太想去过那种动荡的生活，可架不住洪宣娇的硬缠软磨，只好瞒着家人与洪宣娇一同投奔了拜上帝会。

洪宣娇为哥哥拉来的第二大赞助商是东王杨秀清。参加了拜上帝会后，洪宣娇利用自身的优势，为哥哥外出打探消息。她凭着自己出色的姿容，整天打扮得花枝招展，南来北往、走东闯西的，经常出没于酒肆茶楼，与一些地方官员拉关系，从而获取了不少有价值的消息。就这样，洪宣娇认识了桂平的大财主杨嗣龙。杨嗣龙本是萧朝贵家的常客，和洪宣娇慢慢地就熟识了，不知是有意还是无心，二人越走越近，杨嗣龙也没有觉得洪宣娇就是萧朝贵的夫人，洪宣娇又有意勾引，等萧朝贵发现时，三人已是剑拔弩张之势。洪宣娇仗着自己是大名鼎鼎的洪秀全的妹妹，杨嗣龙和萧朝贵都不敢太过招惹、得罪她，可是三人老这么暧昧着也不是事儿，不得已只能找洪秀全定夺。洪秀全考虑到萧朝贵与洪宣娇结交在前，杨嗣龙在后，定夺的结果是：杨嗣龙向萧朝贵当面致歉，萧朝贵则要表示谅解，婚嫁之事暂且不提。这么一折腾，杨嗣龙自然而然也加入了拜上帝会。杨嗣龙手中的钱财是洪秀全最需要的，加上自身也是个人才，所以洪秀全着意拉拢他。杨嗣龙也觉得洪秀全和他进行的事业是一个值得投资的大生意，二人一拍即合。为了表示自己愿与洪秀全同心协力，更比照洪秀全的名字，为自己改名为杨秀清，慢慢地竟后来居上，最终坐上了拜上帝会的第二把交椅“东王”的宝座。

洪宣娇为哥哥拉来的第三大赞助商是当地帮会头目黄玉昆，而北王韦昌辉则是洪宣娇的第四个目标。杨秀清和黄玉昆的资金还不足以支撑拜上帝会的开销和起事的费用，为了筹措活动经费，洪秀全把主意打到了桂平金田村大财阀韦家的头上。韦老太爷正统刻板，洪宣娇就从少爷韦昌辉身上寻找突破口。韦昌辉是个读书人，就要用读书人喜欢的方式。于是洪宣娇在韦家附近开了一间情调幽雅的小酒馆，高规格、高档次，普通民众基本不接待，也只有韦昌辉这样的大家公子才是常客。投其所好的结果是，韦昌辉果然很快就被这里幽雅的气氛吸引住了。韦老太爷听说儿子沉溺酒色后，大加责罚，韦昌辉满肚子委屈，只好向酒馆老板娘洪宣娇诉说。洪宣娇趁势怂恿他索性离家出走，投到拜上帝会门下。韦老太爷闻讯后亲自上鹏化山找儿子，最后却被洪秀全兄妹说动，不但没拉回儿子，倒还捐出了一大批钱物，资助拜上帝会发展。后来，经韦昌辉的穿针引线，文武双全的桂平举人石达开也自愿投到洪秀全麾下，这样一来，基本奠定了拜上帝会的领导核心。

1851 年，洪秀全在广西金田起义建立起太平天国，洪秀全自称天王，封杨秀清为东王、萧朝贵为西王、冯云山为南王、韦昌辉为北王、石达开为翼王，所封各王都受东王节制。功成名就的洪宣娇以公主的身份嫁给了西王萧朝贵，结束了她“外联部长”和“大众情人”的身份。

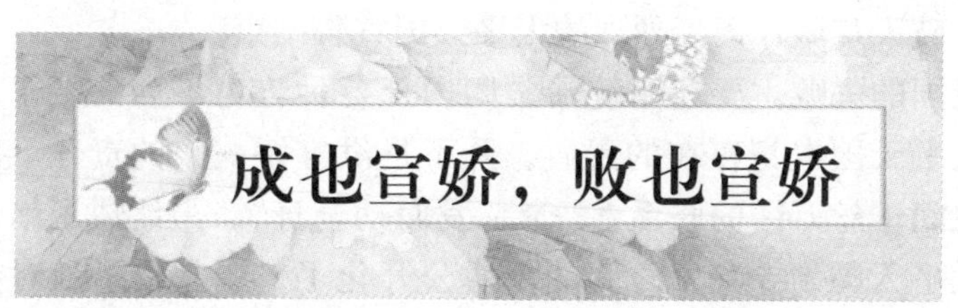

成也宣娇，败也宣娇

太平天国起义触动了清朝政府的底限，太平军遭到了清朝官兵的竭力阻击和围剿，蓑衣渡口激战中，南王冯云山中炮而死；围攻长沙城时，西王萧朝贵又死于战火中，新婚不久的洪宣娇转眼成了寡妇。太平军的纲领性文件《天朝田亩制度》中规定：妇女同男子一样可以分得土地，废除买卖婚姻，禁止娼妓、缠足、买卖奴婢等。因此起事之初，就准许大家携带家眷随营而行。为了便于管理和行动，在洪宣娇的建议下，全部女眷被集中起来建立了“女军”，设立女官，由洪宣娇任统领。太平天国定都南京后，洪宣娇一人独居西王府，以“王姑”和“西王娘”的身份常入天王府和洪秀全团聚。不过独居的日子毕竟无所事事，她便找来洋教士跟着学习西医，凭着她的聪明伶俐，很快便学成了一手高明的医术，“王府名医”名噪一时。杨秀清本就和洪宣娇有情，这时见洪宣娇又成了无主名花，便时常借诊病为由，三天两头把她接进东王府来。二人柔情蜜意本也无事，不料半路杀出个程咬金，搅乱了洪宣娇和杨秀清不是夫妻、胜似夫妻的生活，点燃了太平天国诸王之间的矛盾导火索。这个人就是傅善祥，南京城里著名的才女，太平女科的第一个状元，任东王府女簿书。

傅善祥既有南国佳丽的美貌，又有江南女子的柔情，杨秀清慢慢地为她所吸引，冷落了洪宣娇。洪宣娇从没受过这样的欺辱，她决定要好好报复一下杨秀清。当时杨秀清在天京大权独揽，许多太平天国将领都对他心存不满，洪宣娇一边联合了一批反杨势力，一边向天王告密说杨秀清要阴谋篡权，这时恰好天王洪秀全对东王杨秀清自称“万岁”之事心存芥蒂，于是密召北王韦昌辉回京，杨秀清最终被韦昌辉用刀捅死。从这里开始，太平天国内部的争斗厮杀正式拉开了序幕。

韦昌辉杀死杨秀清后，对天王洪秀全阳奉阴违，也欲阴谋夺权，残忍好杀的他与翼王石达开发生矛盾，杀死了石达开一家老小。韦昌辉还想加害洪秀全，被洪秀全察觉，刚好为了笼络翼王，洪秀全又杀了韦昌辉为翼王报仇。石达开最终还是因着对洪秀全的猜疑，从天京率20万大军独自出走，最终死在了四川大渡河，为太平天国造成重大损失。经过这样一番砍砍杀杀，太平天国元气大损，最后，诸王中只剩下忠王李秀成，却已是独立难撑。1864年，清军终于攻破天京城，轰轰烈烈的太平天国宣告结束。

太平天国的失败主要还是统治集团内部各种势力不和的结果，加上外界围剿以及太平天国本身存在的矛盾，并不是洪宣娇一人的责任。但正是洪宣娇和诸王之间千丝万缕的联系，“牵一发而动全身”，最终成了诸王争夺的导火索，把太平天国领导集团之间的矛盾公开化了，更是给了敌对势力可乘之机，导致了天国的覆亡。

对于洪宣娇的评价很矛盾，有人说她是太平天国的功臣，对太平天国的发展有着不可磨灭的贡献；也有人说她搬弄是非、制造矛盾，是败事亡国的红颜祸水。关于洪宣娇的结局，有人说天京事变、内部分裂时，她带着女兵回了老家；也有人说天京沦陷后，她被清军俘虏到北京并最终杀害；还有人说天京城破时，她乔装改扮，随着逃难的人群到了上海，后又辗转随传教士远渡美国，在美国旧金山一带开业行医。这个曾经名震天下的洪宣娇最后埋骨何处，竟无人可知，一代红颜就此凋零，功过是非也都留与后人评说。

婉容

65

午夜鹣鹣梦早醒 一片伤心画不成

1906 年 11 月 13 日，清朝内务府大臣荣源府中出生了一个小女孩，这个女孩便是末代皇后——郭布罗·婉容，字慕鸿，号植莲，郭布罗家本是达斡尔族，旗籍是满洲正白旗。她的父亲荣源是内务府大臣，母亲是定郡王溥煦的孙女，毓长的第四女，是皇族爱新觉罗氏。婉容从小便受到了良好的教育，当她成为一个亭亭玉立的少女后便被选入宫中，成为了清逊帝溥仪的妻子，正宫皇后。虽为皇后，但婉容的日子并不好过，不幸似乎从她一出生便跟随着她，不离不弃至死方休。她与溥仪过着有名无实的夫妻生活，却还要和文绣为获得丈夫的『宠爱』而争斗；她被溥仪抛弃在天津，几经辗转才又回到他的身边；她的丈夫喜怒无常，而她更要靠吸食鸦片来排解郁闷；她还曾经有过一个女儿，一个连面都没见过的女儿……1946 年 6 月，经不起生活和病痛折磨的婉容去世了，也许这是她早就期盼的事，她终于不用再那么痛苦了。

幸或不幸

一个新生命的诞生着实是件大喜的事情，不过末代皇后婉容的出生却并没能为她的家庭带来太多的欢乐，因为她的母亲在生产后得了产褥热过世了。这个小女孩出生不久便没有了母亲的呵护，好在她的后母对她呵护备至，犹如亲生。小婉容渐渐长大，到了学习的年纪，荣源开始教习婉容读书习字、琴棋书画。她的父亲荣源虽然是清廷的大臣，但思想却很开明，主张男女平等，认为女人要同男人一样学习知识文化，并且他还为婉容请了一个美国女教师来教她英语。

就这样，婉容在童年便接受了中西方两式教育，她气质出众，举止典雅又多才多艺。至于她的容貌，我们可以通过一些老旧的照片看到，她容貌秀丽脱俗，是难得一见的美人。1922 年，超凡脱俗的婉容被选入了皇宫，成为了宣统皇帝溥仪的皇后。

说起婉容的入选，却并不是因为她的优秀。当时溥仪看中的第一个人本是文绣，可是瑾皇贵妃却不喜欢这个相貌平平的女孩子，何况文绣的出身也很一般。这位老太妃心中的皇后最佳人选便是婉容，因为婉容不仅容貌端庄，家室又显赫，皇后之位非其莫属。瑾皇贵妃和溥仪两个人还因为婉容和文绣之事闹得不太愉快，最后溥仪终归没有坚持过老太妃，选择了婉容当皇后，而文绣则成为了妃子。

其实早在 1911 年中国就已经结束了帝制，不过当时中华民国政府给予了清室优待条件，那便是保留大清皇帝的尊号，民国政府以对待外国君主的礼仪对待清帝。所以，溥仪此时还是名誉上的皇帝，而他的婚礼也依然是清朝皇帝大婚的礼仪。但是，溥仪的生活被圈定在紫禁城的后半部，这就出现了一个问题：按照规矩，皇后的“凤舆”应该由午门抬入，可如今午门、大清门、东华门和西华门全都不在溥仪使用的范围内，总不能让这新婚的皇后走后门——神武门进入，于是，为了表示对清朝皇帝的尊重，民国政府特准皇后的“凤舆”由东华门抬入紫禁城，而其他观礼、庆贺的人员依然由神武门出入。这份特许虽然给足了皇家的面子，但难免透着凄凉，这东华门又称“鬼门”，本是清朝皇帝、皇后、皇太后死后梓宫出宫的门，如今皇后大婚却要得到特许才能从这东华门入紫禁城，真是让人唏嘘。

大婚的当晚本当是洞房花烛、春宵一刻，可惜的是，婉容却是独守空房。根据溥仪所著《我的前半生》中描述，他在同婉容喝完合衾酒之后便回养心殿去了。这既是由于溥仪认为这个妻子并不是自己所选，更是由于他身体上的缺陷。总之，婉容的新婚之夜毫无幸福可言。

不过，婉容很快就吸引了溥仪的注意力，这个末代皇帝惊讶地发现，原来自己的皇后这么有魅力，她美丽大方，温柔可人，气质高雅，谈吐不凡，最重要的是这个穿着旗服的女人居然会说英文，还接受了西洋思想，这让同样喜欢西洋文化的溥仪觉得很惊喜。溥仪为婉容起了英文名字叫作“伊丽莎白”，婉容很喜欢这个名字，每天她都会给自己的丈夫用英文写一封信，信后的署名便是“伊丽莎白”，两个人坠入了情网。

在最初的一段时间里，婉容和溥仪相处得很愉快，他们有着共同的话题和爱好，可是不久矛盾就出现了。婉容知道了当初溥仪钦点的人并非自己，而是淑妃文绣，这让她的心微微地痛了一下，也使得她和文绣经常产生矛盾，而溥仪大多数时间都是站在婉容一边，这又让文绣心生不满。虽然婉容有皇帝撑腰，在文绣面前略胜一筹，但她的心中也不快活，两女争宠的日子并不是她想要的生活，而且溥仪的生理缺陷也让她倍感压抑，婉容大婚后那短暂的美好时光就这样渐渐地消失了。

末代皇后的悲惨结局

1924 年，由于“北京政变”，溥仪被赶出了紫禁城，婉容和文绣也随着一起离开了皇宫，来到了天津。在刚刚出宫的时候，婉容对于这样的民间生活很不适应，好在溥仪对她关怀备至，他们出双入对，常常出席各种酒会和舞会，溥仪还会带婉容到市区闲逛游玩。走出了那四角宫墙，婉容又成为了那个活泼可爱的姑娘，她开始打扮自己，时尚又新潮，可是当新鲜的感觉一过，婉容的生活又难过了起来，依旧是两女争宠的生活，她的丈夫也依旧只是名义上的。在天津她最喜欢的就是逛百货商店，疯狂的购物也许能够让她空虚又悸动的心略略地平复一下。

时间慢慢地过去，1931 年，文绣不堪忍受如此的生活，向溥仪提出了离婚，这让溥仪陷入了极端尴尬的处境，可是文绣非常决绝，无奈之下，溥仪只得在离婚协议上签下了自己的名字。这件事对溥仪的打击很大，让他颜面大失的同时自尊心也受到了严重的挫伤，为了逃避这些情绪，他将责任归到了婉容的身上，认为都是婉容嫉妒太过，让文绣不堪忍受折磨才提出的离婚。溥仪开始反感婉容，连话也懒于和她说，对她的事情更是不闻不问。仅有的这一丝温情也没有了，婉容觉得生活了无生趣。而此时，日本加速了侵华步骤，1931 年 11 月，日军诱骗溥仪独自秘密离开天津，前往长春成立了伪满洲国，溥仪成为了伪满皇帝。两个月后，婉容辗转与溥仪团聚，可是在经历过两月前被溥仪抛弃之后，婉容的心彻底死了。她开始放纵自己，大量吸食鸦片。

堕落的生活将婉容折磨得悲惨万分，在伪皇宫生活时，多数情况下精神都是萎靡不振；偶尔精神好一些时，她也会打扮一下自己，走出屋子，来到院子里逛一逛，呼吸一下新鲜的空气，大约只有在这个时候，她才能感觉到自己还是个活人。

在溥仪的自传《我的前半生》中还记载了婉容与侍卫私通的事情。婉容在溥仪的身上既得不到爱情，又不能做一个真正的妻子，可她终究是个正常女人，需要身心上的爱护，这让她不顾一切地寻找爱和依靠。私通的结果是，她怀孕了，直到她快要临产，溥仪才知道自己的妻子与别人私通，这也足见溥仪平时根本没有关注、关心过婉容。知道这件事后，溥仪怒不可遏。婉容生下了一个女孩子，溥仪看着这个小女婴，气得疯狂，他决定将这个无辜的孩子扔进锅炉。这件事也有另外一种说法，那便是婉容的孩子生下来便有着先天的缺陷，出生后半个小时便夭折了，而溥仪为了泄愤，将女婴的尸体扔进了锅炉。总之，事后他对婉容说，已经把孩子交给了她的哥哥抚养。婉容对此深信不疑，所以她至死也还认为自己的女儿在哥哥的抚养下活得很好。

经过这件事后，溥仪本想废掉婉容，日本人也希望能给溥仪找一个日本姑娘作为皇后，基于种种考虑，溥仪并没有废掉婉容，而是将她打入了“冷宫”。这时的婉容烟瘾更大，精神也崩溃了。婉容已经不再是那个高贵典雅、美丽时尚、气质不凡的末代皇后，她成为了一个真正的疯子，难得有清醒的时候。

这样的生活一直持续到 1945 年，她随着身边的人来到了通化，并被俘，辗转多个地方，到了 1946 年的 6 月，婉容再也熬不住，死在了吉林省延吉的监狱中。死后，她的尸骨被葬于何处也没有定论，一缕香魂就这样悄无声息地消逝了。

婉容的一生从未得到过真正的幸福，痛苦的日子她过得太多，多到都忘记了什么是快乐，死对于婉容来说，未尝不是一种解脱。

参考文献

[1] 车水．中国历代名女（全四卷）[M]．北京：中国三峡出版社，1995.
[2] 君子心．读史做女人 [M]．北京：华文出版社，2008.
[3] 陈全力，侯欣一．后妃辞典 [M]．西安：陕西人民教育出版社，1991.
[4] 熊肖春．凋落的红颜：中国历代后妃往事 [M]．北京：农村读物出版社，2006.
[5] 尚圣德、尚琳、乔力．中国后妃 [M]．北京：华文出版社，2007.